"十三五"高职高专规划教材·财经管理系列

统计学与 Excel 在统计中的应用

主　编　林　楠

副主编　谢翠梅　刘爱芝　刘　心

参　编　时东萍　王垚慧　周艳妮

　　　　安　琪　顾晓艳　谢业涛

扫描二维码，下载 App，
可获取本书相关电子资源

北京交通大学出版社

·北京·

内 容 简 介

"统计学与 Excel 在统计中的应用"是一门探讨如何搜集、整理、分析统计数据，以帮助人们正确认识客观世界数量特征及规律的方法论课程。本课程具有较强的实践性、应用性，是财务会计、经济管理类专业学生一门必修的职业技能课程。

本书共分为 8 章：统计设计、统计调查、统计整理、综合指标分析、时间数列分析、指数分析、抽样推断、统计预测；每章均设有任务驱动、引导案例、教学内容、课后训练等模块。书中引入了 Excel 2016 统计软件，通过详细的步骤演示，为读者讲解了 Excel 2016 的基础操作方法及其统计函数的应用。

本书可作为高职高专院校财务会计、经济管理类专业的教材，也可作为其他专业的教学参考书，还可作为统计人员的业务培训教材。

图书在版编目（CIP）数据

统计学与 Excel 在统计中的应用 / 林楠主编. —北京：北京交通大学出版社，2016.10
（2018.8 重印）
ISBN 978–7–5121–3058–6

Ⅰ．① 统… Ⅱ．① 林… Ⅲ．① 表处理软件–应用–统计学–教材 Ⅳ．① C819–39

中国版本图书馆 CIP 数据核字（2016）第 243326 号

统计学与 **Excel** 在统计中的应用
TONGJIXUE YU Excel ZAI TONGJI ZHONG DE YINGYONG

责任编辑：张利军　　助理编辑：陈建峰
出版发行：北京交通大学出版社　　　　　　　电话：010–51686414
地　　址：北京市海淀区高梁桥斜街 44 号　　邮编：100044
印 刷 者：艺堂印刷（天津）有限公司
经　　销：全国新华书店
开　　本：185 mm×260 mm　　印张：16.5　　字数：412 千字
版　　次：2016 年 10 月第 1 版　　2018 年 8 月第 2 次印刷
书　　号：ISBN 978–7–5121–3058–6/C・187
印　　数：1 501～3 500 册　　定价：36.00 元

本书如有质量问题，请向北京交通大学出版社质监组反映。对您的意见和批评，我们表示欢迎和感谢。
投诉电话：010–51686043，51686008；传真：010–62225406；E-mail：press@bjtu.edu.cn。

前　言

统计学是研究"社会经济现象总体的数量特征和数量关系"的一门学科；它用科学的方法去搜集、整理、分析经济现象数据，并通过本学科所特有的统计指标和指标体系表明所研究现象的规模、水平、速度、比例和效益等，以具体反映社会经济现象数量发展规律。在我国当今所有制形式多样化的市场经济活动中，数据是一种重要的信息，统计方法作为数据搜集和分析的一种有效工具，已被广泛应用于金融、证券、保险、投资、理财等社会科学及自然科学的各个领域。因此，学习和掌握统计学的基本原理和方法已成为从事经济理论研究和社会管理工作的基本要求。本书有如下特点。

1. 体系科学简明易懂

本书共分为 8 章：统计设计、统计调查、统计整理、综合指标分析、时间数列分析、指数分析、抽样推断、统计预测；每章均设有任务驱动、引导案例、教学内容、课后训练等模块。本书在编写过程中遵循"以统计工作任务为核心，以统计业务流程为主线，围绕统计岗位职业能力"的原则，教材内容着重介绍较为实用的统计理论，尽量避免大量的数学公式推导与理论阐述，去繁取精，力求突出"理论够用、重在实操"和"简单明了、方便实用"的特色。此外，在"为社会经济管理服务，为开设专业课服务"的理念指导下，书中增加了一些与学生就业相关的知识，从而使本课程的内容更科学、简明和实用。

2. 内容务实针对性强

编者在研究本专业课程体系的基础上，有针对性地结合国家统计局组织的"统计师"职业资格技能考试大纲，对教学内容做了精心取舍；书中多数案例和训练题仿效历年助理统计师职业资格技能考试的基础理论部分的试题进行编写设计，使得学生学有目标，为将来就业打好基础。

3. 案例教学激发兴趣

书中使用了国家权威部门最新发布的统计信息资料，引入了大量经济生活中常见的实例。这些资料图文并茂、题材广泛，有助于开阔学生的视野、增加本课程的信息量，让学生充分体会到统计学的实用性和真实性。本书每章开篇均设有引导案例，旨在让学生带着问题去学习相关理论知识和方法；每个知识点都有与之相对应的例题，帮助学生更好地理解所学内容。统计理论联系实际，突出其应用性，从而激发学生的学习的积极性和探索知识的欲望，为其将来能更好地服务于经济管理工作打下坚实的基础。

4. 引入软件动手操作

本书引入 Excel 2016 统计软件，实现了统计方法和计算机技术的结合，强化了学生统计信息现代化处理技能的培养和解决实际问题的能力。本书每章都有对 Excel 2016 基础操作及 Excel 2016 中统计函数应用的讲解，将教学内容中涉及的计算方法都用 Excel 2016 进行有步骤的演示，既将学生从烦琐的数字运算中解脱出来，又能培养其运用计算机进行数据处理能力。

5. 强化训练巩固知识

本书每章最后是多种形式的综合实训题，旨在让学生对所学理论知识和实践技能进行巩固训练；使学生亲身经历统计活动的基本过程，在搜集、整理和分析数据的统计活动中，逐步学会用数据说话，运用统计思维分析和解决问题。通过综合训练，学生可以把所学的理论知识和方法转变为统计实用技能，从而实现高职高专培养技能型人才的目标。

6. 提供课件帮助教学

本书还配有电子课件、习题参考答案等相关电子资源，方便教师授课使用。

本书在编写过程中，参阅、引用了大量的国内外专家、学者的有关著作、论文和案例等，这些文献资料对于本书的编写及完善起到了至关重要的作用，在此向相关的专家、学者表示诚挚的感谢！此外，本书还参考了网络上一些专家、学者发表的观点和相关资料，但由于作者或网址不详，无法一一注明列出，在此也向他们表示诚挚的谢意！由于编者水平和精力有限，书中难免会有错误与疏漏之处，敬请广大读者不吝批评指正，以便本书不断完善。

编者

2016 年 9 月

目　　录

第一章 统计设计

【任务驱动】

统计设计是统计工作的首要阶段，是根据统计研究对象的特点和研究的目的、任务，对统计工作的各个方面和各个环节的通盘考虑和安排。通过对本章的学习，读者应学会统计调查方案的设计、调查项目的设计、统计指标的设计、调查问卷的设计，掌握 Excel 2016 基础操作技能，了解常用的统计函数，为进一步进行统计调查做好准备工作。

☞ 引导案例

《第三次全国农业普查》统计调查方案（摘选）

根据《全国农业普查条例》有关规定，国务院决定于 2016 年开展第三次全国农业普查。

一、普查目的和意义

农业普查是全面了解"三农"发展变化情况的重大国情、国力调查。组织开展第三次全国农业普查，查清我国农业、农村、农民基本情况，掌握农村土地流转、农业生产、新型农业经营主体、农业规模化和产业化等新情况，反映农村发展新面貌和农民生活新变化，对科学制定"三农"政策、促进我国实现农业现代化、全面建成小康社会，具有十分重要的意义。

二、普查对象和范围

第三次全国农业普查的对象是在中华人民共和国境内的下列个人和单位：农村住户，包括农村农业生产经营户和其他住户；城镇农业生产经营户；农业生产经营单位；村民委员会；乡镇人民政府。

普查的行业范围包括：农作物种植业、林业、畜牧业、渔业和农林牧渔服务业。

三、普查内容和时间

普查的主要内容包括：农业从业者基本情况；农业土地利用与流转情况；农业生产与结构情况；新型农业经营主体与农业规模化、产业化发展情况；新农村建设情况；农村人居环境与农民生活方式变化情况。

普查的标准时点为 2016 年 12 月 31 日，时期资料为 2016 年度资料。

四、普查组织和实施

国务院决定成立第三次全国农业普查领导小组，各地区、各部门要认真做好普查的宣传动员和组织实施工作。其中，涉及固定资产投资保障方面的事项，由发展改革委负责和协调；涉及普查宣传方面的事项，由中央宣传部负责和协调。财政部、农业部等各有关部门要按照各自职能，各负其责、通力协作、密切配合。

五、普查经费保障

第三次全国农业普查所需经费，按照分级负担的原则，由中央和地方各级人民政府共同负担，并列入相应年度财政预算，按时拨付、确保到位。

六、普查工作要求

（一）坚持依法普查，确保普查数据质量。普查取得的农户和单位资料，严格限定于普查目的，不得作为任何单位和部门对普查对象实施考核、奖惩的依据。各级普查机构及其工作人员，对普查所获取的普查对象个人和商业秘密，必须履行严格的保密义务；要做好普查资料管理、开发和共享，发布普查数据必须经上一级普查机构核准。

（二）充分运用现代信息技术。充分利用自主卫星资源，准确测量全国主要农作物的时空分布，查清现代农业生产设施状况；广泛使用智能手持电子数据采集设备，建立普查数据联网直报系统，提高普查工作信息化水平和效率，减轻基层普查人员工作负担。

（三）加强宣传引导。通过报刊、广播、电视、互联网等方式，广泛深入宣传普查的重要意义和要求，宣传普查工作中涌现出的典型事迹，报道违法违纪案件查处情况，引导广大普查对象依法配合普查，教育广大普查人员依法开展普查，为普查工作顺利实施创造良好的舆论环境。

资料来源：http://news.china.com.cn/txt/2015–06/22/content_35878136.htm.

讨论与思考：

1. 根据案例说一说我国《第三次全国农业普查》统计调查方案包括哪些内容？

2. 什么是调查单位、调查项目和统计指标？我国第三次全国农业普查的调查单位和调查项目分别是什么？统计指标有哪些？

3. 设计调查问卷有什么作用？怎样设计调查问卷？

【教学内容】

第一节　统计调查方案的设计

"统计"（statistics），是对社会经济现象总体的数量方面进行调查、整理、分析和预测，从数量上认识客观现象总体的现状和发展过程，研究数量变化的发展规律。《中华人民共和国统计法》规定：统计的基本任务是对国民经济和社会发展情况进行统计调查、统计分析，提供统计资料和统计咨询意见，实行统计监督。

一项完整的统计工作可分为统计设计、统计调查、统计整理和统计分析预测四个阶段。统计工作是一项复杂的系统工程，涉及面广，为了使整个统计调查统一组织、统一计划、统一步骤、统一标准、有条不紊地进行，圆满完成调查任务，在统计调查之前必须制定一个纲领性文件，即统计调查方案；它是统计设计在调查阶段的具体化，是统计设计的一项重要内容。一个完整的统计调查方案应包括以下几个方面的内容。

一、确定调查目的

制订调查方案首先应明确调查目的和任务；不同的研究目的和任务，决定不同的调查对象、调查内容和调查方法。例如，第三次全国经济普查的普查目的是摸清我国各类单位的基本情况，全面调查我国第二产业和第三产业的发展规模及布局，系统了解我国产业组织、产业结构的现状及各主要生产要素的构成，进一步查实服务业、战略性新兴产业、文化产业等相关产业及小微企业的发展状况，全面更新覆盖国民经济各行业的基本单位名录库、基础信息数据库和统计电子地理信息系统，为加强和改善宏观调控，加快经济结构战略性调整，科学制定中长期发展规划，提供全面系统、真实可靠的统计信息支持。

二、确定调查对象和调查单位

调查对象是某项调查中需要调查研究的社会经济现象的总体，它是由性质相同的许多个别单位组成的。例如，第三次全国经济普查是针对我国境内从事第二产业和第三产业的全部法人单位、产业活动单位和个体经营户进行登记和调查。

调查单位是构成调查对象的每一个体单位，是调查项目的承担者。调查单位可以是一个企业、一个事业单位，也可以是一个人，或是一件产品、一台设备等。例如，第三次全国经济普查的调查单位是我国境内从事第二产业和第三产业的每一个法人单位、产业活动单位和个体经营户。

三、确定调查项目编制调查表

在明确了调查目的和调查对象后，就需要确定调查内容。调查项目是指所要调查的内容，拟定调查项目就是要确定向调查单位登记什么标志，并将调查项目编制在调查表里。例如，第三次全国经济普查联网直报单位普查内容包括单位基本属性、组织结构情况、从业人员及工资总额、财务状况、生产经营情况、能源和水消费情况、科技情况和信息化情况等，并分别设置了7种普查表。

四、确定调查时间、地点和期限，选择调查方式和方法

调查时间是调查资料所属的时间。如果调查的是时期现象，就要明确规定资料所反映的调查对象从何年月日起至何年月日止，如果调查的是时点现象，就要明确规定资料所反映的调查对象是在哪一时刻。例如，第三次全国经济普查资料的普查标准时点为2013年12月31日，普查时期为2013年1月1日至2013年12月31日。

调查地点是指调查单位在什么地点接受调查。多数情况下，调查地点和调查单位是一致的。调查期限是调查工作的时间，包括搜集资料和报送资料的整个工作所需要的时间。为了保证资料的时效性，对调查期限的规定要尽可能短。例如，第三次全国经济普查登记和数据采集工作从2014年1月1日至2014年3月31日。

在统计调查方案中，还要规定采用什么样的调查方式、方法取得统计资料。统计调查方式，包括统计报表调查、普查、重点调查、典型调查和抽样调查5种形式。调查方法，是指搜集统计资料的具体方法，主要包括询问法、观察法、实验法、文献搜索法、卫星遥感法等。例如，第三次全国经济普查是入户登记，普查员使用手持电子终端设备对所有普查对象（不含军队、武警系统和保密单位）进行入户登记，确定坐标，核实普查对象基本信息、拍摄相关证照。联网直报单位按规定登录国家统计联网直报平台填报普查表，非联网直报单位和个

体经营户由普查员使用手持电子终端设备采集普查表数据。

五、制订调查的组织实施计划

一项较大规模统计调查的顺利实施，需要有一套严密细致的工作组织系统与之匹配，主要包括以下几方面：成立调查领导机构，配备调查人员；对调查意义的宣传和对调查人员的培训；各种文件及调查表格的印刷；调查经费的筹集和管理等。调查组织工作准备就绪，就要进行调查方案、调查问卷、调查表、宣传材料等的组织印刷。大型统计调查需要专门进行调查经费的预算和筹集，由专门的调查领导机构负责组织和协调整个统计调查工作。

第二节　统计调查项目的设计

一、统计调查单位

统计研究的总体单位是指构成统计研究总体的每一个别事物或基本单位。统计调查单位是根据统计研究的目的要求从统计研究总体中选出需要调查其各项内容的个体。普查是对所有的总体单位都进行调查；重点调查、典型调查、抽样调查等专门调查是从统计研究总体的全部总体单位中抽出一部分总体单位进行调查，这些被抽出的总体单位就构成了统计调查单位，调查单位是各项统计数字最原始的承担者。例如，研究全国所有的工业企业情况时，全国的所有工业企业就组成了统计总体，每一个工业企业则是一个总体单位，如果随机抽出10%的工业企业进行抽样调查，则被抽出的每个工业企业就是调查单位，它们构成的小总体称为调查总体，即调查对象。

二、统计调查项目

统计调查项目是指在调查中所要登记的调查单位的数据及其他有关的内容。统计研究总体数量必须从个体入手来研究，因为每个调查单位的标志值汇总就构成了反映总体的统计指标数值。例如，人口统计必须从了解每一个人的性别、年龄、职业、文化程度等情况开始调查，然后经过分组、汇总、计算等工作过渡到说明全国人口总体数量方面的情况；物价统计必须从了解每种商品价格变动情况开始，进而达到对于物价总体数量变动情况的认识。所以，在设计调查项目时应注意数据搜集的可行性，使调查项目和统计指标之间相衔接，以保证调查项目和统计指标的一致性。

（一）调查标志

调查项目又被称为调查标志，是反映调查单位属性特征和数量特征的名称。每个调查单位从不同方面考察都具有许多属性和特征。例如，如果每个工业企业是调查单位，则经济类型、企业规模、职工人数、利润额等都是调查标志；如果每个工人是调查单位，则性别、工种、文化程度、技术等级、年龄、工龄、工资等就是调查标志。标志可以从以下几方面进行分类。

1. 按调查标志的性质来分，可分为品质标志和数量标志

品质标志。品质标志是说明调查单位属性特征的名称，只能用文字来表现，不能用数值来表示。例如，企业的经济类型、所属部门，职工的姓名、性别、文化程度等。

数量标志。数量标志是说明调查单位数量特征的名称，只能用数字来表现。例如，企业的人数、工资总额、总产值、利润额、劳动生产率，职工的年龄、工资、工龄等。

2. 按调查标志变异情况来分，可分为不变标志和可变标志

不变标志。不变标志指某一标志在各个调查单位的具体表现都相同。例如，在所有国有企业组成的总体中，企业的经济类型是不变标志；在女同学构成的总体中，性别是不变标志；90 分以上同学构成的总体中，成绩是不变标志等。不变标志是构成总体的依据。

可变标志。可变标志指某一标志在各个调查单位的具体表现不完全相同。例如，在所有国有企业这个总体中，每个企业的职工人数、年生产能力、固定资产、利润等的数值都不尽相同，因而这些都是可变标志；在女同学这个总体中，每个同学的年龄、身高、考试成绩等都不同，也都是可变标志。可变的品质标志和可变的数量标志是统计分组和统计核算与分析研究的基础；在同质总体中，可按照某种可变标志将总体分成若干部分，然后再进行深入细致的分析研究。

（二）标志表现

标志表现是指标志的特征在各个单位的具体表现。例如，在所有工业企业这个总体中，每个工业企业的经济类型的具体表现有国有企业、集体企业、股份合作企业、私营独资企业、中外合资经营企业等多种形式。性别是品质标志，性别的标志表现为男和女；职业是品质标志，职业的标志表现为工人、医生、农民、教师等。数量标志的标志表现是标志值又叫变量值：企业的年利润是数量标志，具体在甲企业的年利润为 1 000 万元，乙企业的年利润为 800 万元；工人日产量是数量标志，也是一个变量，如工人日产量分别为 42 件、56 件、48 件等是标志值或变量值。

（三）变异和变量

1. 变异

变异是指某一标志在各个调查单位的标志表现有差别。例如，年龄这个数量标志，在每个人身上表现为 21 岁、19 岁等不同的年龄；性别这个品质标志，具体表现在每个人身上有男、女之别。这些标志表现的差异，就被称为变异。

2. 变量

变量是指可变的数量标志。变量所表现的具体数值称为变量值。例如，在某市所有居民组成的统计总体中，某人的年收入 8 万元，其中"年收入"为变量，"8 万元"为变量值。不变的数量标志称为常量。变量不能相加平均，而变量值则可以加总平均。变量可以从以下几个角度进行分类。

（1）按变量值是否连续来分，可分为连续变量和离散变量。

连续变量的两个相邻变量值之间可以无限分割，也就是可取无限多个数值。例如，人的身高和体重；企业的固定资产、年利润额；零件的尺寸、气象上的温度和湿度等。连续变量的数值需要通过测量或计算的方法取得。一般以时间、重量、长度、面积、体积、货币等形式计量的变量都是连续型变量。年龄是连续变量，但在实际中作为离散变量。

离散变量的数值都是以整数断开的，如人口数、企业数、设备台数等只能取整数，不可取小数，其数值的取得必须用计数方法取得。

（2）按变量的性质来分，可分为确定性变量和随机变量。

确定性变量是指影响变量值变化的因素是确定可控的，确定性因素使变量值沿着一定的变动方向呈上升或下降趋势。例如，圆的面积随半径的长短而变化，变化关系是确定的，因此圆的面积是确定性变量；又如，推广良种、提高土质、合理施肥、加强水利建设、加强田间管理等确定性因素会使农作物的产量逐年增加，这时的农作物"产量"就是确定性变量。

随机变量是指变量值的变化是受许多不确定因素影响的。这些因素的影响作用是随机的、偶然的，会使变量值的大小变化没有一个确定的方向。例如，用同一台设备加工一批零件，因原材料质量、温度、振动等多种因素的影响，其尺寸测量的结果不完全相同，带有随机性，故零件的尺寸是随机变量；中奖号码、人的寿命、亩产量等都是随机变量。

第三节　统计指标设计

一、统计总体、总体单位

统计总体是指统计所要研究事物的全体，总体单位是指构成统计总体的每一个体单位。统计研究的目的是掌握统计总体的数量特征和数量规律。例如，要研究全国所有工业企业发展情况，全国所有的工业企业就组成为一个统计总体，每个工业企业是总体单位；要研究企业设备生产情况，所有的设备构成统计总体，每一台设备是总体单位。

二、统计指标概念

统计指标是反映统计总体数量特征的指标名称和具体数值。例如，我国 2015 年全年国内生产总值 676 708 亿元、年末全国大陆总人口 137 462 万人、全年粮食产量 62 144 万吨、全年社会消费品零售总额 300 931 亿元、全年货物运输总量 417 亿吨等，从这些指标可以看出，一个完整的统计指标由 5 个要素构成，分别是指标所属的时间和地点、指标名称、指标数值、计量单位。

三、统计指标的种类

统计指标可以从以下几个角度来分类。

（一）按指标反映总体的数量特点不同，可分为数量指标和质量指标

1. 数量指标

数量指标是反映经济现象总体的总规模、总水平或工作总量，又称总量指标，其数值的大小与总体所包括的范围有直接关系，用统计绝对数表示。例如，所有工业企业数、职工总人数、产品总产量、国内生产总值等。

2. 质量指标

质量指标是说明社会经济现象的相对水平或一般水平的统计指标。质量指标是数量指标的派生指标，一般用相对数或平均数表示。例如，产品合格率、计划完成程度、职工平均工资、单位产品成本等，其数值大小不随总体范围大小而增减。

（二）按指标的作用和表现形式不同，可分为总量指标、相对指标和平均指标

1. 总量指标

总量指标即数量指标，如人口总数、工资总额、商品流转额、进出口贸易总额等，其数量大小随总体范围大小而增减。数量指标是认识现象总体的基础。

2. 相对指标

相对指标是两个有联系的统计指标相比较的比率，说明总体内部结构、比例、变化程度和强度等。例如，人均国内生产总值、人口密度、男女比例、家庭人均收入等。

3. 平均指标

平均指标是说明总体单位一般水平的指标。例如，工人平均工资、工人平均产量、学生平均成绩等。

（三）按指标的作用功能不同，可分为描述指标、评价指标和预警指标

1. 描述指标

描述指标是用于反映社会经济现实状况，以及社会生产活动过程和结果的统计指标。例如，土地面积指标、科技力量指标、国民生产总值、固定资产、居民平均生活费收入与支出等。这类指标提供对社会经济情况的基本认识，是统计信息的主体。

2. 评价指标

评价指标是用于对社会经济行为的结果进行比较、评估、考核，以检查其工作质量和经济效益的统计指标。例如，劳动生产率、国民收入增长速度、固定资产交付使用率等，这类指标一般要和计划、预测或其他定额相比较，才能确定经济行为的优劣程度。

3. 预警指标

预警指标是用于对宏观经济进行监测，并根据指标数值的变化，预报国民经济即将出现的异常状态、突发情况及某些结构性障碍等的统计指标。例如，社会消费积累率、物价指数、失业率、汇率等，通常利用国民经济关键性指标或敏感性指标建立监测指标体系，以发挥预测警报作用。

四、指标与标志的联系与区别

（一）指标和标志的联系

1. 汇总关系

指标的数值是由相应的总体单位的标志值或变量值汇总、计算而得到的，没有总体单位的数量标志表现，就没有总体的指标数值。总体各单位标志值的大小及其变化直接影响总体指标数值。例如，某地区工业企业利润额（统计指标）是由该地区每一个工业企业（总体单位）的利润额（数量标志值）的具体数值汇总而成的。

2. 转换关系

由于统计研究目的不同，总体和总体单位可以变化，则反映总体的指标和反映总体单位的标志也随之变化。例如，当把某企业作为统计总体时，其产量、产值、职工人数、工资总额都是统计指标；当把该企业作为总体单位时，其产量、产值、职工人数就成了数量标志。

（二）指标和标志的区别

1. 说明对象的范围大小不同

指标是说明统计总体的特征的，如全班的分数，全厂的工资额；标志是说明总体单位特征的，如每个人的分数，每个人的工资等。

2. 表示方法不同

指标都是用数值表示的，质量指标也是用数值来表示的；而标志分为品质标志和数量标志，品质标志不能用数值表示。

五、统计指标体系

（一）统计指标体系的概念

统计指标体系是由一系列相互联系、相互制约的统计指标所组成的有机整体。社会经济现象是一个复杂的有机整体，现象之间存在复杂的各种联系，要全面反映客观经济现象整体，描述事物发展的全过程，只有一个统计指标是不够的，需要采用多个指标组成统计指标体系。例如，为了反映企业生产经营活动的全貌，需要设立产量、产值、品种、质量、职工人数、工资总额、劳动生产率、原材料、设备、财务成果等多项指标，因此形成了工业企业统计指标体系。

（二）统计指标体系的分类

1. 国家统计指标体系

国家统计指标体系综合反映国民经济和社会发展情况。例如，国内生产总值（GDP）、国民生产总值、国民收入、积累额、消费额、总投入、总产出、总投资等最高层指标。

2. 地区和部门的统计指标体系

地区和部门的统计指标体系是中层的，如山东省、广东省、黑龙江省等，粮食部门、冶金部门等。设计这类体系要考虑各地区、各部门特点，对本部门本地区的社会管理服务和检查监督，又要充分考虑全局要求和纵、横两方面的联系。

3. 基层统计指标体系

基层统计指标体系是指各企业、事业单位的指标体系。企业、事业单位是社会基层单位，也是整个统计工作的基础；它们的指标体系有双重任务：既为本单位管理服务，同时还要符合部门、地区以至整个国民经济和社会的指标体系的要求。

第四节　统计调查问卷的设计

一、统计调查问卷的概念、特点

统计调查问卷（以下简称"调查问卷"），又被称为调查表或询问表，是调查者根据调查目的和要求所设计的,由一系列问题、调查项目、备选答案、说明等组成的一种调查工具。统计调查问卷的形式可以是表格式、卡片式或簿记式。统计调查问卷是调查者向被调查者了解情况,搜集调查数据的一种统计调查常用的方法,其主要特点是:调查内容设计标准化,便于资料的汇总、整理和分析;调查范围广,统计调查问卷可涉及的内容多,并可利用大传播媒体(如报纸、杂志、网络等)发放统计调查问卷,可以同时向更多的被调查者询问;直接性,问卷法可以直接从民众中得到对某一经济现象、某一问题的看法,科学性、民主性强。因此,统计调查问卷被广泛应用于政治选举、商业推销、经济预测等。

二、统计调查问卷的类型

(一)按调查问卷的外在形式不同,可分为调查表和调查文卷

1. 调查表

将要调查的项目编制成调查表,调查时直接将调查内容填入表中。调查表包括调查表和调查问卷。用调查表省时、省力、省钱,易于实施,便于统计。但调查表调查的内容比较简单,难以了解具体、详尽调查资料。

2. 调查文卷

调查文卷是指采用访问调查法记录被调查对象的实际情况、意见、建议等的文卷。同调查表相比,调查文卷能容纳更多的调查项目,能通过文字和被调查者进行交流,说明问题更具体,而且能搜集更系统、更详细的资料。

(二)按调查问卷调查对象的调查内容不同,可分商业调查问卷、顾客情况调查问卷、产品调查问卷

1. 商业调查问卷

例如,市场经济形势调查、市场竞争情况调查、供应商各方面的情况调查、市场材料供应情况调查等。

2. 顾客情况调查问卷

例如,对顾客的购买心理、购买行为等的调查。

3. 产品市场调查问卷

例如,对企业产品销售情况、质量情况等的调查。

(三)按调查问卷调查所用的方法不同,可分为访问式调查问卷和自填式调查问卷

1. 访问式调查问卷

访问式调查问卷是由调查者向被调查者提问,然后依据被调查者的回答填写调查问卷。访问式调查问卷的应答率、完整率较高,但其费用高、压力大,并且可能遭遇被调查者拒答、谎答等情况。

2. 自填式调查问卷

自填式调查问卷要求被调查者根据调查问卷要调查的内容自己来填写,其应答率、完整率较低,而且被调查者不一定独立完成,从而影响调查资料的质量。

此外,根据传递方式不同,统计调查问卷还可分为报刊问卷、邮政问卷、送发问卷、访问问卷、网络问卷等。

三、统计调查问卷的结构

（一）开头部分

1. 题目

统计调查问卷的题目是用简短的几个字概括整个问卷的全部内容。题目要精确、简练、概括性强，且富有感染力。

2. 问候语

问候语（说明信）是调查问卷的开头部分，尤其在自填式调查问卷中，写好问候语很重要，可激发被调查者的积极性，是问卷调查取得成功的必要保证。问候语的撰写要求语气亲切、诚恳礼貌，表明对被调查者的参与和合作表示感谢，有时还需要将奖励的方式、方法及奖金、奖品等问题讲述清楚；此外，一般还需说明调查者的身份、调查的目的、调查结果的使用与保密措施等。

3. 填写说明

明确填写调查问卷的要求和方法。在自填式调查问卷调查中，要有明确的填表说明，让被调查者知道如何填写该调查问卷，如何将该调查问卷返回到调查者手中。填写说明可集中在调查问卷的前面，也可分散在各有关问题的前面。

4. 调查者和被调查者的项目

根据研究目的要求，有时需要在调查问卷上说明调查者和被调查者的有关内容。调查者项目主要包括调查者的姓名、工作单位及调查日期等。这些项目主要是为了明确责任和方便查询；被调查者项目主要包括被调查人的姓名、性别、年龄、文化程度、职业、家庭住址、联系电话及本人在家庭中的地位等。设置这些项目主要是为了便于日后查询，同时对分析研究也很有用处。调查者可以根据调查目的有针对性地选择被调查者项目。

5. 调查问卷的编号

每份调查问卷的编号主要用于识别调查问卷、调查者、被调查者姓名和地址等，以便于调查问卷回收、校对检查、更正错误。

（二）主体部分

调查问卷的主体部分是调查事项的问题和可供选择的答案，是调查问卷的核心内容。问题的内容取决于调查的目的和调查的项目；提出问题的形式一般有开放式问题和封闭式问题两种。

1. 开放式问题

开放式问题是设置调查问卷时不确定任何答案，要求被调查者根据问题写出描述性的情况和意见。开放式问题具有民主、生动的特点，但难于量化处理，受被调查者的水平能力影响较大。

2. 封闭式问题

封闭式问题是设置调查问卷时预先备有答案可供被调查者选择。封闭式问题具有答案标准、便于量化处理、易选答案、误差小等特点，但创造性受约束。设计调查问卷问题时，开放式问题和封闭式问题可以结合应用。

（三）背景资料部分

给被调查者提供有关背景资料是为了让被调查者答卷时进行分类、比较分析，以便搜集到更准确、更详细的调查资料。

四、统计调查问卷问题的设计

（一）开放式问题

开放式问题只提问不设答案，允许被调查人用自己的话来回答问题，被调查者可以不拘形式，任意发挥。一般来说，因为被调查者的回答不受限制，所以开放式问题常常能揭露出更多的问题，但开放式问题在进行统计整理时比较费时。例如："请说出造成您家庭经济困难的原因有哪些""在学校提供的服务中，哪些您喜欢，哪些您不喜欢，还需要增加哪些服务"等。

（二）封闭式问题

封闭式问题包括所有可能的回答，让被调查者从中选择一个答案，答案标准化，易回答。因为封闭式问题规定了回答的方式，使数据编码、调查后的统计整理分析变得很容易。封闭式问题常用于描述性研究。设计封闭式问题有以下几种形式。

1. 二项选择式（是非式）

可供选择的答案为"是"与"否"，"有"与"没有"。这类问题的答案通常是互斥的，调查结果统计得到"是"与"否"的比例；由于回答项"是"与"否"之间没有任何必然的联系，因此得到的只是一种定性分析，说明不同回答所占比例，比例大的部分影响力和重要性比较大。二项选择式问题的优点是便于回答与统计，缺点是不便于调查人员了解形成答案的原因，例如：

● 您家有汽车吗？

    A. 有（   ）   B. 没有（   ）

● 你觉得人际关系会对你的生活和学习产生影响吗？

    A. 会（   ）   B. 不会（   ）

2. 多项选择式

被调查者可以从备选答案中选择多项；和二项选择式相比，多项选择式调查的内容多，能较全面地反映被调查者的看法，且易于整理与统计，但拟定问题时应注意可供选择的答案须包括所有可能情况，避免重复，备选答案不宜过多，以不超过 10 个为好，并对其进行编号以便统计整理。例如：

● 请问您在购买小轿车时，主要考虑哪些因素？（选出您认为合适的答案）

    A. 价格（   ）   B. 款式（   ）

    C. 品牌（   ）   D. 耗油量（   ）

    E. 售后服务（   ）   F. 维修费用（   ）

    G. 乘坐舒适（   ）   H. 行驶平稳（   ）

● 您为毕业后的就业做了以下哪些工作？（可多选）

    A. 通过兼职或实习获取工作经验（   ）

    B. 积极参加校内外各种活动（   ）

C. 参加就业指导课程 （　　　）

D. 努力学好专业知识 （　　　）

E. 经常与老师或已毕业的师哥、师姐探讨 （　　　）

F. 参加职业资格培训 　（　　　）

3. 对比选择式

对比选择式是在问题下面列出多项对比的备选答案，请被调查者根据自己的意愿选择其中的最佳答案。例如：

● 在下列左、右两边不同类型的饮料中，您喜欢哪一种？

果汁（　　　）　　　　　　　　　　可乐（　　　）

含糖（　　　）　　　　　　　　　　不含糖（　　　）

含酒精（　　　）　　　　　　　　　不含酒精（　　　）

瓶装（　　　）　　　　　　　　　　易拉罐装（　　　）

4. 排序选择式

被调查者依据爱好和认识程度对所列出的答案排列主次，也可用表示不同等级的形容词组成排列。例如：

● 您在购买这种品牌的电视机时，主要考虑哪些因素？（请以"1""2""3"等主次序号作为评价的顺序填在括号内）

A. 品牌（　　　）　　　　　　　　　B. 价格合理（　　　）

C. 售后服务（　　　）　　　　　　　D. 外形美观（　　　）

E. 维修方便（　　　）

5. 程度评价选择

用打分（百分或十分）、评定等级以评价事物的好坏，并应给出评定等级的标准。设计调查问卷时常用"很好""较好""一般""较差""差"等作为备选答案。例如：

● 您对这款轿车是否感到满意？

A. 非常满意（　　　）　　　　　　　B. 比较满意（　　　）

C. 一般（　　　）　　　　　　　　　D. 不太满意（　　　）

E. 不满意（　　　）

第五节　Excel 2016 基础——公式与函数

一、Excel 2016 在统计中的作用

Excel 2016 是目前市场上功能最强大的电子表格制作软件，它和 Word、PowerPoint、Access 等组件一起构成了 Office 2016 办公软件的完整体系。Excel 2016 不仅具有强大的数据组织、计算、分析和统计功能，还能够通过图表、图形等多种形式形象地显示处理结果，并且可以方便地与 Office 2016 其他组件相互调用数据，实现资源共享。Excel 2016 在统计学中的作用具体如下。

（一）创建统计表格

Excel 2016 的制表功能就是把用户所用到的数据输入 Excel 2016 工作表中以形成表格。要在 Excel 2016 工作表中实现数据的输入，需首先创建一个工作簿，然后在所创建的工作簿的工作表中输入数据。

（二）进行数据计算

在 Excel 2016 的工作表中输入完数据后，还可以对用户所输入的数据进行计算，如进行求和、求平均值、求最大值及最小值等。此外，Excel 2016 还提供强大的公式运算与函数处理功能，可以对数据进行更复杂的计算处理。

（三）建立多样化的统计图表

在 Excel 2016 中，可以根据输入的数据来建立统计图表，以便更加直观地显示数据之间的关系，让用户可以比较数据之间变动、成长关系及趋势等。

（四）分析与筛选数据

用户对数据进行计算后，需要对数据进行统计分析。例如，可以对数据进行排序、筛选，还可以对数据进行数据透视表、单变量求解、模拟运算表和方案管理统计分析等操作。

（五）打印数据

当使用 Excel 电子表格处理完数据之后，为了能够让其他人看到结果或作为材料进行保存，通常都需要对其进行打印。打印操作前先要对其进行页面设置，然后进行打印预览，最后再打印。其中，打印预览是为了能够得到满意的打印结果而提前查看打印效果的方法。

Excel 2016 的功能强大，本书由于篇幅的限制，只能结合统计学每章的内容对其进行简要的介绍。

二、Excel 2016 界面介绍

Excel 2016 界面如图 1-1 所示。

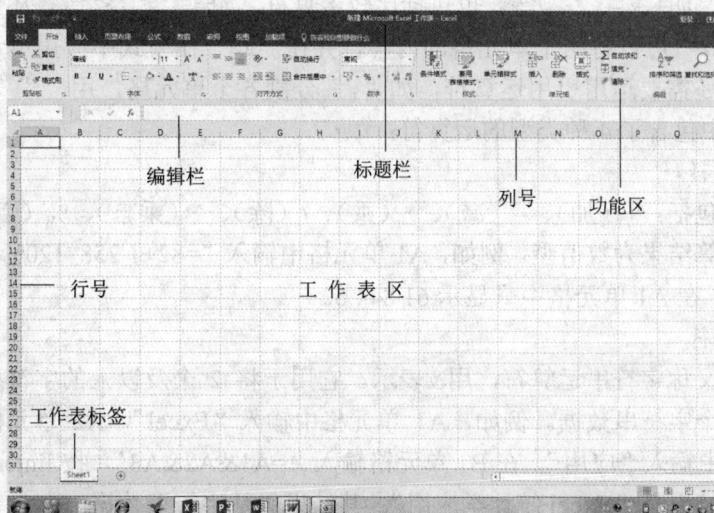

图 1-1　Excel 2016 界面

（一）编辑栏

编辑栏由两部分组成：左侧显示要输入内容的单元格位置，如在编辑栏左侧输入"B6:F20"，按 Enter 键（回车键），则选中 B6:F20 这个区域；右侧则为输入的内容，如数字和文本等，但若要输入函数或公式计算时，则先要输入"="号开头，输入内容完毕后，按 Enter 键即可完成内容的输入。

（二）工作表区

工作表区是 Excel 2016 进行各项操作的窗口，由一系列的单元格、网格线、行号、列号、工作表标签等组成。在工作表区的右侧和下方分别有一个垂直滚动条和水平滚动条，滚动条的两端有向上向下或向左向右的箭头按钮，用鼠标拖动滚动条或单击箭头按钮，都可以移动工作表区的内容，使窗口以外的数据移到窗口中。水平滚动条的左侧为工作表标签，Excel 2016 会默认给出 Sheet1，单击右边的"十"字，可以添加 Sheet2、Sheet3 等多个工作表共同组成一个工作簿，即 Excel 文档。当工作表较多时，可以通过标签左侧的向左或向右的按钮进行移动查找。

三、Excel 2016 中公式的编制与操作

公式和函数是 Excel 强大计算分析功能的具体体现；Excel 2016 工作表中数据的分析与处理离不开公式和函数。公式是在工作表中对数据进行运算分析的等式，它是由一系列的运算符、单元格引用、运算数据组成，公式是函数的基础。简单的代数运算可以利用公式进行，对于复杂的计算，Excel 2016 则提供了预定义的内装公式——函数。

（一）公式的运算符

在 Excel 2016 中，公式遵循一个特定的语法或次序：最前面是等号"="，后面是参与计算的数据对象和运算符。每个数据对象可以是常量数值、单元格或引用的单元格区域、标志、名称等。运算符用来连接要参加运算的数据对象，并说明进行了哪种公式运算；它们包括基本的算数运算符，如+、－、*、/等，也包括比较运算符，如=、>、<等，还包括文本运算符 &，利用文本运算符可以将两个单元格的内容合并在一起。在公式中应用单元格或单元格区域的行列号时，还需要运用引用运算符，如"，"分割各个单元格，用"："表示单元格区域等。Excel 2016 中包含了 4 种类型的运算符：

1. 算术运算符

算术运算符包括：+（加）、－（减）、*（乘）、/（除）、^（乘幂）、%（百分比）；运用这些运算符号的运算结果为数值型。例如，A1 单元格中输入"=82+1 258*120%－789/3+246^2"，按 Enter 键确认，在 A1 单元格中只显示 61 844.6。

2. 文本运算符

文本运算符又称字符串运算符，用&表示。它用于将 2 个及以上的字符型数据按顺序连接在一起组成一个字符串数据。例如，A1 单元格中输入"Excel"，A2 单元格中输入"统计学"，A3 单元格中输入"应用"，在 B1 单元格输入"=A1&A2&A3"，按 Enter 键确认，则 B1 单元格中显示的结果是"Excel 统计学应用"，其结果仍是字符型数据。

3. 比较运算符

比较运算符包括：<（小于）、<=（小于或等于）、=（等于）、>=（大于或等于）、>

（大于）、＜＞（不等于）。例如，在单元格中输入"=268＜364""=32＞124"，并按 Enter 键确认，则其结果是逻辑值，即 TRUE 和 FALSE。

4. 引用运算符

（1）":"为区域运算符。区域运算符是产生对一个区域的引用，用冒号表示。它实际是两个地址之间的分隔符，表示地址的引用范围。例如，A1:F6 表示以 A1 为左上角，F6 为右下角所围成的矩形的单元格区域。

（2）","为联合运算符。联合运算符是将多个不同区域的引用合并成一个引用，例如，=SUM(A2, B6, D12)表示 A2、B6、D12 三个单元格数据加总为一个数据。

（3）" "交叉运算符（单个空格）是产生对同时隶属于两个引用单元格的引用。

（二）运算符优先级

如果公式中同时用到多个运算符，Excel 2016 将会依照运算符的优先级来依次完成运算。如果公式中包含相同优先级的运算符，则 Excel 2016 将按照从左到右的顺序进行计算。Excel 2016 中的运算符优先级说明如表 1–1 所示。其中，运算符优先级从上到下依次降低。公式中的运算顺序依次为：引用，算术，文本，比较运算符。

表 1–1 Excel 2016 运算符优先级说明

运 算 符	说 明
:（冒号）（单个空格），（逗号）	引用运算符
-	负号
%	百分比
^	乘幂
*和/	乘和除
+和 -	加和减
&	连接两个文本字符串
=＜＞＜=＞=＜＞	比较运算符

（三）公式的基本操作

在运用 Excel 2016 计算时，首先应掌握公式的基本操作，包括输入、修改、显示、复制及删除等。输入、修改、复制及删除公式的方法与文本操作相同。例如，

（1）手动输入数据：=207+256+280+219+178+283+207；

（2）输入数据所在单元格的地址：=B4+C4+D4+E4+F4+G4+H4；

（3）求每天销售量：=(B4+C4+D4+E4+F4+G4+H4)/7。

（四）公式的引用

公式的引用就是对工作表中的一个或一组单元格进行标识，从而指示公式使用哪些单元格的值。在 Excel 2016 中，引用公式的常用方式包括以下 3 种。

（1）相对引用：是指当把一个含有单元格引用的公式复制或填充到一个新的位置时，公式中的单元格的引用会随着目标单元格位置的改变而相对改变。默认设置下，Excel 2016 使用的都是相对引用，当改变公式所在单元格的位置时，引用也随之改变。

（2）绝对引用：是指当把一个含有单元格引用的公式复制或填充到一个新的位置时，公

式中的单元格引用不会改变。它在列标和行号前分别加上美元符号$。例如，$A$6 表示单元格 A6 的绝对引用，而$A$1:$E$6 表示 A1:E6 单元格区域的绝对引用。

（3）混合引用：混合引用指的是在一个单元格引用中，既有绝对引用，同时也包含有相对引用，即混合引用具有绝对列和相对行，或具有绝对行和相对列。"列"的绝对引用，如$A1、$F2 等；"行"的绝对引用，如 A$1、F$2 等。

（五）引用其他工作表数据

公式中也可以引用其他工作表中的单元格或单元格区域，甚至是其他工作簿的工作表中的单元格或单元格区。

1. 引用同一工作簿的其他工作表中的单元格

引用同一工作簿中的其他工作表中的单元格的引用格式为：=工作表名！单元格（或区域）的引用地址。例如：要引用工作表 Sheet2 的 C10 单元格，应输入公式"=Sheet2！C10"。

2. 引用其他工作簿中的单元格

在要引用的工作簿已经打开的情况下，如果用在公式中键入引用地址的方法对其单元格进行引用，引用格式为：=［工作簿名称］工作表名！单元格（或区域）的引用地址。例如：要引用工作簿 Book2 中的工作表 Sheet2 的 D2 单元格，应输入公式"=[Book2]Sheet2！D2"。

四、函数的编制与操作

（一）函数的编制

1. 函数语法结构

简单的函数可以根据计算要求自己编制。例如，求和函数为：SUM(number1, number2,…) 其中"number1, number2, …"是要对其求和的各个参数，个数最少为 1，最多不超过 255。例如，在编辑栏输入函数"=SUM(A3:H4)"，表示 A3 至 H4 区域的数据加总。

函数输入应注意：函数之后的括号必须成对出现，括号前后不能有空格；参数之间要用逗号隔开，但是不能有多余的逗号，否则会影响计算结果。

2. 嵌套函数

嵌套函数是指在某些情况下，可能需要将某函数作为另一函数的参数使用。在公式中最多可以包括七级嵌套函数。当函数 B 用作函数 A 的参数时，B 称为二级函数。如果函数 B 中还有函数 C 作为参数，则 C 称为三级函数。例如，=IF(SUM(B2:E2)>=240, "合格", "不合格")表示：如果 B2 至 E2 区域的数据加总大于等于 240，则显示合格，否则显示不合格。又如，用公式"=IF(D2<=10, D2*2.5, 10*2.5+(D2−10)*5)"计算每户用水实缴金额：如果 D2 用水在小于或等于 10 t，则按单价 2.5 元计算，超过 10 t 按 5 元计算。

（二）函数的操作

在计算量比较大或者输入经常运用的计算公式时，手动编制函数键入的效率依旧很低。Excel 2016 将具有特定功能的一组公式组合在一起以形成函数。与直接使用公式进行计算相比较，使用函数进行计算的速度更快，同时减少了错误的发生。Excel 2016 自带的函数包括数学和三角函数、统计函数、财务函数、逻辑函数等 12 种函数；统计函数主要执行对数据进行简单的计算或求解某些统计量。例如，计算每户用水应缴金额的函数的基本操作如下。

（1）将原始数据 A1:C13 输入 Excel 2016 中，单击 D2 单元格，在编辑栏输入"=C2−B2"，并按 Enter 键确定，D2 得到本月用水量为 4，再选中 D2 单元格，将光标放在 D2 单元格的右下角，成细"十"字时（此状态被称为"填充柄"），按住鼠标左键向下拖曳得到 D3:D13 数据。水费计算表如图 1–2 所示。

图 1–2　水费计算表

（2）单击需要计算"应缴金额"的 E2 单元格；单击编辑栏的插入函数按钮 f_x，选择逻辑函数中的条件函数 IF，单击"确定"，如图 1–3 所示。

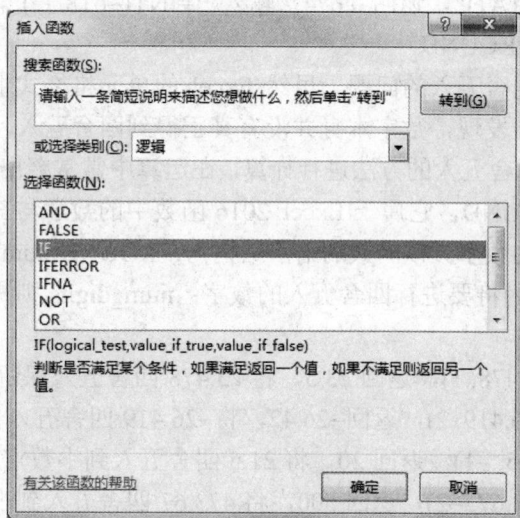

图 1–3　插入 IF 函数

（3）在公式选项板中输入函数的参数，如图 1–4 所示；当输入完参数后，在公式选项板中将显示函数计算的结果 10，单击"确定"，E2 单元格中显示计算结果 10。

（4）选中 E2 单元格，将光标移至右下角显示"十"字（填充柄），采用填充柄拖曳完成公式的复制填充，得到其他结果。

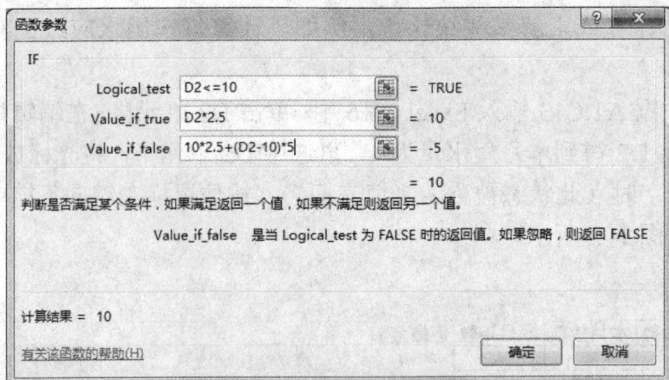

图 1–4　IF 函数参数对话框

五、统计常用的函数

（一）取整函数 INT

取整函数 INT 为非四舍五入取整，属于 Excel 2016 函数中的数学与三角函数。其语法结构为：=int(number)。

该函数只有一个参数，如果 A1 单元格中是一个正实数，输入"=INT(A1)"，返回一个正实数的整数部分，输入"=A1−INT(A1)"则返回一个正实数的小数部分。如果 B3 是一个负实数，输入"=INT(B3)+1"则返回一个负实数的整数部分。例如，输入"=INT(128.674)"，返回 128；输入"=A1−INT(A1)"，返回 0.674；输入"=INT(−618.37)"，返回−619。

（二）四舍五入函数 ROUND

在实际中常会遇到四舍五入的问题。虽然 Excel 的单元格格式中有增加和减少小数位数的设置，但在实际操作中发现，数字本身并没有真正得到四舍五入，只是结果显示已经四舍五入了。如果采用这种四舍五入的方法进行计算，在运算中常常会出现数据误差。Excel 2016 提供了四舍五入函数 ROUND，它属于 Excel 2016 函数中的数学与三角函数，可以返回某个数字按指定位数舍入后的数字。该函数的语法结构为：ROUND(number, num_digits)。这个函数有两个参数：number 为将要进行四舍五入的数字；num_digits 则是希望得到的数字的小数点后位数。

例如：=ROUND(23.478, 1)，返回 23.5，将 23.478 四舍五入保留一位小数；
　　　=ROUND(−26.419, 2)，返回−26.42，将−26.419 四舍五入保留两位小数；
　　　=ROUND(21.5, −1)，返回 20，将 21.5 四舍五入到小数点左侧一位；
　　　=ROUND(473.67, −2)，返回 500，将 473.67 四舍五入到小数点左侧两位；
　　　=ROUND(473.67, 0)，返回 474，将 473.67 保留整数。

（三）条件函数 IF

条件函数 IF 是根据对指定条件的逻辑判断的真假结果，返回相对应的内容，用于执行真假值判断后，根据逻辑测试的真假值返回不同的结果。该函数应用很广泛，可用于对数值和公式进行条件检测。条件函数 IF 的语法结构为：IF(logical_test, value_if_true, value_if_false)。其中，logical_test 表示计算结果为 TRUE 或 FALSE 的任意值或表达式。本参数可使用任何比较运算符。value_if_true 是在 logical_test 为 TRUE 时返回的值；value_if_true 也可以是其他公式。value_if_false 是 logical_test 为 FALSE 时返回的值；value_if_false 也可以是其他公式。条件函数 IF 的含义是：如果第一个参数 logical_test 返回的结果为真的话，则执行第二个参数 value_if_true 的结果，否则执行第三个参数 value_if_false 的结果。该函数可以嵌套七层，用 value_if_false 及 value_if_true 参数可以构造复杂的检测条件。

例如，将总分大于或等于 450 分的学生的总评显示为"优秀"，否则显示一般：

=IF(h3>=450, "优秀", "一般")；

将 C3 至 G3 各科成绩加总，如果大于或等于 450 分，则显示"优秀"，否则什么都不显示：

=IF(SUM(C3:G3)>=450, "优秀", "")

将工人的应发工资小于、等于 3 500 元不扣税，税额为 0，大于 3 500 元按照 5% 扣税：

=IF(F3>=3 500, (F3−3 500)*0.05, 0)

（四）条件求和函数 SUMIF

SUMIF 的主要功能是计算符合指定条件的单元格区域内的数值之和。其语法结构为：SUMIF(range, criteria, sum_range)。其中，参数 range 代表条件判断的单元格区域；criteria 为指定条件表达式；sum_range 代表需要计算的数值所在的单元格区域。

例如，计算统计学高于 60 分的成绩之和：=SUMIF(D2:D48, ">=60")；计算所有男生的分数之和，C 列为性别，D 列为统计学成绩：=SUMIF(C2:C48, "男", D2:D48)

（五）查找数值函数 LOOKUP

LOOKUP 是查找与引用函数，在指定的单行（单列）区域中查找指定的数值，然后返回在另一个指定的单行（单列）区域中与该查找到的数值位于相同列（相同行）位置的数值。

其语法结构为：=LOOKUP(lookup-value, lookup-vector, result-vector)。其中，参数 lookup-value：要在第一个指定的单行区域或单列区域查找的值，可以为数字、文本、逻辑值或包含数值的名称或引用；参数 lookup-vector：要查找的区域（行或列），即指定的第一个单行区域或单列区域。（注：区域中的数值必须按升序排列，…，−2，−1，0，1，2，…，A–Z，FALSE，TRUE，否则，将不能返回正确结果。）参数 result-vector：要返回的值所在的区域（行或列），即指定的另一个单行区域或单列区域，其大小必须与 lookup-vector 所确定的区域大小相同，位置对应。

例如，查找学号为 310204 的学生总分，学号在 A2:A48 列，总分在 I2:I48 列，因此需输入函数：=LOOKUP("310204", A2:A48, I2:I48)。

第六节　Excel 2016 常用的统计函数

一、分析集中和离散趋势的函数

数据的集中和离散程度多需要通过计算数学期望、方差等变量来体现，Excel 2016 中有多个函数可以实现对这些统计量的计算，并且在其应用过程中各有特点。利用这些函数，可以对数据的基本分布情况进行描述，属于最根本的函数类型，列举此类函数及其功能如下。

- AVEDEV：返回一组数据点到其算术平均值的绝对偏差平均值。
- AVERAGE：返回其参数的平均值。
- AVERAGEA：返回其参数的平均值，包括数字、文本和逻辑值。
- AVERAGEIF：返回区域中满足给定条件的所有单元格的平均值（算术平均值）。
- AVERAGEIFS：返回满足多个条件的所有单元格的平均值（算术平均值）。
- CONFIDENCE：使用正态分布，返回总体平均值的置信区间。
- GEOMEAN：返回几何平均值。
- HARMEAN：返回调和平均值。
- KURT：返回数据集的峰值。
- LARGE：返回数据集中第 k 个最大值。
- MAX：返回参数列表中的最大值。
- MAXA：返回参数列表中的最大值，包括数字、文本和逻辑值。
- MEDIAN：返回给定数值集合的中值。
- MIN：返回参数列表中的最小值。
- MINA：返回参数列表中的最小值，包括数字、文本和逻辑值。
- MODE：返回一组数据或数据区域中的众数（出现频率最高的数）。
- PERCENTILE：返回数组的第 k 个百分点值。
- PERCENTRANK：返回特定数值在一组数中的百分比排名。
- PERMUT：返回给定元素数目的集合中选取若干元素的排列数。
- QUARTILE：返回一组数据的四分位点。
- RANK：返回某数字在一列数字中相对其他数值的大小排名。
- SKEW：返回分布的不对称度。
- SMALL：返回数据集中的第 k 个最小值。
- STDEV：估算基于给定样本的标准偏差（忽略样本中的逻辑值及文本）。
- STDEVA：基于样本（包括数字、文本和逻辑值）估算标准偏差。
- STDEVP：计算基于给定的样本总体的标准偏差（忽略逻辑值及文本）。
- STDEVPA：基于总体（包括数字、文本和逻辑值）计算标准偏差。
- TRIMMEAN：返回数据集的内部平均值。
- VAR：估算给定样本的方差（忽略逻辑值及文本）。
- VARA：基于样本（包括数字、文本和逻辑值）估算方差。
- VARP：计算基于给定的样本总体的方差（忽略逻辑值及文本）。
- VARPA：基于总体（包括数字、文本和逻辑值）计算标准偏差。

二、概率分布函数

在统计整理分析中，需要对数据的统计分布情况进行描述，Excel 2016 中有可以描述多种概率分布的函数，并且提供了相应的反函数等，功能更加全面，此类函数及其功能如下。

- BETADIST：返回累积 beta 分布的概率密度函数。
- BETAINV：返回累积 beta 分布的概率密度函数区间点。
- BINOMDIST：返回一元二项式分布的概率。
- CHIDIST：返回 χ^2 分布的右尾概率。
- CHIINV：返回具有给定概率的右尾 χ^2 分布的区间点。
- CHITEST：返回独立性检验的结果：针对统计和相应的自由度返回卡方分布值。
- CRITBINOM：返回一个数值，它是使得累积二项式分布的函数值大于或等于临界值 α 的最小整数。
- DEVSQ：返回各数据点与数据均值点之差（数据偏差）的平方和。
- EXPONDIST：返回指数分布。
- F. DIST：返回两组数据的（左尾）下概率分布。
- F. INV：返回（左尾）下概率分布的逆函数值。
- FISHER：返回 Fisher 变换值。
- FISHERINV：返回 Fisher 逆变换值。
- GAMMADIST：返回 Γ 分布函数。
- GAMMAINV：返回具有给定概率的 Γ 累积分布区间点。
- GAMMALN：返回 Γ 函数的自然对数。
- HYPGEOMDIST：返回超几何分布。
- LOGINV：返回 x 的对数正态累积分布函数的区间点，其中 $\ln(x)$ 是平均数和标准方差参数的正态分布。
- LOGNORMDIST：返回 x 的累积正态分布，其中 $\ln(x)$ 是平均数和标准方差参数正态分布。
- NEGBINOMDIST：返回负二项式分布函数。
- NORMDIST：返回指定平均值和标准方差的正态累积分布函数值。
- NORMINV：返回指定平均值和标准方差的正态累积分布函数的区间点。
- NORMSDIST：返回标准正态累积分布函数值。
- NORMSINV：返回标准正态累积分布的区间点（具有零平均值和一标准方差）。
- POISSON：返回泊松分布。
- PROB：返回一概率事件组中符合指定条件的事件集所对应的概率之和。
- STANDARDIZE：通过平均值和标准方差返回正态分布概率值。
- TDIST：返回学生的 t 分布。
- TINV：返回给定自由度和双尾概率的学生的 t 分布的区间点。
- WEIBULL：返回 Weibull 分布（概率密度）。

三、假设检验的函数

在确定概率分布的同时，往往会对数据分析的可靠性进行分析，这就需要对数据的各个统计量进行假设检验，在 Excel 2016 中，最重要的假设检验分布有 t 分布，F 分布等，现列举此类函数及其功能如下。

- FTEST：返回 F 检验的结果。
- TTEST：返回 t 检验的概率值。
- ZTEST：返回 z 检验的单尾概率值。

四、相关与回归分析

相关分析和回归分析是数据统计分析的重要内容，要进行比较简便的相关分析和回归分析，可以利用相关的函数进行求解，Excel 2016 提供了针对相对系数、直线斜率和截距、非线性方程的参数等各个方面的函数，现列举此类函数及其功能如下。

- CORREL：返回两组数值的相关系数。
- COVAR：返回协方差，即每对变量的偏差乘积的均值。
- FORECAST：通过一条线性回归拟合线返回一个预测值。
- GROWTH：返回沿指数回归拟合曲线的一组纵坐标值（y 值）。
- INTERCEPT：求线性回归拟合线方程的截距。
- LINEST：返回线性回归方程的参数。
- LOGEST：返回指数回归拟合曲线方程的参数。
- PEARSON：返回皮尔生（Pearson）积矩法的相关系数。
- RSQ：返回给定数据点皮尔生（Pearson）积矩法相关系数的平方。
- SLOPE：返回经过给定数据点的线性回归拟合线方程的斜率。
- STEYX：返回通过线性回归法计算纵坐标预测值所产生的标准误差。
- TREND：返回线性回归拟合线的一组纵坐标值（y 值）。

五、其他函数

除了上述功能外，Excel 中还提供了其他分析功能的函数，诸如计算频数的函数、带有约束条件的频数计算函数等，现列举此类函数及其功能如下。

- COUNT：计算区域中包含数字的单元格的个数。
- COUNTA：计算区域中非空单元格的个数。
- COUNTBLANK：计算区域内空白单元格的数目。
- COUNTIF：计算某个区域中满足给定条件的单元格数目。
- COUNTIFS：统计一组给定条件所指定的单元格数。
- FREQUENCY：以一列垂直数组返回一组数据的频率分布。

六、数据分析库

除了利用单个函数进行的统计分析外，Excel 2016 还能够进行一系列的系统的数据分析，这就要依靠分析数据库来实现。Excel 2016 的分析工具中包含了基本统计分析的各个模块，利用某一模块进行统计分析，可以得到比较完整的统计分析结果，比利用单个函数的效果更好。数据分析工具如图 1-5 所示。

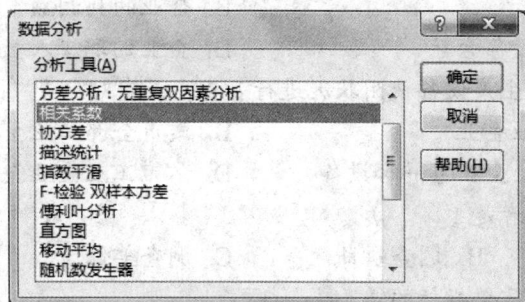

图 1-5 数据分析工具

【课后训练】

一、单选题

1. 社会经济统计学的研究对象是（   ）。

    A. 社会经济的内在规律   B. 统计工作

    C. 社会经济现象的数量方面   D. 统计方法

2. 统计设计的中心内容是（   ）。

    A. 确定统计指标和指标体系   B. 明确统计研究的目的

    C. 确定统计分析的内容和方法   D. 制定统计整理方案

3. 某市对去年年末的工业企业生产设备普查，要求在今年的 1 月 1 日至 1 月 15 日全部调查完毕，则这一时间是（   ）。

    A. 调查时间   B. 调查期限   C. 标准时间   D. 登记期限

4. 调查项目通常以表的形式表示，称作调查表，一般可分为（   ）。

    A. 单一表和复合表   B. 简单表和复合表

    C. 单一表和一览表   D. 简单表和一览表

5. 调查 1 000 个工业企业工人的工资水平情况，则统计总体为（   ）。

    A. 1 000 个企业   B. 1 000 个企业的全部职工

    C. 1 000 个企业职工的全部工资   D. 1 000 个企业中每个职工的工资

6. 下列属于数量标志的是（   ）。

    A. 职工的籍贯   B. 职工的性别

    C. 职工的政治面貌   D. 职工的工龄

7. 在全国人口普查中（   ）。

    A. 男性是品质标志   B. 人口的平均寿命是数量标志

    C. 人的"年龄"是变量   D. 全国人口是统计指标

8. 以产品等级来反映某种产品的质量，则该产品等级是（   ）。

    A. 数量标志   B. 数量指标   C. 质量指标   D. 品质标志

9. 在企业职工生活状况研究中，"职工人数"是（   ）。

    A. 离散变量   B. 连续变量   C. 随机变量   D. 品质标志

10. 下列变量属于连续变量的是（   ）。
    A. 企业个数   B. 企业的利润额
    C. 企业拥有的设备台数   D. 企业的职工人数
11. 对某市工业企业生产设备使用状况进行普查，调查对象是（   ）。
    A. 该市全部工业企业   B. 该市全部工业企业
    C. 该市全部工业企业每一台设备 D. 该市工业企业全部生产设备
12. 调查项目的承担者是（   ）。
    A. 调查对象   B. 调查项目   C. 调查单位   D. 填报单位
13. 下列指标中属于质量指标的是（   ）。
    A. 产品产量   B. 产品总成本
    C. 产品计划完成程度   D. 人口总数
14. 下列统计指标中，属于数量指标的有（   ）。
    A. 工资总额   B. 单位产品成本
    C. 工人出勤率   D. 合格品率
15. 质量指标的表现形式是（   ）。
    A. 绝对数   B. 绝对数和相对数
    C. 相对数和平均数   D. 绝对数和平均数

二、多选题
1. 统计调查方案的主要内容有（   ）。
   A. 确定调查目的、调查对象和调查单位
   B. 确定调查项目编制调查表
   C. 确定调查时间、地点，调查方式和调查方法
   D. 制订调查的组织实施计划
2. 统计调查方案中的调查时间是指（   ）。
   A. 时期现象资料所属的起止时间   B. 时点现象资料所属的标准时点
   C. 调查工作进行的时间   D. 公布调查结果的时间
3. 对所有工业企业进行普查中（   ）。
   A. 机器台数是连续变量
   B. 每一个工业企业是总体单位
   C. 全部工业企业固定资产总额是统计指标
   D. 所有工业企业是统计总体
4. 在我国人口普查中（   ）。
   A. 全国人口数是统计总体   B. 总体单位是每一个人
   C. 全部男性人口数是统计指标   D. 人口的性别比是总体的品质标志
5. 要了解某地区的就业情况（   ）。
   A. 全部成年人是研究的总体   B. 成年人口总数是统计指标
   C. 成年人口就业率是标志   D. 反映每个人特征的职业是数量指标
6. 下列各项中属于品质标志的是（   ）。
   A. 性别   B. 文化程度

  C. 企业经济类型   D. 先进工作者人数

7. 总体、总体单位、标志、指标间的相互关系表现为（ ）。

  A. 没有总体单位就没有总体，总体单位离不开总体而存在

  B. 总体单位是标志的承担者

  C. 标志是说明总体单位特征的，指标是说明总体特征的

  D. 指标和标志都是用数值表示的

8. 下列属于统计指标的有（ ）。

  A. 全国人均国内生产总值   B. 某台机床使用年限

  C. 某市年供水量   D. 某地区原煤生产量

9. 下列属于质量指标的是（ ）。

  A. 产品废品量   B. 资金利润率

  C. 平均工资   D. 劳动生产率

10. 对某市工业企业状况进行调查，得到以下资料，其中属于统计指标的是（ ）。

  A. 该市职工人数 70 万人   B. 某企业职工人数 1 200 人

  C. 该市某设备台数 75 000 台   D. 某企业 A 产品产量 20 万件

第二章 统 计 调 查

【任务驱动】

　　统计调查是统计工作的基础。通过对本章的学习，读者应了解统计调查的概念和种类；掌握统计报表、普查、重点调查、典型调查、抽样调查等统计调查方式的概念、特点及调查步骤；学会运用询问法、观察法、实验法、文案调查法等搜集统计资料，掌握撰写统计调查报告的技巧；学会在 Excel 中录入统计数据，并学会创建统计表，从而为统计整理打好基础。

☞引导案例

《大学生自主创业》调查问卷

亲爱的同学，您好：

　　针对我国高校毕业生就业形势日趋严峻的现状，为进一步了解我国大学生的自主创业能力，我们组织了这次问卷调查，感谢您对本次调查的参与和支持，谢谢！

　　1. 请问您现在是哪个年级的学生？（　　　）

　　　　A. 大一大二　　　　　B. 大三即将毕业　　　C. 已经毕业

　　2. 请问您的性别是？（　　　）

　　　　A. 男生　　B. 女生

　　3. 请问您是否对自主创业感兴趣？（　　　）

　　　　A. 很感兴趣　　　　　　　　　　B. 一般感兴趣

　　　　C. 不感兴趣　　　　　　　　　　D. 感兴趣，但没此方面打算

　　4. 您认为大学生现在自主创业的形势如何？（　　　）

　　　　A. 十分严峻，特别是受到金融风暴的影响

　　　　B. 比较困难，但仍有机会

　　　　C. 自身能力加上政策扶持是条光明之路

　　　　D. 形势一片大好，成功可能性很高

　　5. 您对国家对大学生自主创业的扶持政策了解吗？（　　　）

　　　　A. 经常关注，很清楚　　　　　　B. 偶尔关注，比较清楚

　　　　C. 不太主动去了解，但知道一点　　D. 一点也不知道

　　6. 如果您有机会实现自主创业，您创业的动力是什么？（　　　）

　　　　A. 展示自我实现价值　　　　　　B. 避免就业压力

　　　　C. 发财致富　　　　　　　　　　D. 挑战自我

　　7. 您认为限制您实现自主创业的因素是什么？（　　　）（可多选）

A. 资金   B. 技术   C. 个人能力   D. 经验

E. 创业团队   F. 市场环境

8. 您认为创业者需要具备哪些素质?( )(可多选)

A. 强烈的挑战精神和吃苦耐劳的精神   B. 出色的沟通交际能力

C. 较好的专业知识   D. 优秀的管理和领导才能

E. 良好的社交技能   F. 一定的经营经验和市场意识

9. 如果您要自主创业,您会为此做哪些准备?( )(可多选)

A. 不断丰富自己的专业知识   B. 做市场调查分析

C. 到企业去亲身实践学习   D. 询问相关企业家

10. 您对创立一个企业的流程了解吗?( )

A. 很了解   B. 一般了解

C. 不了解   D. 想了解,但无从下手

11. 如果您要自主创业,您希望通过怎样的途径获取外界的帮助?( )(可多选)

A. 政府给予相关政策扶持   B. 学校开设相关的课程、讲座

C. 家庭的支持   D. 参加社会活动从中得到锻炼

E. 从书本及网络资源上得到帮助

12. 如果想要创业,您会选择哪个领域?( )

A. 与自身专业相结合的领域

B. 自己感兴趣的领域

C. 朝着当今热门的方向发展(如软件、网络等高科技行业)

D. 启动资金少,容易开业且风险相对较低的行业

E. 其他

资料来源:http://wenku.baidu.com/view/423ecedb50e2524de5187e24.html.

讨论与思考

1. 调查问卷属于哪种调查方法?这种调查方法有什么特点?步骤是怎样的?

2. 什么是专门调查?专门调查有几种?分别有什么特点?

3. 结合自主创业领域并参考本案例,设计一份市场调查问卷,并实地调查。

第一节 统计调查概述

一、统计调查的意义

统计调查就是按照调查目的和任务的要求,采用科学的调查方法,有组织、有计划、有步骤地搜集统计资料的过程。统计调查担负着提供基础资料的任务,是统计工作的基础环节,是认识事物的起点。统计调查需要满足的基本要求是:准确性、及时性、全面性、系统性。

二、统计调查的种类

（一）按搜集资料的组织方式不同，可分为统计报表制度和专门调查

1. 统计报表制度

统计报表制度是按照国家统一规定的调查要求与文件（指标、表格形式、计算方法等）自下而上地提供统计资料的一种报表制度。统计报表一般由国家或地方政府授权的有关部门统一设计、印发、收回和管理，具有法律效力，如由各企业、事业单位向上级主管部门和统计部门报送的各类业务报表、劳动工资报表等。统计报表按报送周期的长短可分为年报、半年报、季报、月报等；就其所涉及的范围而言，统计报表有全面统计报表和非全面统计报表两种。

2. 专门调查

专门调查是指为了研究某一专门问题或事物发展的某一方面而专门组织的调查。例如，为研究全国人口问题而专门组织的人口调查，为研究农业问题而专门组织的农业调查，为研究环保问题而专门组织的环保调查等。从调查的组织方式来看，专门调查包括普查、抽样调查、典型调查、重点调查等。

（二）按调查所涉及的调查单位数量的不同，可分为全面调查和非全面调查

1. 全面调查

全面调查是对构成统计研究总体的每个总体单位全部进行调查，其主要目的是取得总体的全面、系统、完整的总量资料。例如，人口普查、农业普查、经济普查等，全面统计报表是全面调查的一种形式。全面调查能够掌握调查对象全面的、完整的统计资料，说明所要研究问题的全貌。但全面调查需要花费较多的人力、物力和财力，实施起来比较困难，又由于所涉及的调查单位多，参加调查工作的人员多，容易发生调查性误差，因而调查内容应只限于最重要、最基本的项目。

2. 非全面调查

非全面调查是从统计研究总体中选择一部分总体单位进行调查，如重点调查、典型调查、抽样调查和非全面统计报表等。在统计实践中，非全面调查是应用非常广泛的一种调查方式。例如，为了研究出生婴儿的性别比，在全国随机抽选一定数量的医院、保健院，对在此出生的婴儿的性别进行调查登记；在所有工业企业中选择一部分重点企业进行调查等。非全面调查可以利用较少的人力、物力较快地获得所需的资料。

（三）按调查登记在时间上是否具有连续性，可分为经常性调查和一次性调查

1. 经常性调查

经常性调查又被称为连续性调查，是指随着调查现象发展变化而连续不断地进行登记，以获得事物全部发展变化过程及结果资料。例如，产品产量、质量、原材料、燃料、动力消耗、出勤、劳动工时等是通过逐日、逐月、逐季连续地登记而取得的，如果登记时间间断，就会造成数据漏报。对时期现象要进行经常调查才可以得到现象正确、完整、连续的资料。

2. 一次性调查

一次性调查是不连续登记的调查，它是对事物某一时刻或某一瞬间的状态进行登记。这种调查方式适用于时点现象，因为时点现象在一段时期内的变化量相对较小，故不需经常登记。例如，我国人口普查标准时点是 11 月 1 日零时。一次性调查又分为定期和不定期两种。

定期一次性调查是每隔一段固定时期进行一次调查，如每月末统计库存量、每五年一次的投入产出调查等。不定期一次性调查是时间间隔不完全相等，而且间隔很久才调查一次。

（四）按统计调查搜集资料的方法不同，可分为询问调查法、观察法、实验调查法和文案调查法

1. 询问调查法

询问调查法是调查人员直接向被调查者提出问题，以获得信息资料的调查方法，它是市场调查中最常用的方法之一，其特点是通过直接或间接的问答方式来了解被调查者的意见和看法，整个访谈过程是调查者与被调查者相互影响、相互作用的过程，也是人际沟通的过程。询问调查法分为面谈访问调查法、留置问卷调查法、邮寄调查法、电话调查法和网络调查法等。

2. 观察法

观察法是指调查机关派出调查人员到调查对象所在的场地进行观察、点数、计量或用仪器测量和记录现场情况的调查方法。观察法的优点是调查人员亲自参加计量、点数和了解情况，故可以加强统计调查人员的感性认识，有利于统计分析；其缺点是需要耗费大量的人力、物力、财力和时间，同时也无法用于对历史情况的研究。因此，观察法一般适用于非全面调查。

3. 实验调查法

实验调查法是指通过某种实践活动的验证去收集有关资料的一种调查方法。此法起源于自然科学的实验求证，按照实验场所的不同，可将实验调查法分为实验室实验和现场实验两种。实验调查法的优点是能够获取较准确的信息和丰富的资料，便于决策；其缺点是需要花费较多的人力、物力、财力和时间。

4. 文案调查法

文案调查法又被称为案头调研法或二手资料分析法，是研究人员收集已有的资料、数据、报告、文章等有关二手信息，并对其加以整理、分析、研究和利用的一种调研方法。文案调查法的特点是不受时空限制，速度快，费用低，具有较强的机动性、灵活性。

第二节 统计调查方式

一、统计报表制度

（一）统计报表制度的概念

统计报表制度是我国定期取得统计资料的基本调查组织形式。它是按照国家统一规定的表格形式，统一的报送程序和报送时间，自上而下布置，自下而上逐级提供基本统计资料的一种统计报告制度。执行统计报表制度，是各地区、各部门、各基层单位必须向国家履行的一种义务，是政府部门获得统计资料最重要的方式之一。

（二）统计报表制度的特点

统计报表制度是国家获得统计资料的重要途径，是根据行政手段执行的报表制度，为各级领导制订计划、方针、政策提供统计资料。由于统计报表制度采用层层上报、逐级汇总的

方式报送统计资料以满足各级管理部门和统计机关对资料的需要，因而需花费大量人力、物力、财力，并延长了资料取得的时间；现今我国市场经济环境中，所有制形式多样化，统计报表制度的执行会有难度，如企业利润、农业产品产量、居民收入、人口数量等是难以通过报表制度取得的资料。

（三）统计报表的资料来源

统计报表的资料来源于基层单位的原始记录、统计台账和企业内部报表。

1. 原始记录

原始记录是基层单位通过一定的表格形式，对生产经营活动的具体内容和状况所做的最初的数字和文字记载，是未经加工整理的第一手资料。例如，当日的生产记录、出勤记录、工时记录、现金收支凭证、库存记录等。原始记录不仅为统计报表提供数据，而且也是基层单位进行自身经营管理的手段。

2. 统计台账

统计台账是将零散的原始记录依时间顺序经常进行登记，并定期进行总结的账册。例如，工业企业的工时台账、设备台账、产量台账、出勤台账等。

3. 企业内部报表

企业内部报表是企业根据原始记录和统计台账，经过汇总计算后编制的；它是企业内部各职能部门和企业领导取得统计资料的一种形式，也是搞活企业、实行科学管理、提高企业经济效益的主要信息来源。企业内部报表只在企业内部实行，是编制基本统计报表和专业统计报表的基础。

二、专门调查

（一）普查

1. 普查的概念、特点

普查是为了某种特定目的而专门组织的一次性全面调查。一个国家或一个地区为详细地了解某项重要的国情、国力而专门组织的一次性、大规模的全面调查。例如，人口普查、农业普查、工业普查、第三产业普查、基本单位普查等。普查的特点包括：普查是专门组织的调查；普查是一次性调查；普查是全面调查；当总体很大时，普查需要花费大量人力、物力，组织工作繁重；有些现象不能进行普查，如破坏性的产品质量检验。普查的组织形式一般有两种：一是成立专门的普查机构，配备一定的普查人员，对调查单位进行直接登记；二是利用调查单位的原始记录和核算资料，发放一定的调查表格，由填报单位进行填报。

2. 组织普查的原则

（1）规定统一标准时点。普查标准时间是指普查资料所属的时间，即规定某日或某日的某一时刻作为登记普查对象有关资料的统一时间。规定标准时点是为了保证普查资料的准确性，使得资料都能反映同一时点的情况，避免重复和遗漏；而标准时点的选择则应根据研究现象的特点和实际条件来定。例如，2016 年我国将开展第三次全国农业普查，普查的标准时点为 2016 年 12 月 31 日，时期资料为 2016 年度资料。

（2）规定统一普查项目。普查项目一经规定，不准任意改变或增减，以免影响汇总、综合，降低资料质量。同一种普查，每次的项目和指标应力求一致，并按一定的周期进行，以便更好地进行历次调查资料的对比分析及观察某种现象变化发展的规律。

（3）确定统一的普查期限。在普查范围内各调查单位或调查点应尽可能同时进行普查，并尽可能在最短的期限内完成，以便在方法上和步调上保持一致性，以保证资料的准确性和时效性。

（4）组织培训普查队伍。大型的普查由于参与的人多、调查项目复杂，必须对普查人员进行培训。

（5）重大普查应进行试点。普查大都是重大国情、国力普查，在调查前要制定科学的普查方案。为检验制定的普查方案是否可行及普查过程中可能出现哪些问题，需要将方案先在试点单位实施运行，找出缺点，总结经验，并修正补充调查方案，以便在普查工作全面展开时不出现大的失误。

（二）重点调查

1. 重点调查的概念、特点

重点调查是一种非全面调查，它是在调查对象中，选择一部分重点单位进行调查来认识总体基本情况的一种调查方法。重点调查的特点是可以用较少的人力和时间，取得反映总体基本情况的资料；但根据重点调查资料不可能得到现象总体数量，也不能推断总体。

2. 重点单位的选择

（1）根据调查任务确定重点单位。重点单位选择的基本原则是所选出的重点单位的标志值必须能够反映所研究总体的基本情况。一般来说，选出的单位要尽可能少些，而其标志值在总体中所占的比重应尽可能大些。

（2）重点单位不是固定不变的。对不同问题的重点调查，或同一问题不同时期的重点调查中，重点单位不是一成不变的，要随着情况的变化而随时调整。

（3）选中的单位应是管理健全、统计基础工作较好的单位。由于重点调查所涉及的调查单位较少，所以可节省较多的人力、物力、财力和时间，以较高的时效取得调查总体基本情况的资料。

（三）典型调查

1. 典型调查的概念、特点

典型调查也是一种非全面调查，它是从众多的调查研究对象中，有意识地选择若干个具有代表性的典型单位进行深入、周密、系统的调查研究，以认识事物发展变化规律的一种调查方式。典型调查的特点包括：它是个别的、深入细致的调查；可以补充全面调查的不足；选"典"受主观意识影响；不能利用典型资料推断全体。

2. 选"典"方法

（1）解剖麻雀式。该方法对总体单位不进行整理，根据调查目的的要求直接从总体中选"典"，并对其进行详细的调查研究。

（2）划类选典式。该方法先将所研究的总体按研究的有关标志划分为几个类型组，以减少类型组中各单位的差异，然后再在各类型中选择典型单位进行调查研究。

（四）抽样调查

抽样调查是按照随机原则从总体中抽出一部分单位进行调查，从而用这部分单位的数量特征来推断全部总体的数量特征的一种调查方法。抽样调查的特点包括：它是随机抽样；只调查总体中一部分单位；从数量上推算总体；有抽样误差，但能控制。抽样调查的具体内容将在第七章详细讲解。

第三节　统计调查报告

一、统计调查报告的概念和作用

统计调查报告是调查人员对某种事物或某个问题进行深入细致的调查后，根据统计学的原理和方法，经过认真分析研究以文字、图表等形式将调查研究的过程、方法和结果表现出来的一种书面报告形式。统计调查报告是人们对某一情况、事件、经验或问题经过深入细致的调查研究而写成的书面报告；它反映了人们通过调查研究找出某些事物的规律，并提出相应的措施和建议，是社会调查实践活动的成果。统计调查报告是从感性认识到理性认识飞跃过程的反映，是为各部门管理者、为企业、为社会服务的一种重要形式。

二、统计调查报告的特点

（一）运用统计分析方法

统计调查报告是运用一整套统计特有的科学分析方法，如对比分析法、动态分析法、因素分析法、统计推断等分析方法，结合统计指标体系，全面、深刻地研究和分析社会经济现象的发展变化。

（二）定量分析与定性分析相结合

统计调查报告从数量方面来表现事物的规模、水平、构成、速度、质量、效益等情况，注重定量分析，并把定量分析与定性分析结合起来。

（三）数字语言和文字语言相结合

统计调查报告的基本特色是在运用大量的统计数据进行分析的同时，如运用统计表和统计图等，还结合文字语言进行分析，从而使调查报告证据确凿，说明问题有理有力。

（四）准确性和时效性

统计调查报告的准确性除了数字准确、不能有丝毫差错，情况真实、不能有虚假之外，还要求论述有理、不能违反逻辑，观点正确、不能出现谬误，建议可行、不能脱离实际。统计调查报告具有很强的时效性，过期的报告没有实际意义，应把统计调查报告提供在领导决策之前和社会各界需要之时。

（五）针对性和实用性

只有针对企业、各级党政领导和社会各界关心的难点、热点、焦点问题进行调查分析，才能有的放矢，针对性强。统计调查报告是统计工作的最终成果；它不但包含了统计数据反映的信息，更为重要的是，它还能进行分析研究，能进行预测，能指出工作中的不足和问题，能提出有益于今后工作的措施和建议，从而直接满足党政领导和社会各界在了解形势、制定政策、编制计划，经营管理、检查监督、总结评比、科研教学等方面的实际需要。

三、统计调查报告的撰写步骤

（一）确立主题

统计调查报告的主题，即统计调查报告所要表达的中心问题，是整个统计调查报告的灵魂。明确且适当的主题的确立，是整个统计调查报告撰写过程顺利开展的前提。在一般情况下，统计调查报告的主题就是该项调查的主题，即统计调查报告所要反映的中心问题也就是整个调查的中心问题。

（二）拟定提纲

主题确立后，不可马上动笔撰写统计调查报告；而应先构思好统计调查报告的整体框架，并进一步将这种框架转变为具体的写作提纲。如果主题是统计调查报告的魂，那么这种提纲就是统计调查报告的骨架。写作提纲的主要作用是理清思路，明确统计调查报告内容，安排好统计调查报告的整体结构，为实际写作打下基础。拟定写作提纲的方法为对统计调查报告的主题进行分解，并将分解后的每一部分进一步具体化。

（三）选择材料

统计调查报告所用的材料通常包括两方面的内容：一是从调查中得到的各种数据、表格、事例等客观材料；二是在这些客观材料的基础上通过分析、综合、概括所形成的观点、认识、建议等主观材料。两者相互联系、互相依赖，共同构成填充调查报告"骨架"的"血肉"。

（四）撰写统计调查报告

撰写统计调查报告时通常要从头到尾一气呵成，而不应经常地在一些小的环节上停下来推敲修改，以免耽误过多时间。这样做的好处是便于整个统计调查报告紧紧围绕所确立的主题展开，使得统计调查报告在整体思想、体系结构、内容形式、行文风格等方面都前后一致，浑然一体。当撰写完成统计调查报告全文后，需对每一部分反复地阅读、审查和推敲，认真地修改好每一个细节，使统计调查报告不断丰富和完善。

四、统计调查报告的格式

统计调查报告的格式一般是由标题、导言、正文、结尾、附件及参考文献等几部分组成。

（一）标题

标题应是画龙点睛之笔，它必须准确揭示统计调查报告的主题思想，做到题文相符。标题要简单明了，高度概括，具有较强的吸引力。标题形式主要有：陈述式，即直接在标题中陈述调查的对象及调查的问题，如《关于消费者产品品牌忠诚度的调查》《当前大学生思想状况调查》；结论式，即用某种结论式的语言或警句、格言、判断句等作为标题，如《择友不当是青少年犯罪的重要原因》；问题式，即以一个问题作为标题，这类标题的优点是能够吸引人们的注意力，有利于调动人们进一步阅读的欲望，普通统计调查报告更经常地采用这种标题，并且在非专业刊物上发表的统计调查报告，也较多地采用此类标题，如《农村老年人是怎样生活的》。

（二）导言

一般的统计调查报告的第一部分称作导言，它的主要任务是向读者简要地介绍整个调查的有关背景。其中，最主要的内容包括调查的目的、调查的内容、调查的对象、调查的时间、地点、调查的方法，简要说明调查结果的主要发现、结论和建议。导言的具体写法主要有：直述式，即开门见山，平铺直叙，直接把调查的目的、内容、对象、范围等一一写出；悬念式，即先描述某种社会现象和社会问题，然后对这种社会现象和问题产生的原因、影响等提出一系列疑问，最后介绍调查的基本情况；结论式，即在描述现象、提出问题的同时，直接写出结论。

（三）正文

正文是统计调查报告的主要部分。正文部分必须准确阐明全部有关论据，包括问题的提出，引出的结论，论证的全部过程，分析研究问题的方法等。正文中的论述部分主要分为基本情况部分和统计分析部分。基本情况部分是根据调查得来的资料，真实地描述客观事实；统计分析部分是调查报告的主要组成部分，在这一部分，要对资料进行质和量的分析，通过分析，了解情况，说明问题和解决问题。

（四）结尾

结尾是调查报告的结束语，好的结尾可使读者明确题旨，加深认识，启发读者思考和联想。结尾的形式一般有概括全文、形成结论、提出看法和建议、展望未来。

（五）附件及参考文献

附件是指统计调查报告正文包含不了或没有提及、但与正文有关必须附加说明的部分。它是对正文报告的补充或是更详尽的说明，包括数据汇总表、原始资料、背景材料和必要的工作技术报告等。统计调查报告通常要在报告的末尾列出参考文献，这些文献是研究者在从事这项研究过程中所阅读、评论、引证过的文献，这样做一方面体现了科学的、实事求是的研究态度，另一方面也为同一领域的研究者提供了一个参考的文献索引。

第四节　Excel 2016 中统计数据的录入

一、文本的输入

文本包括中英文文字、符号、字符型数字及它们的组合。文本格式在单元格中默认对齐方式为左对齐。将由数字组成的字符串（如电话号码，学号等）当作文本型输入的方法如下。

（一）设置格式批量输入

选中一个单元格或区域，单击"开始—格式—设置单元格格式"，选择"数字"中的"文本"，则可以输入文本类型的数字，在单元格的左上角会出现一个小三角。

（二）键入单引号"'"

在输入第一个字符前，键入单引号"'"，再输入数据。例如，输入"'0368"，则单元格中显示 0368。

（三）键入等号"="

键入等号"="并在数字前后加上双引号""（英文半角）。例如，输入="001"，单元格中显示 001；输入=""""3501""""，单元格中显示"3501"（只有一对双引号）。

（四）将同一个单元格中文字变成两行

按住 Alt 键的同时按 Enter 键，即"Alt+Enter"组合键。

二、快速将数字转换成大写中文

Excel 2016 具有将用户输入的小写数字转换为大写数字的功能。例如，它可自动将 123.45 转换为"壹佰贰拾叁点肆伍"，其操作步骤如下。

1. 选中需要大写数字的单元格或区域；

2. 单元格格式设置，在"数字"选项卡，从"分类"列表框中选择"特殊"选项；从"类别"列表框中选择"中文大写数字"选项，单击"确定"，如图 2-1 所示。

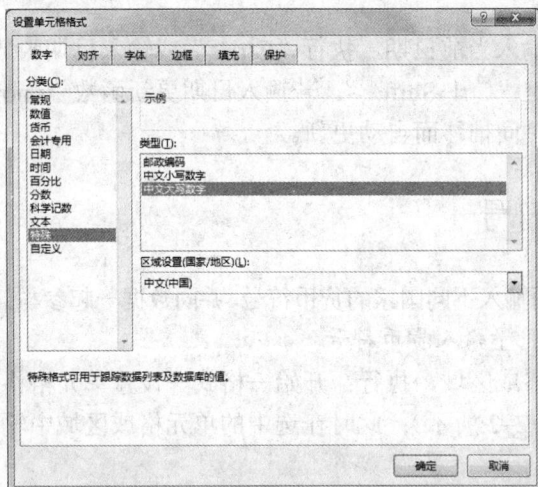

图 2-1　数字转换中文的设置

3. 在设置好的单元格中输入数字 123.45 后自动变为"壹佰贰拾叁点肆伍"。

（注：还可以先输入数据，再进行格式设置。）

三、日期和时间的输入

在 Excel 2016 中是将日期和时间视为数字处理的，并能够识别出大部分用普通表示方法输入的日期和时间格式。日期和时间在单元格中靠右对齐。

（一）日期的输入

1. 用多种格式输入日期

输入日期可以用斜杠"/"或者"–"来分隔日期中的年、月、日部分。例如，要输入"2016 年 1 月 1 日"，可以在单元格中输入"2016/01/01"，按 Enter 键确定后单元格中显示"2016/1/1"。输入"01/01"，按 Enter 键确定后单元格中显示"1 月 1 日"，编辑栏中显示"2016/1/1"。

2. 插入当前日期

如果要在单元格中插入当前日期可以按组合键"Ctrl+；"，即可将计算机系统里设置的时间调出来。

（二）时间的输入

1. 在"常规"单元格内输入时间

在 Excel 2016 中输入时间时，用户可以按 24 小时制输入，也可以按 12 小时制输入，而用 12 小时制输入时间要在时间后加一空格并输入 A 或 P（也可以是 AM 或 PM，大小写都可以）。例如，输入"3:30 P"（注意字母"P"和时间之间有一个空格），则单元格中显示"3:30PM"，编辑栏显示"15:30:00"。

2. 时间格式设置

选中需要设置的单元格或区域，执行：开始—格式—设置单元格格式—日期，选择所需格式即可；如果在输入前为"单元格"设置了时间格式，则输入"11:30"后显示"11 时 30 分""十一时三十分"等格式。

3. 输入当前日期

如果要在单元格内输入当前日期，执行"Ctrl+；"或输入日期函数"=Today( )"；如果输入当前时间，则按组合键"Ctrl+Shift+；"。若输入日期更新函数"=now( )"，则显示当前年月日和当前时间，并随着时间推移而自动更新。

四、输入货币符号

在单元格的数据前面输入不同国家的货币符号，并同数据一起参与计算，其方法有以下几种。

1. 进行格式设置后批量输入货币符号

选中要输入的单元格或区域，执行：开始—格式—设置单元格格式—货币，选择货币种类，单击"确定"（如图 2-2 所示）；此时在选中的单元格或区域中输入数据后，数据前自动形成选中的货币符号。

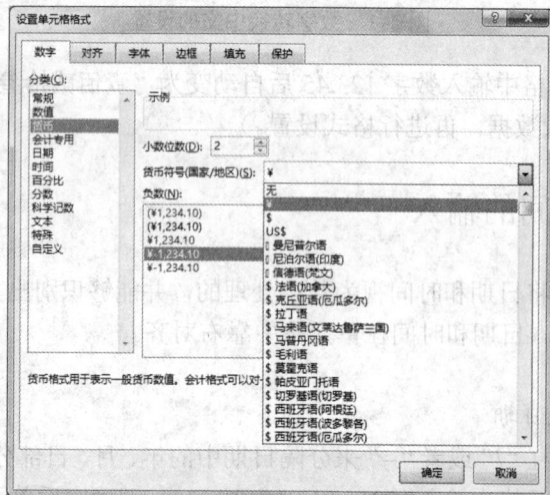

图 2-2　货币符号的输入

2. 先输入数据，再选中数据区域

输入数据后，选中需添加货币符号的数据所在区域，单击常用工具栏的货币样式，则被选中区域中的数据前都加了货币符号。

3. 在一个单元格中快速输入货币符号

如果在一个单元格中要输入人民币符号，可以按住 Alt 键，输入"0165"即可；要输入欧元符号，可以按住 Alt 键，输入"0128"即可。

五、数据的自动填充

（一）不连续单元格填充同一数据

先选中需填充该数据的某一个单元格，然后按住 Ctrl 键，用鼠标单击选中需填充同一数据的其他单元格；在编辑栏中输入数据后按住 Ctrl 键同时按一下 Enter 键，此时所有选中的单元格中都出现了这一数据。

（二）连续单元格填充同一数据

当单元格中数据是纯数字或纯文本时，用鼠标单击要被复制数据的单元格使其成为活动单元格，将鼠标指向该单元格的填充柄，按住鼠标左键沿上、下、左、右某一方向拖动，松开鼠标，所拖过的单元格即被填充了和活动单元格相同的数据。

（三）工作表中批量填充同一数据

如果工作表中所有的空单元格都需填充同一数据（文字或是数字），则需选中工作表所有区域，执行：编辑—定位—定位条件—空值，这时选中了所有空单元格，在编辑栏中输入数据如"无"，再按组合键"Ctrl+Enter"即可。

（四）下拉列表填充

例如，在工作表中"性别"一列，用下拉列表填充输入"男"和"女"。

（1）选定需要限制其有效数据范围的单元格或单元格区域；

（2）执行：数据—数据验证—设置，在"允许"下拉列表框中选择序列，在"来源"框中输入"男,女"（","应在英文半角状态下输入），单击"确定"即可。数据验证对话框下拉列表填充设置如图 2-3 所示。

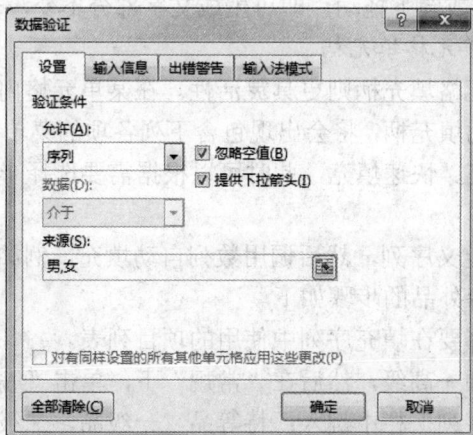

图 2-3 数据验证对话框下拉列表填充设置

（3）单击所设置区域中任一单元格后面的下拉按钮，在下拉列表填充项中选择"男,女"即可。

如果下拉列表填充项的文字太多，可以先将文字输入一个区域，然后再将其导入序列中。例如，在企业经济类型一列中建立分类下拉列表填充项。在表中某一列位置先输入：国有企业、集体企业、个体企业、中外合资企业、国外独资企业、港澳台企业，执行：数据—有效性—设置，单击"允许"右侧的下拉按钮，选中"序列"选项，在下面的"来源"方框中输入：国有企业、集体企业、个体企业、中外合资企业、国外独资企业、港澳台企业所在的区域，选中上面的提供下拉按钮，然后单击"确定"即可。此时，单击企业类型下拉按钮，即可从相应类别的企业名称列表中选择需要的企业名称填入该单元格中。（提示：在打印报表时，如果不需要打印"企业类别"列，可以选中该列，右击鼠标，选择"隐藏"选项，将其隐藏即可。）

六、自动填充序列

在单元格区域输入有规律数据方法如下。

（一）使用鼠标填充自动填充序列

1. 自动输入数列

如果要在连续单元格区域输入连续数列或是等差数列。只需要在前两个单元格输入规律数据，再用鼠标指向填充柄，按住鼠标左键向右或向下拖动即可。例如，输入 1，2，3……数列，只需在前两个单元格分别输入 1 和 2，用鼠标选中这两个单元格用填充柄拖曳，则下面的单元格自动生成 3，4，5……（公差为 1 的等差数列）。

如果要输入公差为 2 的等差数列，可以先在一行或一列的两个相邻的单元格中分别输入数列的前两个数字，然后选中这两个单元格，用鼠标指向填充柄，按住鼠标左键向右或向下拖动形成按 2 递增的序列；向上或向左拖动，形成按 2 递减的序列。

2. 输入由文字和数字组成的文字序列

要输入由文字和数字组成的文字序列，且序列中文字部分不变，数字部分按递增变化（例如，要输入：生产组 1，生产组 2，生产组 3……），只需在单元格中输入序列的第一个数据：生产组 1，拖动填充柄向右或向下拖动，即可生成文字部分不变，数字部分递增的序列。

3. 使用鼠标右键拖动单元格填充柄

使用鼠标右键拖动单元格填充柄则更具灵活性。在某单元格内输入数据，按住鼠标右键沿着要填充序列的方向拖动填充柄，将会出现包含下列各项的菜单：复制单元格、填充序列、仅填充格式、不带格式填充、快速填充，此时可以根据需要选择一种填充方式。

（二）自定义填充序列

先在 Excel 2016 中自定义序列，然后调用数列自动填充。例如，添加序列：特等品，一级品，二级品，三级品，等外品的步骤如下。

（1）在工作表上，选择要在填充序列中使用的项目列表。

（2）单击：文件—选项—高级，然后在"常规"下，单击"编辑自定义列表"按钮。

（3）在右边的"输入序列"栏中键入：特等品，一级品，二级品，三级品，等外品，单击"添加"，其序列加入左栏中，单击"确定"（自定义序列对话框如图 2-4 所示）；或将需要添加的序列键入工作表中某一区域，用导入的办法添加序列。

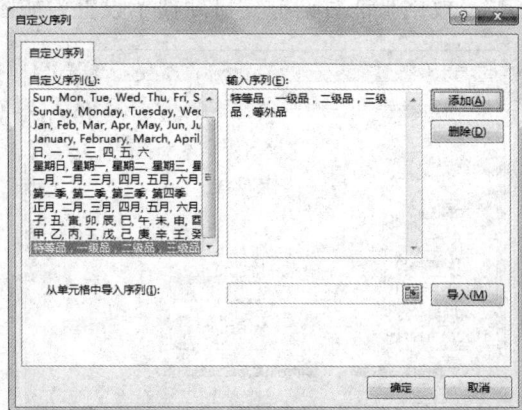

图 2-4 自定义序列对话框

（4）在工作表上单击某个单元格，然后键入自定义填充序列中要在列表开头使用的项目，如特等品，选中此单元格，拖动填充柄，使其经过要填充的单元格，这时一级品，二级品，三级品，等外品都拖出来了。

七、在多个工作表内输入相同内容的技巧

有时，由于某些特殊原因需要在同一个工作簿的不同工作表中输入相同的内容，这时既不必逐个进行输入，也不必利用复制、粘贴的办法，直接利用下述方法即可达到目的。

（1）打开相应工作簿，选中一张工作表 Sheet1；

（2）按住 Ctrl 键，用鼠标左键单击窗口中需要输入相同内容的不同工作表（如 Sheet2、Sheet3…），为这些工作表建立联系关系；

（3）在其中的任意一个工作表中输入内容（数据、表格的表头及表格线等），此时这些数据就会自动出现在选中的其他工作表之中；

（4）输入完毕之后，再次按下 Ctrl 键，并使用鼠标左键单击所选择的多个工作表，解除这些工作表之间的联系关系（否则此后用户输入的内容还会出现在其他工作表中）。

八、设置提示信息和出错警告

设置提示信息和出错警告的目的是控制单元格中输入数据的类型及范围，限制用户不能在单元格中输入错误的数据。

（一）为单元格指定输入数据有效条件

例如，只允许在单元格或单元格区域输入 2015 年 1 月 1 日至 2015 年 12 月 31 日之间的日期，步骤如下。

（1）选定需要限制其有效数据范围的单元格或单元格区域；

（2）执行：数据—数据工具—数据验证；

（3）在数据验证对话框中"设置"的"允许"下拉列表框中选择"日期"，在"数据"下

拉列表框中选择"介于","开始时间"框中输入"2015/01/01","结束时间"框中输入
"2015/12/31",单击"确定",数据验证对话框(日期提示设置)如图 2-5 所示;

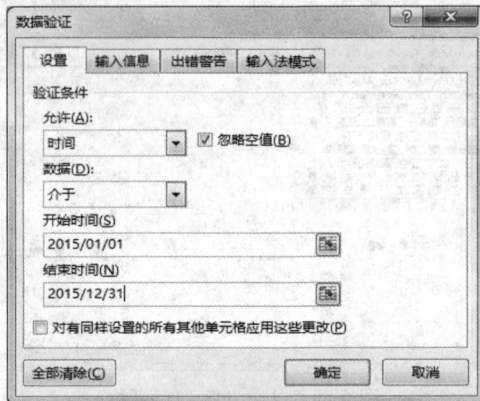

图 2-5　数据验证对话框(日期提示设置)

(4)当在设置日期的区域中输入错误日期时,会出现日期出错提示,如图 2-6 所示。

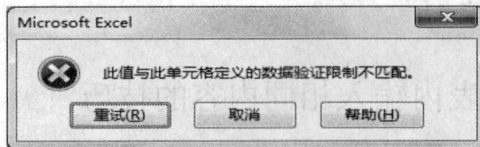

图 2-6　日期出错提示

(二)设置输入提示信息

例如,设置输入提示信息:"请在此输入日期",步骤如下。

(1)选定需要限制其有效数据范围的单元格或区域;

(2)执行:数据—数据工具—数据验证;

(3)选择"输入信息",选定"选定单元格时显示下列输入信息"复选框,然后在"标题"
和"输入信息"文本框中输入当选定该单元格时显示的输入信息,分别为"这是日期区域"
"请在此输入 2015/01/01 至 2015/12/31",单击"确定"。数据验证对话框(输入信息提示设置)
如图 2-7 所示;

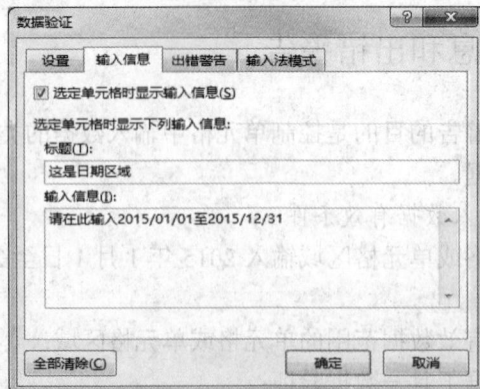

图 2-7　数据验证对话框(输入信息提示设置)

（4）当选中被设置的单元格时，就会显示在上一步中设置的输入提示信息。日期提示如图2-8所示。

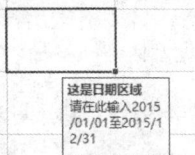

图2-8　日期提示

（三）设置出错警告

例如，设置输入工作表中某一区域的数据应为整数，且其值介于最小值1和最大值100之间；当输入此范围之外的数据时，会出现"请在此输入1～100"的警告提示。

（1）首先选定需要限制其有效数据范围的区域。选定需要限制其有效数据范围的单元格或区域；执行：数据—数据工具—数据验证；在数据验证对话框"设置"标签下的"允许"下拉列表框中选择"整数"，在"数据"下拉列表框中选择"介于"，"最小值"为1，"最大值"为100，单击"确定"，如图2-9所示。

（2）设置出错警告。在"数据验证"对话框中选择"出错警告"，选中复选框"输入无效数据时显示出错警告"，样式框中有"停止、警告和信息"，这里选择"警告"，标题为"请注意"，错误信息为"请在此输入1～100"，如图2-10所示。

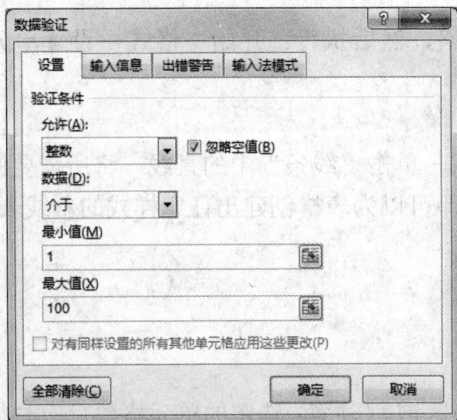

图2-9　数据验证对话框（有效数据范围设置）

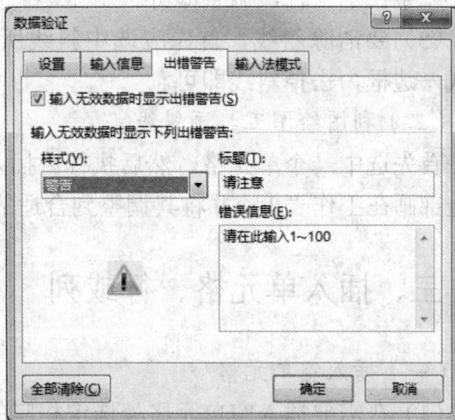

图2-10　数据验证对话框（出错警告设置）

（3）当在设置的这个区域中输入的数据不在1～100内时就出现警告提示。输入警告如图2-11所示。

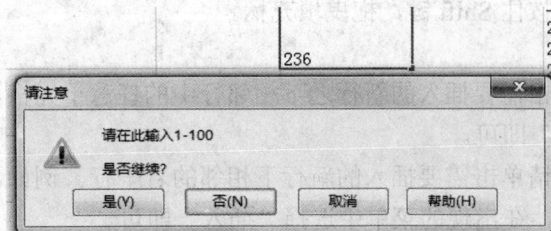

图2-11　输入警告

第五节　Excel 2016 中创建统计表

一、单元格合并与拆分

（1）选择需要合并的单元格，可单击"开始"，选择"合并后居中"或下拉选择"合并单元格"。如果要将合并后的单元格再拆分，重复上述步骤，下拉选择"取消单元格合并"。

（2）选择要合并的单元格，执行：开始—格式—设置单元格格式—对齐—水平对齐中选择"居中"，垂直对齐中选择"居中"，并勾选"合并单元格"。

二、单元格中设置斜线

（一）在边框里设置斜线

（1）在单元格中设置斜线，执行：开始—格式—设置单元格格式—边框，选择"斜线"后确定即可。

（2）在单元格中输入"指标"，按住 Alt 键的同时按 Enter 键，再输入"分组"，这时"分组"二字在下一行，调整即可。

（3）要消除斜线，首先应选中斜线所在单元格，然后执行：开始—格式—设置单元格格式—边框，去掉斜线即可。

（二）利用绘图工具画斜线

首先选中一个单元格，然后执行：插入—形状—单击"线条"中的直线，将所需要的线段全部画在工作表上，并将其调整到合适的位置，即可以为表格创建出任意样式的斜线表头。

三、插入单元格、行或列

（一）插入空单元格

（1）在需要插入空单元格处选定相应的单元格区域。（注意：选定的单元格数目应与待插入的空单元格的数目相同。）

（2）单击鼠标右键，在随后出现的对话框中，单击"活动单元格右移"或"活动单元格下移"后，单击"确定"完成空单元格的插入。

（3）选中单元格，按住 Shift 键，拖曳填充柄。

（二）插入行

（1）插入一行。单击需要插入的新行之下相邻行中的任意单元格，单击鼠标右键，在出现的菜单中选择"插入"即可。

（2）要插入多行。请单击需要插入的新行下相邻的若干行。例如，要多插入四行，选中四行，再单击鼠标右键，在出现的菜单中选择"插入"即可。

（三）插入列

（1）插入一列。单击需要插入的新列右侧相邻列中的任意单元格，单击鼠标右键，在出现的菜单中选择"插入"即可。

（2）插入多列。单击需要插入的新列右侧相邻的若干列，单击鼠标右键，在出现的菜单中选择"插入"即可。

（四）奇特的 F4 键

Excel 2016 中有一个快捷键的作用极其突出，即 F4 键。作为"重复"键，F4 键可以重复前一次操作。例如，在工作表内插入或删除一行后，移动插入点并按下 F4 键可以实现插入或删除另一行，而不需要使用菜单。

四、调整行高及列宽

（一）用菜单调整

（1）调整行高。选中需要调整的单行或多行，执行：开始—格式—单元格大小—行高，在对话框中输入行高的具体数值，如 30，单击"确定"。

如果执行：开始—格式—单元格大小—自动调整行高命令，则系统根据行的内容自动调整行高。

（2）调整列宽。选中需要调整的单列或多列，执行：开始—格式—单元格大小—列宽，在对话框中输入列宽的具体数值，如 15，单击"确定"。

如果执行：开始—格式—单元格大小—自动调整列宽命令，则系统根据行的内容自动调整列宽。

（二）用鼠标调整

（1）将鼠标移动到要改变的行的行头的下边界，鼠标指针将变为双向箭头的形状，拖曳该边界向下则增大行高，向上则减小行高；同理可以调整列宽。

（2）同时改变多行行高，可先选定这些行，拖曳其中任意一行的边界，即可同时调整这些行的高度，且其高度相同；同理可以同时调整多列的列宽。

（3）将鼠标移到行（列）标题的交界处，双击鼠标左键，即可快速将行（列）的行高（列宽）调整为"最合适的行高（列宽）"。

（4）将鼠标放在行（列）上，选中行（列）右键单击，即可设置给定行高（列宽）数值。

五、设置工作表边框及边框的颜色

（1）选中需要设置边框及颜色的单元格或区域（可以全部选中；也可以按住 Ctrl 键，单击左键选中个别单元格）。

（2）执行：开始—格式—设置单元格格式—边框。先在"颜色"中设置自己想要的颜色，再单击"外边框"（或内边框）按钮；再次选择颜色，单击内边框，单击"确定"从而使内、外边框颜色不同。（注意：如果是统计表，则两端是开口的，即无左右边线。）设置单元格格式对话框（统计表边框设置）如图 2–12 所示。

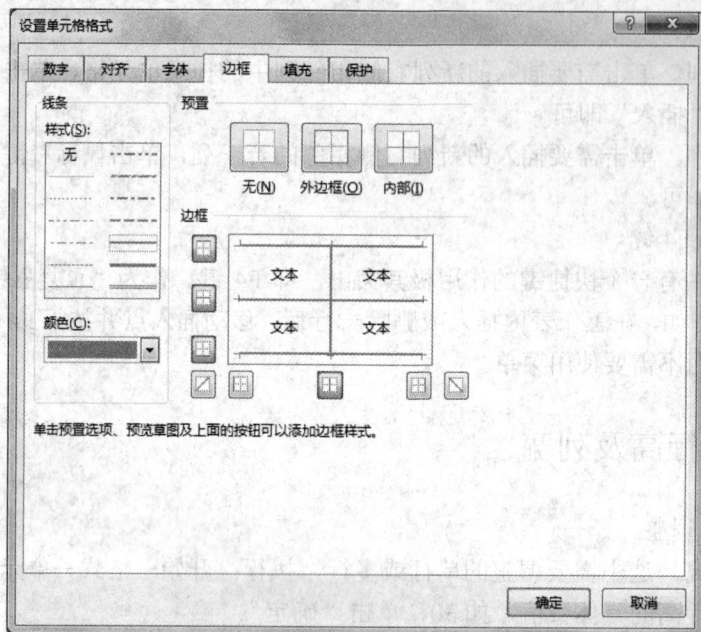

图 2-12　设置单元格格式对话框（统计表边框设置）

六、自动套用格式

Excel 2016 提供了 60 种格式供选择。首先需选定自动套用格式的单元格区域，执行：开始—套用表格格式，在弹出的对话框中选择需要的格式，单击"确定"即可实现。

七、工作表名称和标签颜色

在 Sheet1 标签上单击右键，选择"重命名"，或双击 Sheet1 修改名称。将工作表标签改变颜色的操作为：右键单击工作表标签，在出现的菜单中选择"工作表标签颜色"，选定所需的颜色后确定即可。

八、移动及复制工作表

（一）在同一工作簿中移动

用鼠标选中一个工作表标签，按住左键，将其移动到所需位置，松开鼠标即可；如需复制工作表，则拖动鼠标的同时按住 Ctrl 键即可。

（二）在不同工作簿中移动工作表

打开不同的工作簿，在一个工作簿中选中要移动或复制的工作表标签，右键单击，在弹出菜单中选"移动或复制工作表"，在"工作簿"下拉列表框中选择工作表要移至的工作簿，在"下列选定工作表之前"的列表中选择工作表要移至的位置（第一页还是第二页），选中"建立副本"复选框并单击"确定"，即可实现复制工作表并将其移动至另一个工作簿中。

九、隐藏工作表

对于一些极为重要的工作表，可以将其隐藏起来。隐藏工作表的方法是：将光标定位在要隐藏的工作表的标签上，单击鼠标右键选择"隐藏"命令；也可一次隐藏多张工作表，即选中多张工作表（配合使用 Ctrl 键或 Shift 键）后再执行上述命令。如果要显示已隐藏的工作表，则只需单击鼠标右键选择"取消隐藏"即可。

十、保护工作簿和工作表

（一）为整个工作簿设置一个打开权限密码

执行：文件—保护工作簿—用密码进行加密。加密文档对话框如图 2-13 所示。

（二）为某一工作表设置密码

将光标定位在某工作表标签，单击右键，在弹出的菜单中选择"保护工作表"命令，弹出保护工作表对话框，如图 2-14 所示。在"取消工作表保护时使用的密码"中输入密码，单击"确定"后会提示重复输入密码，再次输入密码并确定。要撤销工作表保护，可执行"单击右键—撤销工作表保护"命令，输入密码后单击"确定"即可实现。

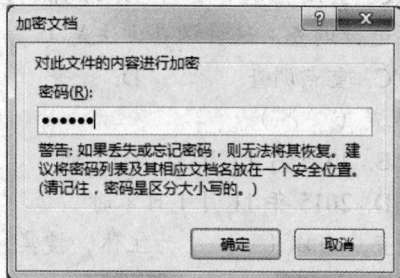

图 2-13　加密文档对话框　　　　　　　图 2-14　保护工作表

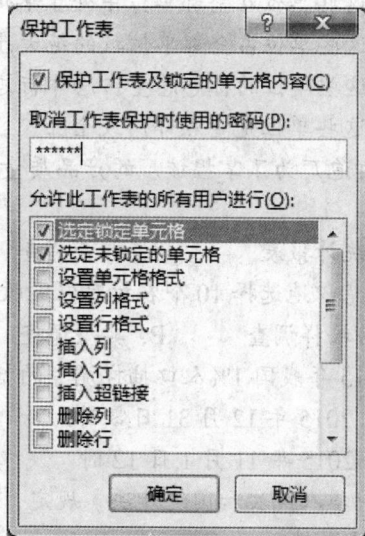

▶【课后训练】

一、单选题

1. 统计工作的基础是（　　　）。

　　A. 统计设计　　　　B. 统计调查　　　　C. 统计整理　　　　D. 统计分析

2. 统计调查的基本任务是取得原始统计资料，所谓原始统计资料是（　　　）。

　　A. 统计部门掌握的资料

  B. 对历史统计资料进行整理后取得的资料

  C. 直接向调查单位进行登记所取得的资料

  D. 统计年鉴或统计公报上发布的资料

3. 经常性调查与一次性调查的划分依据是（   ）。

  A. 调查的组织形式不同   B. 调查登记的时间是否连续

  C. 调查单位包括的范围是否全面   D. 调查资料的来源不同

4. 在生产企业里的领料单和产成品入库单属于（   ）。

  A. 统计台账   B. 企业内部报表   C. 统计报表   D. 原始记录

5. 人口普查规定统一的标准时间是为了（   ）。

  A. 避免登记的重复与遗漏   B. 确定调查的范围

  C. 确定调查的单位   D. 登记的方便

6. 专门组织的一次性全面调查是（   ）。

  A. 统计报表   B. 普查   C. 重点调查   D. 典型调查

7. 某地区为了掌握该地区牛奶生产的质量情况，对该地区几个大型牛奶企业的生产情况进行质量调查，这种调查方式是（   ）。

  A. 普查   B. 重点调查   C. 典型调查   D. 抽样调查

8. 重点调查的重点单位是指（   ）。

  A. 这些单位在全部单位中处于举足轻重的地位

  B. 这些单位占全部单位数的绝大比重

  C. 这些单位的标志总量占总体标志总量绝大比重

  D. 这些单位是重点部门或企业

9. 某灯泡厂为了掌握该厂的产品质量，拟进行一次全厂的质量大检查，这种检查应选择（   ）。

  A. 统计报表   B. 重点调查   C. 全面调查   D. 抽样调查

10. 有意识地选择 10 个农村对农民收入情况进行调查，这种调查方法是（   ）。

  A. 抽样调查   B. 典型调查   C. 重点调查   D. 普查

11. 2015 年我国 1%人口抽样调查的标准时点是（   ）。

  A. 2015 年 12 月 31 日零时   B. 2015 月 12 月 31 日 12 时

  C. 2015 年 11 月 1 日 12 时   D. 2015 年 11 月 1 日零时

12.《中华人民共和国统计法》规定，统计调查应当以（   ）为主体，搜集、整理基本统计资料。

  A. 周期性普查   B. 经常性抽样调查   C. 全面报表   D. 行政记录

13. 典型调查的"典型单位"是（   ）。

  A. 工作搞得很好的单位   B. 工作中出现问题最多的单位

  C. 具有举足轻重地位的单位   D. 具有代表性的少数单位

14. 某机械电子工业厂对连续生产的电子元件进行质量检验和控制，一般采用（   ）。

  A. 普查   B. 重点调查   C. 抽样调查   D. 典型调查

15. 抽样调查和重点调查都是非全面调查，两者的根本区别在于（   ）。

  A. 灵活程度不同   B. 组织方式不同

C. 作用不同　　　　　　　　　　　D. 选取单位的方式不同

二、多选题

1. 原始资料是指（　　　）。
   A. 尚需汇总整理的资料　　　　　B. 已经过初步加工整理的资料
   C. 需要由个体过渡到总体的资料　D. 初级资料

2. 以下属于询问调查法的是（　　　）。
   A. 访问调查　　　　　　　　　　B. 邮寄和电话调查
   C. 计算机辅助调查　　　　　　　D. 观察法

3. 统计调查的方式有（　　　）。
   A. 统计报表制度　　　　　　　　B. 普查
   C. 重点调查和典型调查　　　　　D. 抽样调查

4. 普查是一种（　　　）。
   A. 非全面调查　　B. 专门调查　　C. 全面调查　　　　D. 一次性调查

5. 统计报表的数据来源有（　　　）。
   A. 原始记录　　　　　　　　　　B. 基层单位内部报表
   C. 综合统计台账　　　　　　　　D. 统计预测资料

6. 重点调查是（　　　）。
   A. 全面调查　　B. 非全面调查　　C. 专门调查　　　D. 随机调查

7. 某地对集市贸易个体户的偷漏税情况进行调查，1 月 10 日抽选 5%样本检查，3 月 20 日抽选 10%样本检查，这种调查是（　　　）。
   A. 非全面调查　　B. 一次性调查　　C. 不定期性调查　D. 定期性调查

8. 非全面调查是指（　　　）。
   A. 普查　　　　　B. 重点调查　　　C. 典型调查　　　D. 抽样调查

9. 典型调查是（　　　）。
   A. 全面调查　　　　　　　　　　B. 专门组织的调查
   C. 深入细致的调查　　　　　　　D. 有意识地选取调查单位

10. 统计调查报告的特点有（　　　）。
    A. 运用统计分析方法　　　　　　B. 数字语言和文字语言相结合
    C. 定性分析和定量分析相结合　　D. 针对性和实用性

第三章 统计整理

【任务驱动】

统计整理，即统计资料整理，是统计调查的继续也是统计分析的基础。通过对本章内容的学习，读者应了解统计整理的意义、内容和步骤；掌握统计分组的方法和分配数列的编制；学会编制统计表，绘制统计图等；熟练掌握 Excel 2016 中整理数据的统计函数，并学会用 Excel 2016 的图表工具编制统计表、绘制统计图。

☞引导案例

2015 年我国居民收入及消费情况分析（摘选）

根据城乡一体化住户调查，2015 年上半年全国居民人均可支配收入 10 931 元，同比名义增长 9.0%，扣除价格因素实际增长 7.6%。按常住地分，城镇居民人均可支配收入 15 699 元，同比名义增长 8.1%，扣除价格因素实际增长 6.7%；农村居民人均可支配收入 5 554 元，同比名义增长 9.5%，扣除价格因素实际增长 8.3%。全国居民人均可支配收入中位数 9 700 元，同比名义增长 10.5%。二季度末，农村外出务工劳动力总量 17 436 万人，同比增加 18 万人，增长 0.1%。上半年，外出务工劳动力月均收入 3 002 元，同比增长 9.8%。2015 年 1—6 月城乡居民收入和支出如表 3-1 所示。

表 3-1　2015 年 1—6 月城乡居民收入和支出

指　标	1—6 月	
	绝对量	同比增长/%
（一）全国居民人均可支配收入	10 931	7.6
按常住地分		
城镇居民	15 699	6.7
农村居民	5 554	8.3
按收入来源分		
工资性收入	6 308	9
经营净收入	1 848	6.4
财产净收入	882	9.7
转移净收入	1 892	11.4
（二）全国居民人均可支配收入中位数	9 700	10.5
（三）全国居民人均消费支出	7 546	7.7
城镇居民	10 401	6.2
农村居民	4 326	10.3
（四）农村外出务工劳动力/万人	17 436	0.1
外出务工劳动力月均收入/（元/人）	3 002	9.8

2005—2014 年，农村居民食品消费支出占生活消费支出的比重（恩格尔系数）由 45.6% 下降为 37.7%；城市居民食品消费支出占生活消费支出的比重从 2005 年的 37.1%略降至 2013 年的 35.0%。2005—2014 年我国城乡居民家庭的恩格尔系数如表 3-2 所示。

表 3-2 2005—2014 年我国城乡居民家庭的恩格尔系数

年 度	城市居民家庭的恩格尔系数/%	农村居民家庭的恩格尔系数/%
2005	37.1	45.6
2006	37.7	47.2
2007	36.7	45.5
2008	35.8	43.0
2009	36.3	43.1
2010	37.9	43.7
2011	37.0	43.0
2012	36.2	39.3
2013	35.0	37.7
2014	35.6	37.9

注：恩格尔系数，即食品支出占家庭支出的比重，其反映的是居民生活水平的高低。越富裕的家庭，食品支出占比越低。根据联合国粮农组织的标准划分，恩格尔系数在 60%以上为贫困，50%～59%为温饱，40%～49%为小康，30%～39%为富裕，30%以下为最富裕。

资料来源：http://www.chyxx.com/industry/201511/362790.html。

讨论与思考：

1. 什么是统计整理？结合案例说说统计整理有什么意义？

2. 什么是统计分组？统计分组的种类有哪些？以上案例中有哪些分组？分别用什么标志进行分组的？分别属于哪种分组类型？

3. 什么是分配数列？分配数列有几种形式？怎样编制分配数列？

4. 怎样编制统计表？怎样绘制统计图？

【教学内容】

第一节　统计整理概述

一、统计整理的意义

统计整理就是根据统计研究的任务与要求，将调查所得到的大量原始资料进行科学的加工、分类、汇总，使之条理化、系统化，得出能够反映总体综合特征的统计资料的工作过程。统计整理能深刻地认识事物，是统计分析的前提；此外，对已经加工过的资料进行再加工，有利于对比分析、制订计划及预测。

二、统计整理的步骤

统计整理是一项细致而周密的工作，既包含理论问题，又会涉及综合汇总的技术问题，必须有组织、有计划地进行。虽然手工整理、电子计算机整理的技术条件不同、具体步骤有差异，但统计整理的基本步骤是一致的，主要包括以下几个方面。

（一）设计统计整理方案

统计整理方案主要分为两部分：一是根据统计研究的目的，把已经确定的统计指标体系、统计分组体系具体地设计到统计表中，并且要详细规定整理、综合的方法；二是根据统计调查所取得的原始资料的多少和整理表、综合表的要求，计算工作量，制订出具体可行的工作计划，包括人力的组织、设备的条件、经费的来源，每个工作环节的责任制及其相互衔接的办法，等等。一些重大的统计工作如人口普查、经济普查，统计整理方案中还应该包括一些工作细则，如原始资料的审核细则、计算机数据处理细则等。

（二）调查资料的审核、订正

统计调查过程中，由于种种原因难免会发生一些差错。为了保证统计资料的质量，在统计资料进入数据处理之前，必须对其进行审核。审核的内容主要有资料的完整性、资料的准确性、资料的及时性。通过审核若发现资料有问题应及时予以订正。

（三）统计数据的分组和汇总

按统计整理的目的要求选择有说明问题本质特征的标志对统计资料进行分组和加工整理，这是整个统计整理工作的核心内容；在统计分组的基础上通过计算机或手工将原始资料的各种标志值进行汇总，计算出各组的总体单位数和合计数及各组的指标数值和综合指标数值。

（四）对汇总后的调查资料审核

对整理好的资料再一次进行审核，改正汇总过程中所发生的各种差错。汇总后审核有复计审核，即对每个指标数值进行复核计算；表表审核，即审核不同统计表上重复出现的同一指标数值是否一致，审核统计表中互有联系的各个指标数值之间是否衔接和符合逻辑性；表实审核，即对汇总得到的指标数值与了解的实际情况联系起来进行检查；对照审核，即对某些统计、会计、业务 3 种核算都进行计算的指标数值，应进行相互对照检查，看数字是否相同，以便从中发现可能出现的错误。在审核过程中发现错误时，应查明原因，及时更正。

（五）编制统计表、绘制统计图、撰写统计分析报告

统计表和统计图是表现统计资料的两种主要方式。统计表使统计资料的表现更加明白、清晰；统计图是表现统计资料的另一种更直观、更形象的手段。通过统计表或统计图把整理好的统计资料表现出来，可以简明扼要地表现社会经济现象在数量方面的具体特征和相互关系。根据统计研究的要求，将整理好的资料撰写统计分析报告，为领导编制计划，制定策略提供依据。

第二节　统计分组和分配数列

一、统计分组的概念

统计分组是根据统计研究的目的和研究对象的特点，将统计总体按照一定的标志区分为

若干个组成部分的一种统计方法。统计分组可以区分事物的不同性质，反映总体内部结构，分析现象之间的数量依存关系。

二、统计分组的种类

（一）按使用的分组标志的性质不同，可分为字符型分组和数值型分组

1. 字符型分组

字符型分组是指选择反映现象属性特征的品质标志作为分组标志。按品质标志分组多数是比较容易的，当分组标志确定后，各组界限也随之确定。对于复杂的字符型分组，各有关部门制定了统一的分类标准和目录，如《工业分类目录》《国民经济行业分类与代码》《工业产品目录》《关于经济类型划分的暂行规定》等，供全国各地区、各部门、各单位分类时使用，以保证各种分类的统一性和完整性。

2. 数值型分组

数值型分组是指选择反映现象数量特征的数量标志作为分组标志。在选择数量标志分组过程中，对于总体应分为多少组，各组的界限怎样确定，这是一个比较复杂的问题。要根据被研究现象本身的内在特点和研究目的来确定各组的数量界限，使分组的数量界限能够区别现象性质上的差别。

（二）按使用的分组标志多少不同，可分为简单分组和复合分组

1. 简单分组

简单分组是只用一个标志对总体进行分组。例如，将某企业工人分别按性别和工龄分组，形成两个简单分组表，如表 3-3 和表 3-4 所示。

表 3-3　某企业工人性别构成情况表

性　　别	人数/人	频率/%
男	120	60
女	80	40
合　　计	200	100

表 3-4　某企业工人工龄构成情况表

工龄/年	人数/人	频率/%
10 以下	90	45
10~20	40	20
20 以上	70	35
合　　计	200	100

平行分组体系是指对同一总体按两个或两个以上的标志分别进行简单分组而形成的分组体系，又被称为并列分组，可用来反映总体多方面的特征。例如，将某企业工人分别按性别和工龄分组，将其平行摆放在一张表中，如表 3-5 所示。平行分组体系能从多个方面说明总体的特征，从广度上分析研究总体现象。

表 3-5　某企业工人构成情况表

指　　标		人数/人	频率/%
性别	男	120	60
	女	80	40
	合　计	200	100
工龄/年	10 以下	90	45
	10～20	40	20
	20 以上	70	35
	合　计	200	100

2. 复合分组

　　复合分组是对同一总体按两个或两个以上标志进行层叠分组或交叉分组。进行复合分组时，要注意先按主要标志分组，再按次要标志分组。例如，某企业工人先按性别分组，在此基础上再按工龄分组，如表 3-6 所示，是层叠分组。由复合分组形成的体系称为复合分组体系。复合分组体系的特点是：每一次分组除了要固定本次分组标志对分组结果的影响外，还要固定前一次或前几次分组标志对分组结果的影响。各个分组标志之间有主次之分。当利用的分组标志很多时，可以进行交叉分组，如表 3-7 所示。

表 3-6　某企业工人构成情况表

指　　标		人数/人	频率/%
总　计		200	100
男	工龄 10 年以下	52	26
	10～20 年	26	13
	20 年以上	42	21
	合　计	120	60
女	工龄 10 年以下	38	19
	10～20 年	14	7
	20 年以上	28	14
	合　计	80	40

表 3-7　某企业工人构成情况表

性别	工龄 10 年以下	工龄 10～20 年	工龄 20 年以上	合　　计
男	52	26	42	120
女	38	14	28	80
合　计	90	40	70	200

三、分配数列

分配数列是在统计分组的基础上，将总体的所有单位按组归类整理，并按一定顺序排列，形成总体单位数在各组间的分布，这个数列被称为分配数列，又被称为分布数列或次数分布。

分配数列由组名（各组的品质属性或变量值）和次数两个要素组成。其中分布在各组中的总体单位数表现为绝对数，被称为次数或频数；表现为相对数，即各组次数与总次数之比的比重，被称为比率或频率。分配数列可以说明总体的分布特征和构成情况，并可在此基础上进一步研究总体内部结构特点，分析总体某一标志的平均水平探究未来发展趋势。根据分组标志的特征不同，分配数列分为品质分配数列和变量分配数列两种。

（一）品质分配数列

按品质标志分组形成的分配数列为品质分配数列，简称为品质数列，也称属性分布数列，如表 3-8 所示。

表 3-8 某地区年末人口性别构成统计表

性　　别	人口数/万人	比重/%
男	79	51
女	76	49
合　　计	155	100
组名	次数	频率

（二）变量分配数列

按数量标志分组所编制的分配数列为变量分配数列，简称为变量数列。变量数列可用来观察总体中不同变量值在各组的分布情况。由于变量自身可分为离散型和连续型，在编制变量数列时按变量的表示方法和分组方法不同，可以分为单项式变量数列和组距式变量数列两种。

1. 单项式变量数列

单项式变量数列，简称为单项数列，是指将数列中的每个组只用一个变量值表示的数列。对于变量值个数较少并可一一列举、变动范围较小的离散型变量，可编制单项式变量数列。例如，以某专业学生的年龄为分组标志所编制的变量数列如表 3-9 所示。

表 3-9 某专业学生年龄分布情况表

年龄/周岁	学生数/人	占总人数的比重/%
19	30	10.0
20	70	23.3
21	80	26.7
22	60	20.0
23	30	10.0
24	30	10.0
合　　计	300	100.0

　　一般情况下，只有离散型随机变量在取值不多且变量值的变动范围不大时，才适合编制单项式变量数列，连续型变量不能编制单项式变量数列。当变量值变动幅度很大时，如果仍采用单项式变量数列，就势必会造成组数太多，不便于分析问题，也难以反映总体的分布趋势，这时就需要采用组距式变量数列。

　　2. 组距式变量数列

　　（1）组距式变量数列的概念

　　组距式变量数列，简称为组距数列，是数列中的每个组用一定数值区间范围来表示。组距式变量数列适用于变量值的变动幅度很大，变量值的个数很多，不能一一列举的情况。例如，对中国农村居民按年纯收入分组就可编制组距式变量数列。表 3-10 为某地农村居民年纯收入情况表，该表即是一个连续型变量的组距式变量数列。

表 3-10　某地农村居民年纯收入情况表

年纯收入/万元	户数/户	频率/%
5 000 以下	320	5.7
5 000～10 000	680	12.0
10 000～15 000	920	16.4
15 000～20 000	1 600	28.6
20 000～25 000	1 100	19.6
25 000～30 000	750	13.4
30 000 以上	240	4.3
合　　计	5 610	100.0

　　组限：表示各组界限的变量值；组限可分为下限和上限。例如，25 000～30 000 一组中的 25 000 和 30 000 都称为组限。

　　下限：每组起点数值称为下限。例如，25 000～30 000 一组中的 25 000 称为下限。

　　上限：每组终点数值称为上限。例如，25 000～30 000 一组中的 30 000 称为上限。

　　组距：每组上、下限之间的距离或差数称为组距。组距=|上限−下限|。例如，25 000～30 000 一组中的组距为 5 000。

　　组中值：上、下限之间的中点数值称为组中值，用来代表各组变量值的平均水平。

$$组中值=\frac{上限+下限}{2}$$

$$无下限组的组中值=上限-\frac{邻组组距}{2}$$

$$无上限组的组中值=下限+\frac{邻组组距}{2}$$

　　例如，25 000～30 000 一组中的组中值为 27 500；5 000 以下组中值为 2 500；30 000 以上一组的组中值为 32 500。

　　（2）组距式变量数列种类

　　① 根据组距是否相等来分，组距式变量数列分为等距分组数列和不等距分组数列。

　　等距分组数列。等距分组数列是各组保持相等的组距，即各组标志值的变动都限于相同的范围内。例如，表 3–10 是等距分组数列，其中间各组组距都是 5 000。

不等距分组数列。不等距分组数列又被称为异距数列，是各组组距不相等的分组。例如，表 3–11 是不等距分组数列。

表 3–11 某地儿童年龄分布情况表

儿童按年龄分组/岁	人数/人	比重/%
1 以下（婴儿）	1 560	0.75
1～2（幼儿）	3 620	1.73
3～6（学龄前儿童）	32 560	15.56
7～15（少年儿童）	169 420	80.94
16～17（青少年）	2 160	1.03
合　　计	209 320	100.00

统计分组时采用等距分组数列还是不等距分组数列，取决于研究对象的性质特点。在标志值变动比较均匀的情况下宜采用等距分组数列。等距分组数列便于各组单位数和标志值直接比较，也便于计算各项综合指标。在标志值变动很不均匀的情况下宜采用不等距分组数列。不等距分组数列有时更能说明现象的本质特征。

② 根据组限数值是否重叠，将组距式变量数列分为离散式分组数列和连续式分组数列。

离散式分组数列。每组上限（或下限）同相邻组下限（或上限）只用整数相互衔接、各组组限不重叠。例如，职工人数、企业数、生猪存栏头数、机器台数、商业网点数等离散型变量可以编制组限不重叠的分组数列，而连续型变量不能编制组限不重叠式分组数列。例如，表 3–11 某地儿童年龄分布情况表是离散式分组数列。

连续式分组数列。每组上限（或下限）同时又是相邻组的下限（或上限），这意味着组距数列中的变量是连续型变量，其相邻组的上限、下限应使用同一数值表示，即组限要重叠。表 3–10 某地农村居民年纯收入情况表是连续式分组数列。离散型变量的组限可以重叠也可以不重叠，连续型变量只能编制组限是重叠式的分组数列。当某总体单位的变量值刚好是组限时，如果没有特殊规定，统计整理应遵循"上组限不在内"原则；例如，在表 3–10 中，年收入刚好是 20 000 元的住户应归在 20 000～25 000 一组中，而不是在 15 000～20 000 一组中。

③ 根据首尾两组形式看，将组距式变量数列分为封口式分组数列和开口式分组数列。

封口式分组数列。首尾两组或一组用一数值区间范围表示。当变量值集中，无特大、特小极端数值时，可以编制封口式分组数列。

开口式分组数列。首尾两组或一组没有上限或下限，用"多少数值以上"或"多少数值以下"的形式表示。例如，表 3–10 某地农村居民年纯收入情况表中的首组用"5 000 以下"，尾组用"30 000 以上"表示。一般情况下，变量值较分散，有极端数值时，可用开口式分组数列，避免有的组没有次数。

四、分配数列的编制

（一）品质分配数列的编制

以某企业 50 名职工分为 5 个班组为例，该企业某年 6 月份职工情况统计表如表 3–12 所示。

表 3–12 某企业某年 6 月份职工情况统计表

姓名编号	性别	班组编号	学历	月工资/元
1	男	1	研究生	4 100
2	女	3	本科	3 601
3	男	3	本科	3 420
4	女	1	本科	3 420
5	女	5	本科	2 571
6	男	4	专科	2 823
7	男	3	本科	2 729
8	女	1	本科	3 571
9	女	2	本科	2 497
10	女	5	研究生	3 420
11	男	4	本科	3 497
12	女	2	专科	1 823
13	男	5	本科	2 571
14	男	5	本科	2 729
15	女	5	研究生	3 420
16	男	1	专科	1 700
17	女	5	研究生	2 542
18	男	4	专科	2 497
19	女	1	专科	1 950
20	女	5	本科	3 468
21	女	3	本科	2 729
22	女	1	专科	2 450
23	女	2	专科	2 729
24	女	5	本科	2 571
25	男	4	本科	2 729
26	女	5	研究生	3 497
27	女	2	专科	1 823
28	女	1	专科	2 542
29	女	1	本科	2 776
30	女	3	专科	2 650
31	男	4	本科	2 601
32	男	2	研究生	3 542
33	男	5	本科	2 468
34	女	2	专科	1 729
35	女	2	专科	2 680

姓名编号	性别	班组编号	学历	月工资/元
36	女	5	本科	3 571
37	女	1	专科	2 601
38	男	3	本科	2 571
39	男	2	本科	3 497
40	男	4	专科	1 860
41	女	2	研究生	2 571
42	女	4	本科	2 971
43	女	1	本科	3 542
44	男	5	专科	2 403
45	女	1	专科	2 650
46	女	4	专科	2 750
47	女	3	本科	2 729
48	女	4	研究生	3 497
49	男	4	研究生	4 200
50	女	3	本科	3 800

编制品质分配数列的步骤如下。

第一步，按品质标志学历分组，编制整理表；

第二步，将总体单位按组归类整理，计算总次数、频率。某企业职工学历分布情况表如表 3-13 所示。

表 3-13　某企业职工学历分布情况表

学 历	职工数/人	频率/%
研究生	9	18
本科	24	48
专科	17	34
合 计	50	100

（二）变量分配数列的编制

1. 单项式变量数列的编制

编制单项式变量数列必须满足两个前提条件：一是变量是离散型变量；二是变量值变动范围不大。下面基于表 3-12 中的数据资料编制以班组为标志分组的单项式变量数列。

根据表 3-12，职工班组编号是离散型变量，且变量值的具体表现是 1、2、3、4、5 共 5 个不同的变量值，所以可以编制单项式变量数列，如表 3-14 所示。

表 3–14　某企业职工班组分布情况表

班组序号	职工数/人	频率/%
1	11	22
2	9	18
3	8	16
4	20	20
5	12	24
合　计	50	100

2. 组距式变量数列的编制

在变量值的变动幅度较大的情况下，采用单项式变量数列会造成组数太多，不便于对数据特征进行分析，难以发现总体单位在各组的分布趋势，这就需要编制组距式变量数列。编制组距式变量数列应具备两个前提条件：一是变量是连续型变量；二是变量值比较多。以表 3–12 为例说明职工工资组距式变量数列的编制步骤如下。

第一步，将表 3–12 职工工资的原始资料按其数值大小排列。只有把得到的原始资料按其数值大小排列顺序，才能看出变量分布的集中趋势和特点，找出最大变量值和最小变量值，确定变量值的变动范围，为计算全距、组距和组数做准备。

第二步，确定全距。全距是变量值中最大变量值和最小变量值的差数（或距离），又被称为极差，一般用符号 R 表示。确定全距，主要是确定变量值的变动范围和变动幅度。

$$R=最大变量值–最小变量值=4\,200–1\,700=2\,500$$

第三步，确定组距和组数。组距的大小和组数的多少，是互为条件且互相制约的。对一个具体的分组对象而言，其全距一定：组距大，组数就少；组距小，组数就多。那么，在组距式变量数列中，究竟分多少个组，组距多大为好呢？对此美国学者 Sturges 于 1926 年提出了一种计算组数的公式，在总体单位数不是较少或较多时，可供参考使用。用 n 表示总体单位数，用 K 表示组数，则公式为：

$$K=1+\frac{\lg n}{\lg 2}$$

对上述公式的运算结果用四舍五入的办法取整数即为组数。在实际工作中，一般是先确定组距，再根据全距和组距确定组数。确定组距时，除了要考虑组距的大小，还要明确整个组距式变量数列是采用等距还是异距分组。在确定组距时，必须考虑原始资料的分布状况和集中程度，注意组内统计资料的同质性，尤其是对带有根本性的质量界限，绝不能混淆，否则就失去分组的意义。在实际应用中，组距最好是 5 或 10 的整数倍。在本例中，根据资料分析用等距分组，组距为 500，则组数计算公式为：

$$组数=全距÷组距=2\,500÷500=5$$

第四步，确定组限和组限的表示形式。组限是各组变量值的极端值，组限要根据变量的性质来确定：如果变量值相对集中，无特小的极端数值时，则首尾组采用封口式；如果变量值相对比较分散，为了不出现空白组，更好地反映分布情况，则首尾组应采用开口式。在采用封口式时，做到最小组的下限略低于或等于最小变量值，最大组的上限略高于或等于最大变量值。

组限的表示形式还有重叠组限和不重叠组限。连续型变量由于其不能一一列举，任何两个具体数值之间都有无穷多个数值，组限必须重叠；采用重叠组限时，习惯上规定各组不包括其上限的单位，即所谓"上组限不在内"的原则。而对于离散型变量，要根据具体情况可采用不重叠组限，也可采用重叠组限的表示方法。本题中，"月工资"是连续型变量，要编制组限是重叠的分组数列。

第五步，编制组距式变量数列。经过统计分组，明确了全距、组距、组数和组限及组限表示方法以后，就可以把变量值归类排列，最后把各组单位数综合后填入相应的各组次数栏中，有时还应根据需要计算各组的频率，并将其列入表中，如表 3-15 所示。

表 3-15　某企业职工工资分布情况表

将职工按月工资分组/元	职工数/人	频率/%
2 000 以下	6	12
2 000～2 500	5	10
2 500～3 000	22	44
3 000～3 500	9	18
3 500 以上	8	16
合　计	50	100

第三节　统计表的设计

一、统计表的概念、作用

统计表是用纵横交叉的线条绘制的用以表现统计资料的表格；统计表将整理汇总得出的统计数据资料按照一定的结构和顺序，排列在一定的表格之内，可以科学合理地显示统计资料，易于检查数字的完整性和正确性，便于计算分析，以及用于研究客观现象之间的关系，因此统计表是表现统计资料最合理、最有效的工具。

二、统计表的结构

（一）从形式上看，统计表由总标题、横行标题、纵栏标题、指标数值四部分构成

总标题是统计表的名称，用以概括说明统计表中全部资料的内容，一般位于表的上端中部。横行标题是统计表横行的名称，用来表示各组的名称，一般位于表的左方。纵栏标题是统计表纵栏的名称，用来表示总体的统计指标或分组标志的名称，一般位于表的上方。指标数值是统计指标的具体数值表现，位于各横行标题与各纵栏标题的交叉处，每一个数值的含义都由横行标题和纵栏标题共同限定，如表 3-16 所示。

表 3–16　某企业月工人劳动生产率情况统计表　　◄── 总标题

月份＼指标	总产量/件	月平均职工数/人	月人均产量/（件/人）◄── 纵栏标题
甲栏	①	②	③=①÷②
1	3 650	120	30
2	4 621	116	40
3	5 142	123	42
合　计	13 413	—	—

（横行标题）　　　　　（指标数值）

主词　　　　　　　　　宾词

（二）从内容上看，统计表由主词和宾词两部分构成

主词是统计表所要说明的总体，它可以是总体的各个组或各个单位的名称，一般排列在表的左方。宾词是说明总体的各种统计指标，包括指标名称和指标数值，一般排列在表的右方，如表 3–16 所示。但需要说明的是：主词和宾词的位置不是固定不变的，必要时可以调换位置。

三、统计表的种类

（一）统计表按其作用不同可分为调查表、整理表和分析表

1. 调查表

调查表是指在统计调查中用于登记、搜集原始资料的表格，所以表中所列一般是总体单位的标志。

2. 整理表

整理表是在统计汇总或整理过程中使用的表格和用于表现统计整理结果的表格，所以表中所列一般是反映总体的指标。

3. 分析表

分析表是在统计分析中用于对整理所取得的统计资料进行定量分析的表格，常与整理表结合在一起，是整理表的扩展。

（二）统计表按主词分组情况不同可分为简单表、简单分组表和复合分组表三类

1. 简单表

简单表是指主词未经分组的统计表。简单表通常用来表现三种数列资料，即时间数列、空间数列和指标数列。例如，表 3–17 为某企业历年产品产量表。

表 3–17　某企业历年产品产量表

年　份	产量/万件
2011	1 256
2012	1 324
2013	1 120
2014	2 456
2015	3 102
合　计	9 258

2. 简单分组表

简单分组表是指主词按一个标志进行分组或按两个及以上标志进行平行分组的统计表。在研究总体的内部结构和分布状况及现象之间的依存关系时，大多采用简单分组表。例如，表 3–18 是将我国 2015 年年末人口分别按性别和城乡分组的两个简单分组表平行摆放在一张表中，因此该表又被称为平行分组表。

表 3–18　2015 年年末人口数及其构成表

指　标	年末数/万人	比重/%
全国总人口	137 462	100.0
其中：城镇	77 116	56.1
乡村	60 346	43.9
其中：男性	70 414	51.2
女性	67 048	48.8

3. 复合分组表

复合分组表是指主词按两个或两个以上的标志进行层叠分组的统计表。利用复合分组表可以从多个方面反映总体的内部状况，因而可更深入地对总体进行观察研究。表 3–19 为某高校在校学生情况表，是一个复合分组表。

表 3–19　某高校在校学生情况表

学生分组	学生人数/人
大学本科	8 400
男	4 800
女	3 600
大学专科	6 000
男	3 100
女	2 900
合　计	14 400

第四节　统计图的绘制

一、统计图概念

统计图是根据经过整理的统计数字资料，运用几何图形或具体事物的形象绘制的表现研究对象数量关系和数量特征的图形；与统计表相比，统计图具有鲜明醒目、一目了然、形象具体、通俗易懂、便于理解的特点。

二、统计图的构成

各种统计图的表现形式虽不同，但每幅图都是由若干个有机联系和相互配合的部分构成。图题是统计图的标题、名称；它表明统计图的内容、时间、地点等，一般写在图式的上面或下面。图号是统计图按照类别或次序的编号。图目是说明总体中单位或组的名称，或是说明总体各指标的名称，一般写在纵轴的侧面和横轴的下面，表明不同类别、地点、时间等的文字或数字。图线是构成统计图底景的线。图尺是统计图中测定指标数值大小的标尺部分，也被称为尺度和比度尺，包括：尺度点、尺度线（一般用纵、横轴作为尺度线）、尺度数、尺度单位。图形是根据统计资料绘成的各种图形，是图的主体部分，如柱形图、条形图、饼图。图注是关于统计图的注解和说明部分，包括：图例、说明、资料来源等；为了增强图示效果，在图形上配置的图画、照片、装饰、标语和口号等。

三、统计图种类

统计图的种类主要有：几何图形是用线和形来表现统计资料的图形，主要有条形图、面积图（平面图）、体积图（立体图）、线形图等；象形图是利用事物的形象来表现统计资料的图形，这类图形实质上是几何图的变形，它也是以图形的大小、多少来表示统计资料，进行现象间的对比和分析；统计地图是在地图上利用点、线、面或具体形象等标志、比较各指标大小的统计图，它表明现象在地区上分布情况。

四、Excel 2016 中统计图的绘制

以表 3-15 某企业职工工资分布情况表数据为依据，利用 Excel 2016 表格中的图表向导绘制统计图，其操作步骤如下。

（1）将表 3-15 录入 Excel 2016 工作表中的 A1:B7 区域。

（2）选中 A2:B7 区域，单击"插入"，选择需要的图表类型，如柱形图、饼形图等，在子图表类型中选择适当的类型，此处以柱形图为例。统计图类型如图 3-1 所示。

图 3-1　统计图类型

（3）将柱形图标题修改为"某企业职工工资分布统计图"，并可根据需要进行图形的修饰。某企业职工工资分布统计图如图 3-2 所示。

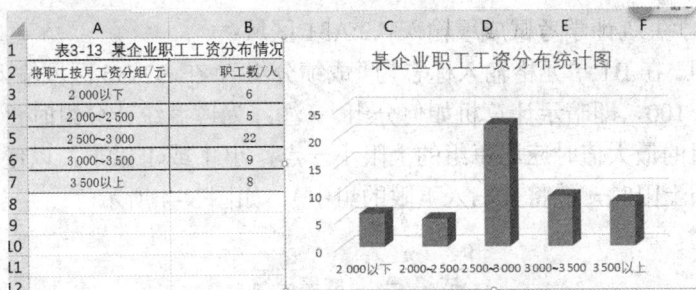

图 3-2　某企业职工工资分布统计图

五、利用数据分析工具分组并绘制直方图

　　Excel 2016 提供了一组数据分析工具——分析工具库，利用该组工具可以在建立复杂统计或进行工程分析时节省步骤；其中有些工具可以用于分组，在产生输出表格的同时，还可以绘制图表。由于在默认的情况下，Excel 2016 并没有安装分析工具库，因此在使用数据分析工具之前，必须先安装分析工具库。安装分析工具库的方法是：文件—选项—加载项—Excel加载项—转到，这时勾选分析工具库，如图 3-3 所示，单击"确定"即可。此时常用工具栏的数据下便有了"数据分析"。

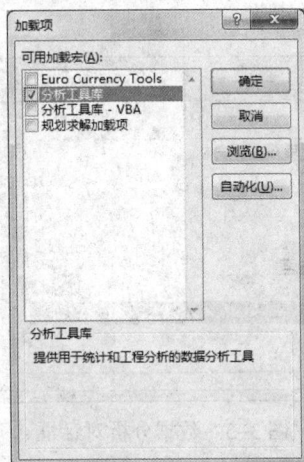

图 3-3　加载项对话框（加载数据分析工具库）

　　现以表 3-20 为例，将某班 30 位学生的统计学考试成绩分为 5 组，分别为：60 分以下、60~70 分、70~80 分、80~90 分、90~100 分。

表 3-20　某班 30 位学生的统计学考试成绩　　　　　　　　　　　　　　单位：分

92	68	78	83	84
76	94	82	83	85
79	63	99	56	77
76	84	68	63	52
89	88	66	85	86
77	68	86	55	86

（1）将 30 位学生统计学考试成绩输入 A2:A31 区域；

（2）确定分组。在 B1 单元格输入标志为"成绩分组"，在 B2:B6 区域输入每组的最大值：59、69、79、89、100，即暗示计算机如何分组。（注：为遵循统计分组时"上组限不在内"原则，当输入每组的最大值时应比每组的上限小一点，小 1 或 1 以下，以便当有的总体单位的数值刚好是组的上限时，能将其归入下限的组中），如图 3-4 所示。

	A	B
1	成绩/分	成绩分组
2	92	59
3	76	69
4	79	79
5	76	89
6	89	100
7	77	
8	68	
9	94	
10	63	

图 3-4　输入学生成绩分组

（3）单击常用工具栏中的：数据—数据分析，从数据分析对话框的分析工具列表中选择直方图，如图 3-5 所示，单击"确定"。

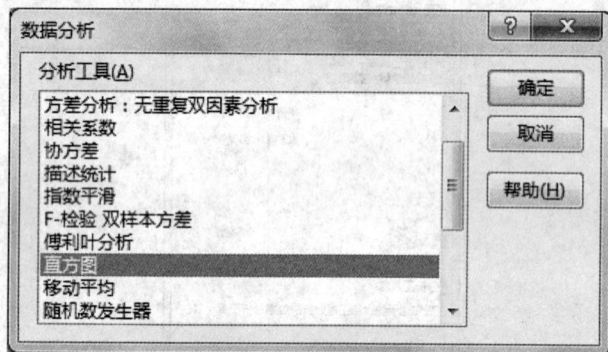

图 3-5　数据分析对话框

（4）在直方图对话框的"输入区域"框中输入"$A$1:$A$31"（选中 A1:A31 区域）。由于第 1 行是标志项，还需单击选定"标志"复选框；在"接收区域"输入分组标志所在的单元格区域，本例输入"$B$1:$B$6"（选中 B1:B6 区域，如果在此框中不输入分组标志所在的区域，系统将在最小值和最大值之间建立一个平滑分布的分组）；在"输出选项"区域，可选择"输出区域""新工作表组"或"新工作簿"，本例选择"输出区域"，即将计算结果摆放在本工作表里，这时可以直接选择一个区域，也可以直接输入一个单元格（代表输出区域的左上角），在此只键入输出表左上角的单元格行列号为 C1。如果要同时给出次数分布直方图，可单击"图表输出"复选框。如果要同时给出"累积%"（通常被称为"累计频率"），可单击"累积百分率"框，系统将在直方图上添加累积频率折线。直方图对话框如图 3-6 所示。

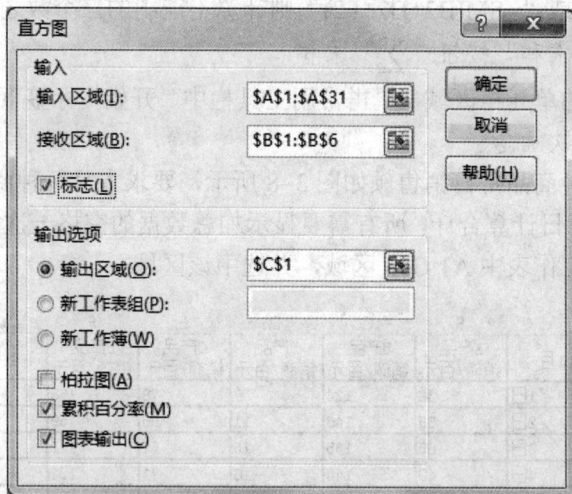

图 3–6 直方图对话框

（5）以上各项均选定后，按 Enter 键确认，得到计算结果，如图 3–7 所示。在给出的表和图中，"频率"实际是频数，"累计%"实际是累计频率，在分组表中将多余的"其他"一组删除，修改后即可得到合适结果。

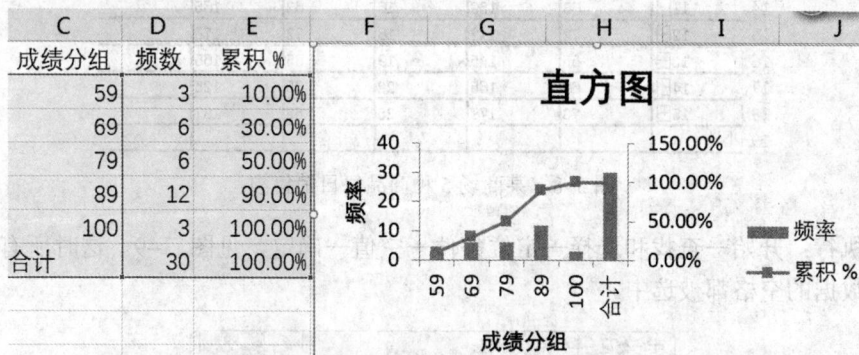

图 3–7 某班 30 位学生的统计学考试成绩分组结果及直方图

第五节 Excel 2016 在统计整理中的应用

一、Excel 2016 统计数据求和

（一）求和函数

求和函数属于 Excel 2016 函数中的数学与三角函数。其语法结构为：SUM(number1, number2, …)。参数：number1，number2，…是要对其求和的各个参数，个数最少为 1，最多不超过 255。例如，将 B2:B8 区域的数据求和，在编辑栏输入"=SUM(B2:B8)"；若输入

"=SUM(B2,D2,F2)"或"=SM(B2+D2+F2)"则计算不连续的三个数之和。

（二）利用"自动求和"按钮"∑"求和

选定所包含数值的单元格区域，单击常用工具栏中"开始"标签下的"自动求和"按钮。

（三）所有数据一次加总

例如，某商场 5 种商品每日销售额如图 3-8 所示，要求本月每种商品销售额每五日一小计、各种商品销售额每日计算合计，所有需要显示加总数据的空格一次填写完成的步骤如下。

（1）将数据输入工作表中 A1:G19 区域，并选中该区域。

	A 1月	B A产品 销额/百元	C B产品 销额/百元	D B产品 销额/百元	E C产品 销额/百元	F E产品 销额/百元	G 合计
2	1日	32	124	9	78	168	
3	2日	35	146	11	66	159	
4	3日	65	135	15	57	142	
5	4日	49	145	16	71	132	
6	5日	85	168	20	69	175	
7	小计						
8	6日	55	136	14	81	154	
9	7日	78	178	15	76	178	
10	8日	69	126	19	78	165	
11	9日	42	145	22	64	125	
12	10日	84	165	24	85	178	
13	小计						
14	11日	68	132	16	62	165	
15	12日	72	112	18	72	178	
16	13日	55	145	19	85	165	
17	14日	68	165	22	65	125	
18	15日	73	178	25	55	187	
19	小计						

图 3-8　某商场 5 种商品每日销售额

（2）执行：开始—查找和选择—定位条件—空值—确定，见图 3-9。这时所有需要显示加总所得数据的空格都被选中。

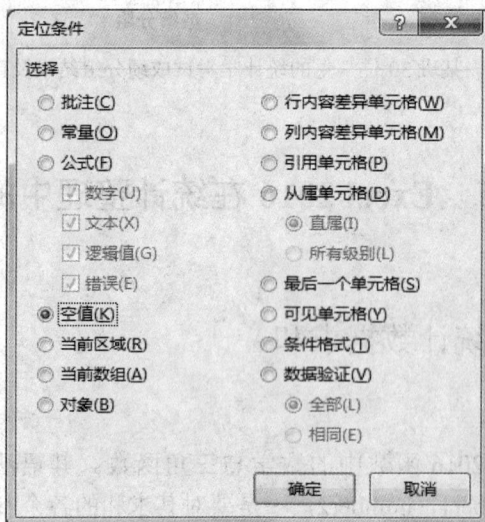

图 3-9　定位条件对话框（选择空格设置）

（3）执行：开始—$\sum$自动求和，所有加总所得的数据都填入空格中，见图3-10。

	A	B	C	D	E	F	G
1	1月	A产品销额/百元	B产品销额/百元	B产品销额/百元	C产品销额/百元	E产品销额/百元	合计
2	1日	32	124	9	78	168	411
3	2日	35	146	11	66	159	417
4	3日	65	135	15	57	142	414
5	4日	49	145	16	71	132	413
6	5日	85	168	20	69	175	517
7	小计	266	718	71	341	776	2 172
8	6日	55	136	14	81	154	440
9	7日	78	178	17	76	178	525
10	8日	69	126	19	78	165	457
11	9日	42	145	22	64	125	398
12	10日	84	165	24	85	178	536
13	小计	328	750	94	384	800	2 356
14	11日	68	132	16	62	165	443
15	12日	72	112	18	72	178	452
16	13日	55	145	19	85	165	469
17	14日	68	165	22	65	125	445
18	15日	73	178	25	55	187	518
19	小计	336	732	100	339	820	2 327

图3-10　一次汇总自动求和

二、分类汇总

以表3-12为例，将职工按班组分类计算平均工资，其分类汇总的步骤如下。

（1）对需要分类汇总的关键字段进行排序。选中表中任一单元格，执行：开始—排序和筛选—自定义排序，出现排序对话框，如图3-11所示。

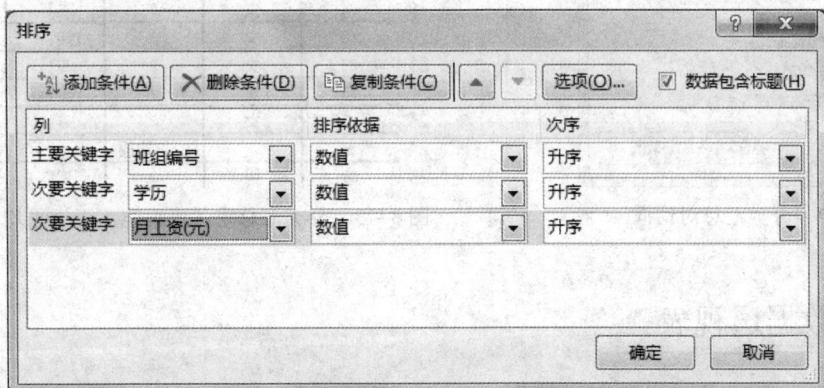

图3-11　排序对话框

（2）单击排序对话框中的"主要关键字"框的下拉箭头，选择"班组编号"，排序依据选择"数值"，次序选择"升序"；单击"添加条件"，在"次要关键字"框的下拉选项中选择"学历""数值"和"升序"；再单击"添加条件"，在"次要关键字（此处为第三关键字）"框的下拉选项中选择"月工资（元）""数值"和"升序"，单击"确定"。此时表中所有数据按班组排序。

（3）选中表中任一单元格，单击常用工具栏中的"数据"，选择"分类汇总"后，出现分类汇总对话框，如图 3-12 所示。单击"分类字段"框的下拉箭头，选择"班组编号"；单击"汇总方式"框的下拉箭头，在弹出的下拉列表中有求和、计数、平均值、最大值等 11 个选项，本例选择"平均值"；在"选定汇总项"列表中，列出了数据清单中的所有字段名称，将所有需要汇总的字段前的复选框选中，本列选定"月工资（元）"；根据需要指定汇总结果显示的位置，选定下面相应的复选框。本例选定"替换当前分类汇总"和"汇总结果显示在数据下方"。

（4）单击"确定"，得到按班组计算的职工平均工资表。显示在分类汇总求各班组职工工资平均值的结果见图 3-13。

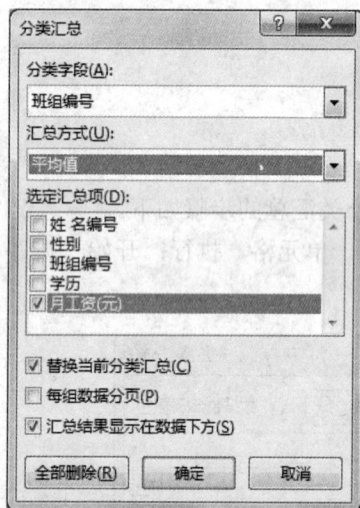

图 3-12　分类汇总对话框

1 2 3		A	B	C	D	E
	1	表3-10 某企业某年6月份职工情况统计表				
	2	姓 名编号	性别	班组编号	学历	月工资(元)
	3	29	女	1	本科	2776
	4	4	女	1	本科	3420
	5	43	女	1	本科	3542
	6	8	女	1	本科	3571
	7	1	男	1	研究生	4100
	8	16	男	1	专科	1700
	9	19	女	1	专科	1950
	10	22	女	1	专科	2450
	11	28	女	1	专科	2542
	12	37	女	1	专科	2601
	13	45	女	1	专科	2650
	14			1 平均值		2845.636364
	15	9	女	2	本科	2497
	16	39	男	2	本科	3497
	17	41	女	2	研究生	2571
	18	32	男	2	研究生	3542
	19	34	女	2	专科	1729
	20	12	女	2	专科	1823
	21	27	女	2	专科	1823
	22	35	女	2	专科	2680
	23	23	女	2	专科	2729
	24			2 平均值		2543.444444
	25	38	男	3	本科	2571

图 3-13　分类汇总求各班组职工工资平均值

三、数据透视表

"数据透视表与数据透视图"可以方便地调整分类汇总的方式，灵活地以多种不同方式展示数据的特征。计算平均值、标准差、建立列联表、计算百分比、建立新的数据子集、绘制统计图等都可用这一工具操作完成。因此，该工具是最常用、功能最全的 Excel 2016 数据分析工具之一。现以表 3-12 资料为依据建立一个以性别和学历两个标志的交叉式的复合分组表，计算职工工资情况，其步骤如下。

（1）单击某企业职工情况表中任一单元格，然后单击常用工具栏菜单中“插入”，选择“数据透视表”，出现创建数据透视表对话框，如图 3–14 所示。

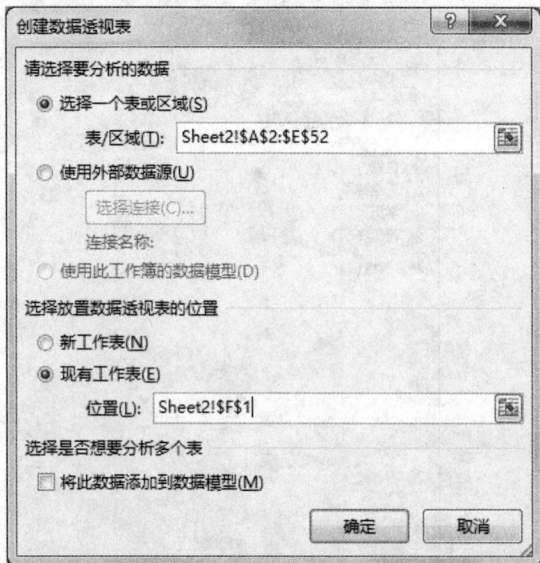

图 3–14　创建数据透视表对话框

（2）在“选择一个表或区域”框中会自动识别并将表区域显示出来，否则，应用鼠标单击框右侧箭头，进行单元格区域的选择。如果使用外部数据源，需要将其导入。在“选择放置数据透视表的位置”中有“新工作表”和“现有工作表”两个选项，本例中选定“现有工作表”，单击“确定”，Excel 2016 自动创建一张新的工作表雏形。数据透视表雏形如图 3–15 所示。

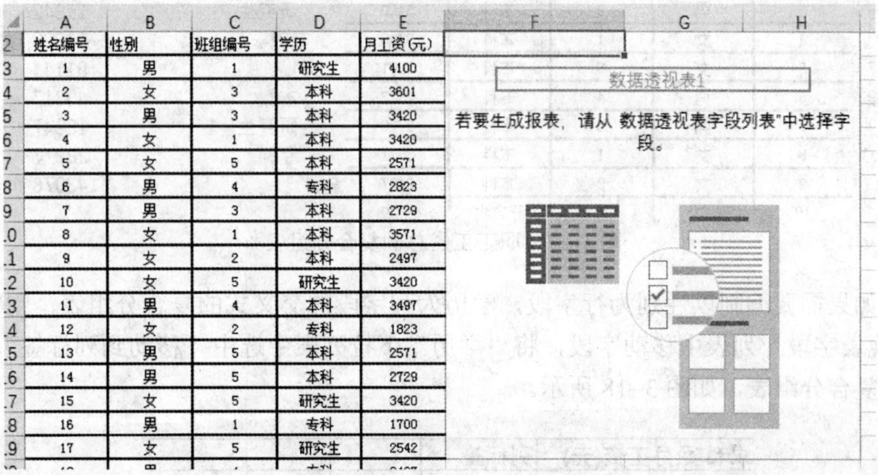

姓名编号	性别	班组编号	学历	月工资(元)
1	男	1	研究生	4100
2	女	3	本科	3601
3	男	3	本科	3420
4	女	1	本科	3420
5	女	5	本科	2571
6	男	4	专科	2823
7	男	3	本科	2729
8	女	1	本科	3571
9	女	2	本科	2497
10	女	5	研究生	3420
11	男	4	本科	3497
12	女	2	专科	1823
13	男	5	本科	2571
14	男	5	本科	2729
15	女	5	研究生	3420
16	男	1	专科	1700
17	女	5	研究生	2542

图 3–15　数据透视表雏形

（3）在右侧的“数据透视表字段”列表中添加字段，本例中勾选“性别、学历和月工资(元)”，如图 3–16 所示。添加字段时，默认情况下，非数值字段添加到“行”区域，日期和时间层次结构添加到“列”区域，数字字段添加到“数值”区域；删除字段，则在“字段名称"区域，清除字段的复选框。

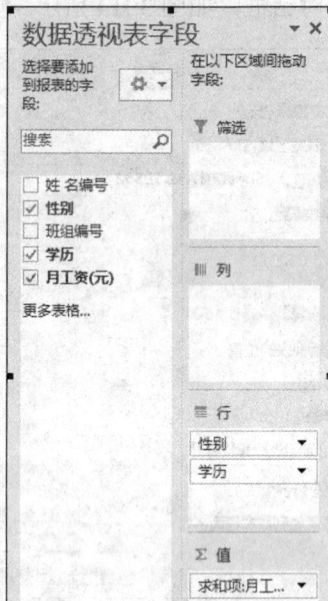

图 3-16　数据透视表字段

（4）选择完成后即得到数据透视表按学历、性别两个标志重叠分组的职工工资总额复合分组表，如图 3-17 所示。

	A	B	C	D	E	F	G
2	姓 名编号	性别	班组编号	学历	月工资(元)	行标签　▼	求和项:月工资(元)
3	1	男	1	研究生	4100	⊟男	**51937**
4	2	女	3	本科	3601	本科	28812
5	3	男	3	本科	3420	研究生	11842
6	4	女	1	本科	3420	专科	11283
7	5	女	5	本科	2571	⊟女	**91141**
8	6	男	4	专科	2823	本科	43817
9	7	男	3	本科	2729	研究生	18947
10	8	女	1	本科	3571	专科	28377
11	9	女	2	本科	2497	**总计**	**143078**
12	10	女		研究生	3420		

图 3-17　职工工资总额复合分组表

（5）如果需要编制以性别为行字段，学历为列字段的交叉式的复合分组表，则在右边的"数据透视表字段"列表中移动字段，将"学历"下拉列表中选中"移动到列标签"，则生成交叉式的复合分组表，如图 3-18 所示。

求和项:月工资(元)	列标签　▼			
行标签　　　　　▼	本科	研究生	专科	总计
男	28812	11842	11283	51937
女	43817	18947	28377	91141
总计	72629	30789	39660	143078

图 3-18　交叉式的复合分组表

（6）通过数据透视表工具可以对生成的数据透视表进行编辑，如设置数据透视表格式、更新数据透视表、数据透视图表中创建公式等。例如，计算平均工资：在"数据透视表字段"列表中的"求和项"下拉选项中选择"值字段设置"，出现值字段设置对话框，如图 3-19 所示。

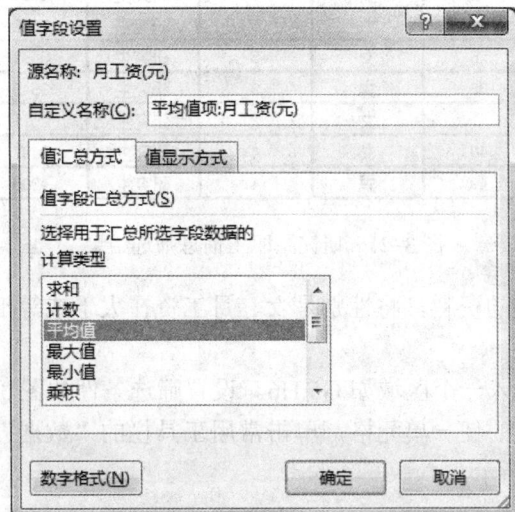

图 3-19 值字段设置对话框

（7）在"值汇总方式"的"计算类型"中选中"平均值"后，单击"确定"，得到平均值透视表，如图 3-20 所示。（注：在编制透视表时，还可以执行：插入—推荐的透视表，从中选择即可。）

平均值项:月工资(元)	列标签			
行标签	本科	研究生	专科	总计
男	2881.20	3947.33	2256.60	2885.39
女	3129.79	3157.83	2364.75	2848.16
总计	3026.21	3421.00	2332.94	2861.56

图 3-20 平均值透视表

四、统计数据的筛选

利用 Excel 2016 提供的筛选功能，可以把符合研究目的要求的数据集中在一起，把暂时不用的数据隐藏起来。数据的筛选包括自动筛选和高级筛选两种功能。在此以表 3-12 资料为例进行说明。

（一）将学历是研究生的职工信息筛选出来。将表 3-12 中的资料输入工作表的 A1:E52 区域中；选中数据清单中的任一单元格，执行：数据—筛选，这时在表中的每列标志单元格看到有下拉箭头；在"学历"下拉箭头选项中选择"研究生"，单击"确定"，得到筛选结果。研究生职工信息筛选结果，如图 3-21 所示。

	A	B	C	D	E
1	表3-10 某企业某年6月份职工情况统计表				
2	姓 名编号 ▼	性别 ▼	班组编号 ▼	学历 ▼	月工资(元 ▼
3	1	男	1	研究生	4100
12	10	女	5	研究生	3420
17	15	女	5	研究生	3420
19	17	女	5	研究生	2542
28	26	女	5	研究生	3497
34	32	男	2	研究生	3542
43	41	女	2	研究生	2571
50	48	女	4	研究生	3497
51	49	男	4	研究生	4200

图 3-21　研究生职工信息筛选结果

（二）根据表 3-12 中的资料，将性别是女、月工资在大于或等于 3 000 元的职工数据筛选出来。其步骤如下。

（1）先将筛选条件输入一个区域如 G5:H6。设置筛选条件如图 3-22 所示。

（2）选中数据清单中的任一单元格，单击常用工具栏的"数据"，选择"高级筛选"。高级筛选对话框如图 3-23 所示。

性别	月工资(元)
女	>=3000

图 3-22　设置筛选条件

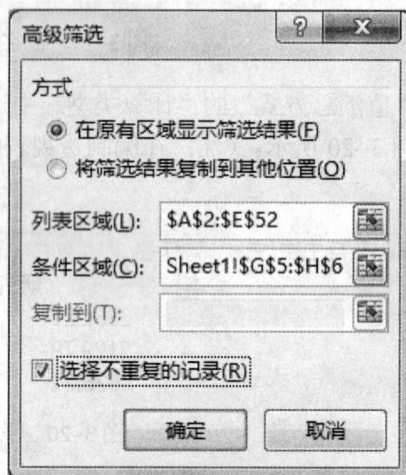

高级筛选

方式
- ○ 在原有区域显示筛选结果(F)
- ○ 将筛选结果复制到其他位置(O)

列表区域(L): $A$2:$E$52

条件区域(C): Sheet1!$G$5:$H$6

复制到(T):

☑ 选择不重复的记录(R)

确定　　取消

图 3-23　高级筛选对话框

（3）在高级筛选对话框的"列表区域"自动输入 A2:E52（如果此区域不正确，可以重新输入），在"条件区域"输入筛选条件区域 G5:H6，勾选"选择不重复的记录"后单击"确定"。条件筛选结果如图 3-24 所示。

五、排位函数 RANK

排位函数 RANK 的语法为：RANK (number, ref, order)。其参数：number 是需要计算其排位的一个数字；ref 是包含一组数字的数组或引用；order 是用来说明排序方式的数字（若 order 为 0 或省略，则以降序方式给出结果，反之按升序）。

2	姓 名编号	性别	班组编号	学历	月工资(元)
4	2	女	3	本科	3601
6	4	女	1	本科	3420
10	8	女	1	本科	3571
12	10	女	5	研究生	3420
17	15	女	5	研究生	3420
22	20	女	5	本科	3468
28	26	女	5	研究生	3497
38	36	女	5	本科	3571
45	43	女	1	本科	3542
50	48	女	4	研究生	3497
52	50	女	3	本科	3800
53					

图 3-24　条件筛选结果

职工工资或学生考试分数等一系列数值往往需要排名次。Excel 2016 提供了 RANK 函数，其中 RANK.EQ 返回某数字在一列数字中相对于其他数值的大小排名（如果多个数值排名相同，则返回该组数值的最佳排名）；而 RANK.AVG 在多个数值排名相同时，返回平均值排名。以表 3-12 资料为例，不打乱原表数据资料次序，将职工工资按高低进行排名次。其操作步骤如下。

（1）选中将放置结果的第一个单元格 F3，单击常用工具栏中的 f_x，或执行：插入—统计—RANK.EQ—确定。插入函数 RANK.EQ 对话框如图 3-25 所示。

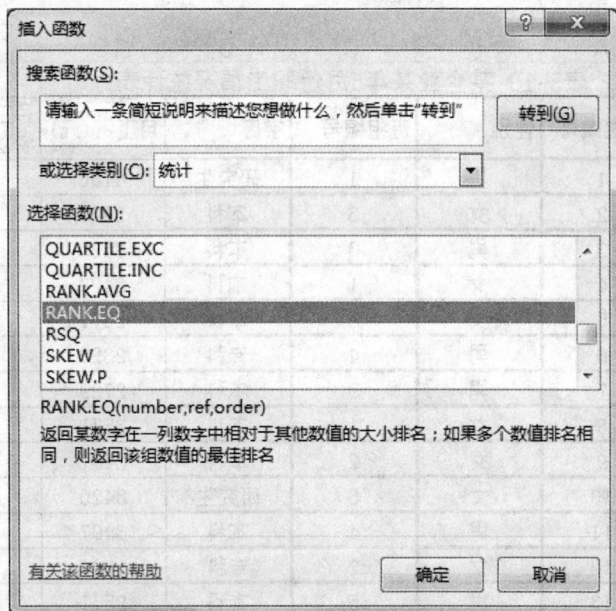

图 3-25　插入函数 RANK.EQ 对话框

（2）在"函数参数"对话框 Number 框中输入第一个要排名次的"月工资（元）"所在的单元格 E3；在 Ref 框中输入选中要排名次的数值的全区域$E$3:$E$52；Order 框中不填写数据，单击"确定"；此时，第一个单元格 F3 职工的月工资名次为第 2 名。RANK 函数参数对话框如图 3-26 所示。

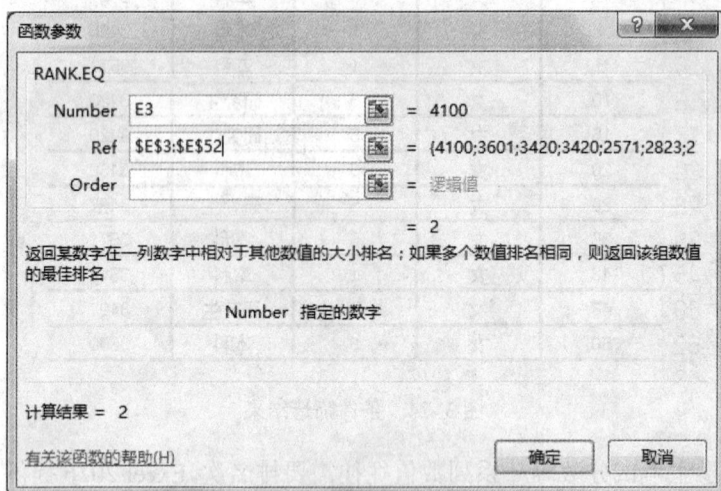

图 3-26　RANK 函数参数对话框

（3）选中 F3 单元格，将光标放在单元格右下角显示细"十"字后，拖曳填充柄得到其他结果。职工工资排位图如图 3-27 所示。

	A	B	C	D	E	F
					fx	=RANK.EQ(E3,$E$3:$E$52)

姓 名编号	性别	班组编号	学历	月工资 (元)	月工资名次
表3-10　某企业某年6月份职工情况统计表					
1	男	1	研究生	4100	2
2	女	3	本科	3601	4
3	男	3	本科	3420	14
4	女	1	本科	3420	14
5	女	5	本科	2571	33
6	男	4	专科	2823	19
7	男	3	本科	2729	22
8	女	1	本科	3571	5
9	女	2	本科	2497	40
10	女	5	研究生	3420	14
11	男	4	本科	3497	9
12	女	2	专科	1823	47
13	男	5	本科	2571	33
14	男	5	本科	2729	22

图 3-27　职工工资排位图

除上述方法完成职工工资按高低排序外，还可以：选中将放置结果的第一个单元格 F3；在公式编辑栏中输入"=RANK.EQ(E3,$E$3:$E$52)"，单击工具栏中的"√"或按 Enter 键，得到第一个单元格 F3 月工资名次为第 2 名；拖曳填充柄得到其他结果。

六、整理品质分配数列的次数函数 COUNTIF

按品质标志分组的组别都是文字，在整理其次数时，可以用 COUNTIF 函数。以表 3–12 为例，将职工按学历分组形成分配数列的操作步骤如下。

（1）选中要填"研究生职工数"的单元格 G3，单击常用工具栏 f_x 进入插入函数对话框（见图 3–28），在"或选择类别"框的下拉列表中选择"统计"，并在"选择函数"的列表中选择 COUNTIF，单击"确定"，进入 COUNTIF 函数参数对话框，如图 3–29 所示。

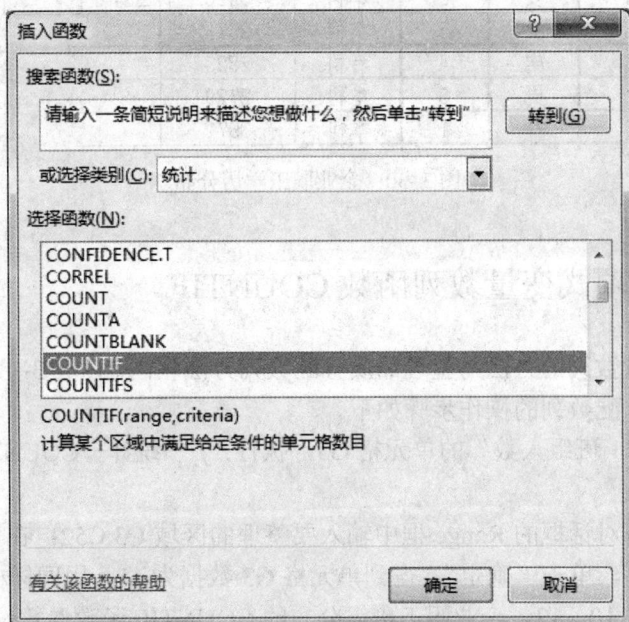

图 3–28　插入函数 COUNTIF 对话框

（2）在函数参数对话框的 Range 框中输入要整理的区域 D3:D52，在 Criteria 框中输入要整理的组别名称"研究生"，单击"确定"。

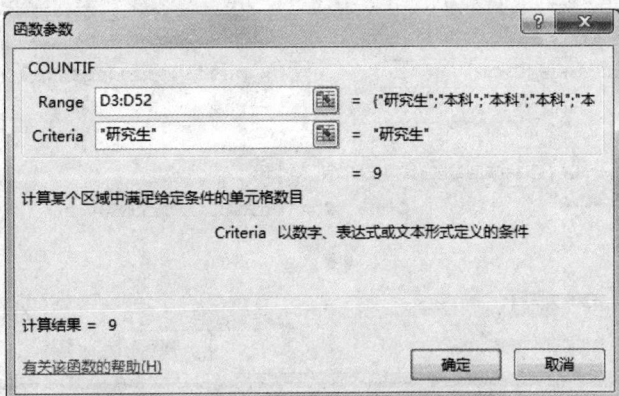

图 3–29　COUNTIF 函数参数对话框

（3）单击"确定"后，单元格 G3 中显示数字 9，同样方法得到本科生职工人数 24，专科生职工人数 17，并由此计算频率。最终得到的企业职工学历分布如图 3-30 所示。此外，还可在公式栏输入"=COUNTIF(D3:D52,"研究生")"，按 Enter 键或单击常用工具栏中的"√"。

	A	B	C	D	E	F	G	H
1	表3-10 某企业某年6月份职工情况统计表							
2	姓名编号	性别	班组编号	学历	月工资(元)	学历	工人数	频率/%
3	1	男	1	研究生	4100	研究生	9	18
4	2	女	3	本科	3601	本科	24	48
5	3	男	3	本科	3420	专科	17	34
6	4	女	1	本科	3420	合计	50	100
7	5	女	5	本科	2571			
8	6	男	4	专科	2823			
9	7	男	3	本科	2729			
10	8	女	1	本科	3571			

图 3-30　企业职工学历分布

七、整理单项式变量数列函数 COUNTIF

整理单项式变量数列的方法与整理品质分配数列方法相同。以表 3-12 为例，将企业职工按班组分组形成的分配数列的操作步骤如下。

（1）选中要填"1 班组人数"的单元格 G3，执行：f_x—统计—COUNTIF—确定，进入函数参数对话框。

（2）在函数参数对话框的 Range 框中输入要整理的区域 C3:C52；在 Criteria 框中输入要整理的班组名称"1"，单击"确定"，得到单元格 G3 数据为 11；用同样样方法得到 G4～G7 单元格数据为 9、8、10、12。企业职工班组分布的 COUNTIF 函数参数设置如图 3-31 所示。

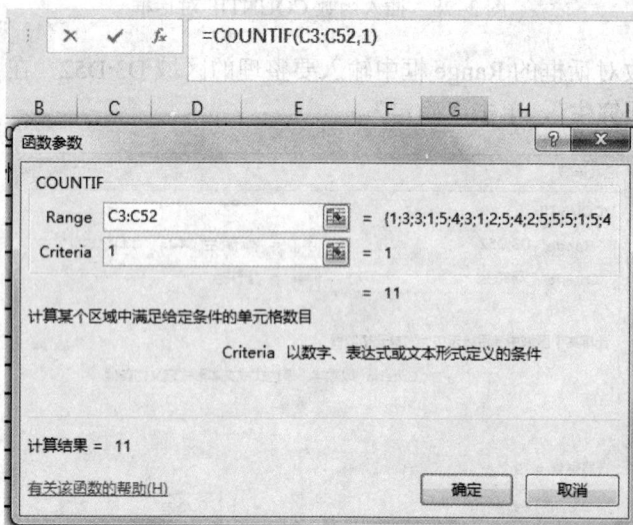

图 3-31　企业职工班组分布的 COUNTIF 函数参数设置

八、整理组距式变量数列次数函数 FREQUENCY

以表 3-12 为例，将企业职工按月工资分组形成的组距式变量数列整理次数的操作步骤如下。

（1）选中 E3:E52，将光标定位在桌面下边任务栏，右键单击鼠标，选中"最大值"，得到职工最高工资为 4 200 元；同样方法选中"最小值"，得到职工最低工资为 1 700 元，从而求得全距，并确定工资分组为：2 000 元以下，2 000~2 500 元，2 500~3 000 元，3 000~3 500 元，3 500 元以上。

（2）选中每组放次数的全区域 G3:G7，执行：f_x一统计—FREQUENCY，按 Enter 键进入 FREQUENCY "函数参数"对话框。

（3）在"函数参数"对话框的 Data_array 框中输入待分组计算频数分布的原数据区域 E3:E52；在 Bins_array 框中输入每组的最高值"{1 999;2 499;2 999;3 499;4 500}"，输入完毕后，即可看到频数分布"6；5；22；9；8；0（0 表示没有其他）"。（注意：FREQUENCY 要求按组距的上限分组，不接受非数值字符的分组标志，如"××以下""××以上"和"不足××"之类，因此组限不重叠的分组可以直接输入各组上限数值，而重叠的分组标志则以各组上限减 1 的方式确定分组，即"上组限不在内"，这样上限数值自动计入下一组。如果分组变量为连续型变量，而且变量值中有小数的话，那么分组标志则应以各组上限减 0.1、减 0.01 或减 0.001 等的方式确定，至于减多少要看变量值的小数位数，最后一个值只要大于总体单位的最大值即可。由于分组结果要给出一组频数，所以必须以数级公式的形式输入，即在输入数据的两端加大括号{}，各数据之间用分号"；"隔开。）FREQUENCY 函数参数对话框如图 3-32 所示。

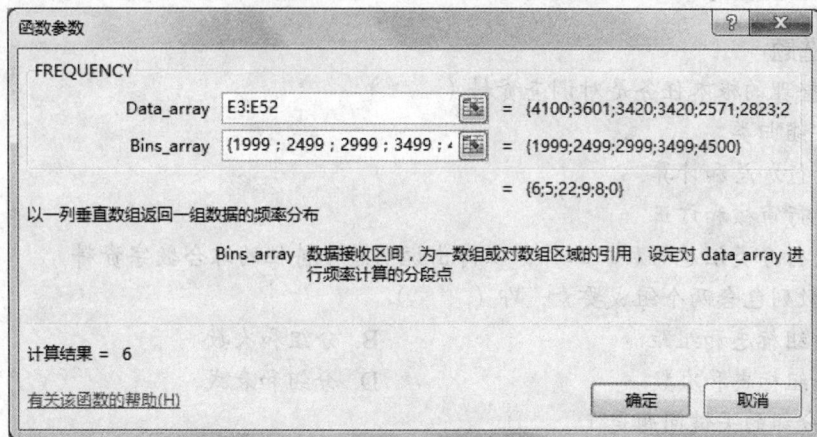

图 3-32 FREQUENCY 函数参数对话框

（4）按 Ctrl+Shift+Enter 组合键（注意：单击"确定"或按 Enter 键无效），即将频数分布记入指定的 G3:G7 单元格区域内。

（5）取得频数分布后，再列表计算频率及累计频数和频率。

① 求和。选中 G8 单元格，在公式栏输入"=SUM(G3:G7)"，或单击常用工具栏中"∑自

动求和"。

② 求频率。可先单击 H3 单元格，输入"=G3/$G$8*100"（在输入 G8 之后单击键盘 F4 键，实现绝对引用功能），按 Enter 键得出结果为 12；然后利用填充柄功能按住鼠标左键向下拖曳，即得出 H4～H7 单元格的频率。

③ 求向上累计次数。可先单击 I3 单元格，输入"=G3"，按 Enter 键确定；再单击 I4 单元格，输入"=I3+G4"，按 Enter 键确定；然后利用填充柄功能按住鼠标左键向下拖曳，至 I7 单元格放开鼠标，得到累计次数。用同样的方法可得到 J3:J7 累计频率。

④ 求向下累计次数。可先单击 K7 单元格，输入"=G7"，按 Enter 键确定；再单击 K6 单元格，输入"=K7+G6"，按 Enter 键确定；然后利用填充柄功能按住鼠标左键向上拖曳，至 K3 单元格放开鼠标，得到累计次数。用同样的方法可得到 L3:L7 累计频率。职工工资次数分布计算图表如图 3-33 所示。

F 工资分组/元	G 次数/人	H 频率/%	向上累计		向下累计	
			I 次数/人	J 频率/%	K 次数/人	L 频率/%
2 000以下	6	12	6	12	50	100
2 000-2 500	5	10	11	22	44	88
2 500-3 000	22	44	33	66	39	78
3 000-3 500	9	18	42	84	17	34
3 500以上	8	16	50	100	8	16
合计	50	100	——	——	——	——

图 3-33　职工工资次数分布计算图表

▌▌➤【课后训练】

一、单选题

1. 统计整理的根本任务是对调查资料（　　　）。

    A. 按组归类

    B. 进行加总和计算

    C. 进行审核和订正

    D. 进行分类汇总等加工工作，以得出说明总体特征的综合数字资料

2. 分配数列包含两个组成要素，即（　　　）。

    A. 分组标志和组距　　　　　　　　　　B. 分组和次数

    C. 分组标志和次数　　　　　　　　　　D. 分组和表式

3. 统计分组的关键问题是（　　　）。

    A. 确定分组标志和划分各组界限　　　　B. 确定组距和组数

    C. 确定组距和组中值　　　　　　　　　D. 确定全距和组距

4. 在全距一定的情况下，组距的大小与组数的多少成（　　　）。

    A. 正比　　　　　　　　　　　　　　　B. 反比

    C. 无比例关系　　　　　　　　　　　　D. 有时成正比，有时成反比

5. 要准确地反映不等距分组数列的实际分布情况，必须采用（　　　）。

A. 次数　　　　　　B. 累计频率　　　　C. 频率　　　　　D. 次数密度

6. 简单分组和复合分组的区别在于（　　　）。

A. 选择的分组标志的性质不同　　　　B. 选择的分组标志多少不同

C. 组数的多少不同　　　　　　　　　D. 组距的大小不同

7. 某连续型变量数列，其末组为开口组，下限为 200，又知其邻组的组中值为 170，则末组组中值为（　　　）。

A. 260　　　　　　B. 215　　　　　　C. 230　　　　　D. 185

8. 某主管局将下属企业先按轻、重工业分类，再在每类下按企业规模分组，这样的分组属于（　　　）。

A. 简单分组　　　　B. 复合分组　　　　C. 分析分组　　　D. 结构分组

9. 在组距分组时，对于连续型变量，相邻两组的组限（　　　）。

A. 必须是重叠的　　　　　　　　　　B. 必须是间断的

C. 可以是重叠的，也可以是间断的　　D. 必须取整数

10. 有一个学生考试成绩为 70 分，在统计分组中，这个变量值应归入（　　　）。

A. 60～70 分这一组　　　　　　　　B. 70～80 分这一组

C. 60～70 分或 70～80 分两组都可以　D. 作为上限的那一组

11. 在频数分布中，频率是指（　　　）。

A. 各组频数之比　　　　　　　　　　B. 各组频率之比

C. 各组频数与总频数之比　　　　　　D. 各组频数与各组次数之比

12. 某一离散型的统计资料，变量值少、变化幅度小，适于作（　　　）。

A. 单项式分组　　　　　　　　　　　B. 组距式分组

C. 相邻的组限重叠式分组　　　　　　D. 不等距分组

13. 统计表的宾词是用来说明总体特征的（　　　）。

A. 标志　　　　　　B. 总体单位　　　　C. 统计指标　　　D. 统计对象

14. 统计表的主词是统计表所要说明的对象，一般排在统计表的（　　　）。

A. 左方　　　　　　B. 上端中部　　　　C. 右方　　　　　D. 下方

15. 对统计总体按两个及以上标志分组后形成的统计表被称为（　　　）。

A. 简单表　　　　　B. 简单分组表　　　C. 复合分组表　　D. 汇总表

二、多选题

1. 统计数据整理的内容一般有（　　　）。

A. 对原始数据进行预处理　　　　　　B. 对统计数据进行分组

C. 对统计数据进行汇总　　　　　　　D. 编制统计表、绘制统计图

2. 对统计数据准确性审核的方法有（　　　）。

A. 计算检查　　　　B. 逻辑检查　　　　C. 时间检查　　　D. 调查检查

E. 平衡检查

3. 统计分组的作用在于（　　　）。

A. 区分现象的类型　　　　　　　　　B. 反映现象总体的内部结构变化

C. 比较现象间的一般水平　　　　　　D. 研究现象之间数量的依存关系

4. 在组距式变量数列中，组中值是（　　　）。

A. 上限、下限的中点数值

B. 用来代表各组标志值的平均水平

C. 在开放式分组中无法确定的

D. 在开放式分组中可以参照相邻组的组距来确定的

5. 由于变量有连续型变量和离散型变量两种，其组限的表示方法在技术上有不同要求，即（　　　）。

A. 连续型变量相邻组组限必须间断，离散型变量的相邻组组限必须重叠

B. 连续型变量相邻组组限必须重叠，离散型变量的相邻组组限可以间断

C. 按职工人数分组，相邻组限可以间断

D. 职工按工资分组，相邻组限必须重叠

6. 某单位 100 名职工按工资额分为 300 元以下、300～400 元、400～600 元、600～800 元、800 元以上五个组。这一分组是（　　　）。

A. 等距分组

B. 分组标志是连续型变量

C. 相邻的组限是重叠的

D. 某职工工资 600 元，应计在 600～800 元组内

7. 在编制组距式变量数列时，组限的确定应满足（　　　）。

A. 最小组的下限应大于最小变量值　　　B. 最小组的下限应略小于最小变量值

C. 最大组的上限应小于最大变量值　　　D. 最大组的上限应大于最大变量值

8. 变量分配数列中频率应满足的条件是（　　　）。

A. 各组频率大于 1　　　　　　　　　　B. 各组频率大于 0

C. 各组频率之和等于 1　　　　　　　　D. 各组频率之和大于 0

9. 从形式上看，统计表由（　　　）构成。

A. 总标题　　　　　　B. 主词　　　　　　C. 纵栏标题　　　　　　D. 横行标题

10. 按主词是否分组，统计表可分为（　　　）。

A. 单一表　　　　　　B. 简单表　　　　　　C. 分组表　　　　　　D. 复合表

三、综合训练

1. 对 50 位售货员月商品销售量资料进行分组，整理分配数列如表 3-20 所示，请根据该表计算组距、组中值和频率。

表 3-20　50 位售货员月商品销售量情况

月销售量/件	售货员人数/人	组距	组中值	频率/%
4 000 以下	3			
4 000～6 000	14			
6 000～8 000	21			
8 000～10 000	10			
10 000 以上	2			
合　计	50			

2. 调查20个学生的年龄分布如表3-21所示,请根据以下数据资料整理单项式变量数列。

表3-21 20个学生的年龄分布

16	19	17	19	17
17	18	19	18	16
19	17	16	18	20
20	18	18	19	18

3. 企业从1 000只灯泡中随机抽取30只测试其使用寿命,原始数据见表3-22,利用Excel 2016统计函数编制组距式变量数列,请计算累计次数、累计频率,并绘制条形图。

表3-22 30只灯泡使用寿命　　　　　　　　单位: h

1 650	1 510	1 640
1 985	1 483	1 730
1 624	1 502	1 560
1 981	1 540	1 473
1 250	1 697	1 861
1 724	854	1 640
1 540	2 015	1 752
1 590	1 689	1 940
1 148	1 324	1 364
1 634	2 130	1 930

4. 2015年全年国内生产总值676 708亿元,比上年增长6.9%。其中,第一产业增加值60 863亿元,增长3.9%;第二产业增加值274 278亿元,增长6.0%;第三产业增加值341 567亿元,增长8.3%。第一产业增加值占国内生产总值的比重为9.0%,第二产业增加值比重为40.5%,第三产业增加值比重为50.5%,首次突破50%。从2011年至2015年历年的国内生产总值见表3-23。

表3-23 2011—2015年历年的国内生产总值

年　份	2011	2012	2013	2014	2015
国内生产总值/亿元	484 124	534 123	588 019	635 910	676 708

(1) 结合以上文字说明部分编制统计表;

(2) 根据以上资料利用Excel 2016绘制我国2015年一、二、三产业国内生产总值饼形结构图;

（3）根据我国 2011—2015 年历年的国内生产总值资料利用 Excel 2016 绘制柱形图。

5. 某地区 30 个工业企业基本情况资料如表 3-24 所示。

表 3-24　某地区 30 个工业企业基本情况资料

编号	部门	经济类型	职工人数/人	编号	部门	经济类型	职工人数/人
01	工业	国有	200	16	工业	国有	380
02	商业	国有	220	17	商业	国有	400
03	交通	个体	230	18	商业	集体	410
04	工业	集体	235	19	工业	集体	410
05	商业	集体	240	20	工业	集体	420
06	交通	个体	280	21	交通	个体	420
07	工业	国有	290	22	商业	个体	420
08	工业	个体	300	23	工业	国有	480
09	商业	国有	310	24	交通	国有	480
10	交通	国有	320	25	工业	集体	500
11	工业	个体	340	26	交通	国有	520
12	商业	国有	350	27	工业	集体	520
13	工业	集体	360	28	工业	国有	800
14	商业	集体	360	29	商业	国有	800
15	工业	集体	440	30	工业	国有	900

请根据上述资料，以部门、经济类型、职工人数为分组标志编制如下统计表。

（1）通过 Excel 2016 统计函数编制以部门和经济类型为分组标志的品质分配数列；

（2）通过 Excel 2016 统计函数编制以职工人数为分组标志的组距式变量数列；

（3）利用 Excel 2016 数据透视表，以部门为行字段、经济类型为列字段分组计算企业职工人数和企业个数编制分配数列。

第四章　综合指标分析

【任务驱动】

　　统计分析最基本的方法是综合指标法。综合指标有总量指标、相对指标、平均指标、变异指标等类型。通过对本章内容的学习，读者应理解总量指标的概念和作用、时期指标和时点指标各自的含义和二者的区别；掌握各种相对指标的概念和作用及具体计算方法；理解平均指标的概念和作用，并掌握各种平均数的计算方法；理解变异指标的概念和作用，并掌握变异指标的计算方法及其运用；掌握 Excel 2016 在综合指标计算中的应用。

☞引导案例

2015 年我国工业生产情况统计公报

　　2015 年我国全年全部工业增加值 228 974 亿元，比上年增长 5.9%。规模以上工业增加值增长 6.1%。2011—2015 年全部工业增加值及其增长速度如图 4-1 所示。在规模以上工业中，分经济类型看：国有控股企业增长 1.4%，集体企业增长 1.2%，股份制企业增长 7.3%，外商及港澳台商投资企业增长 3.7%，私营企业增长 8.6%；分门类看：采矿业增长 2.7%，制造业增长 7.0%，电力、热力、燃气及水生产和供应业增长 1.4%。

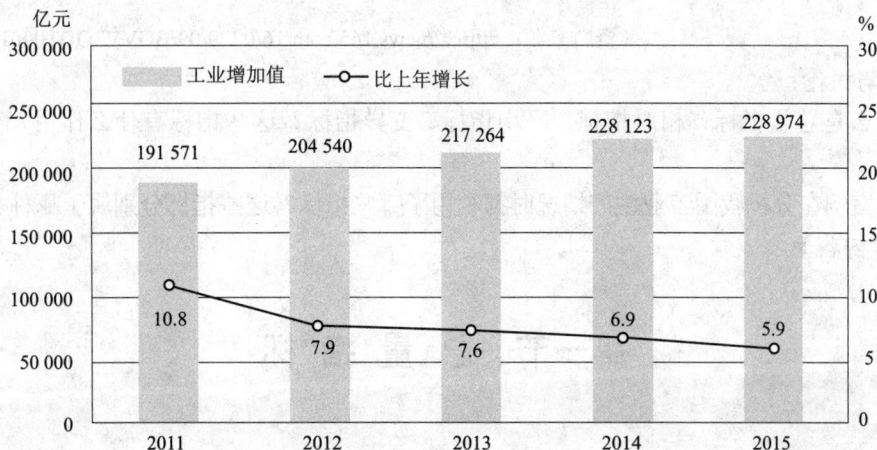

图 4-1　2011—2015 年全部工业增加值及其增长速度

　　全年规模以上工业中，农副食品加工业增加值比上年增长 5.5%，纺织业增长 7.0%，化学原料和化学制品制造业增长 9.5%，非金属矿物制品业增长 6.5%，黑色金属冶炼和压延加工业增长 5.4%，通用设备制造业增长 2.9%，专用设备制造业增长 3.4%，汽车制造业增长 6.7%，电气机械和器材制造业增长 7.3%，计算机、通信和其他电子设备制造业增长 10.5%，电力、热力生产和供应业增长 0.5%。六大高耗能行业增加值比上年增长 6.3%，占规模以上工业增加值的比重为 27.8%。高技术制造业增加值增长 10.2%，占规模以上工业增加值的比重为 11.8%。装备制造业增加值增长 6.8%，占规模以上工业增加值的比重为 31.8%。2015 年主要工业产品产量及其增长速度如表 4-1 所示。

表 4-1　2015 年主要工业产品产量及其增长速度

产品名称	单位	产量	比上年增长/%
纱	万吨	3 538.0	4.7
布	亿米	892.6	−0.1
化学纤维	万吨	4 831.7	10.1
成品糖	万吨	1 474.1	−10.3
卷烟	亿支	25 890.7	−0.8
彩色电视机	万台	14 475.7	2.5
其中：液晶电视机	万台	14 391.9	3.8
其中：智能电视	万台	8 383.5	14.9
家用电冰箱	万台	7 992.8	−9.1
房间空气调节器	万台	14 200.4	−1.8
一次能源生产总量	亿吨标准煤	36.2	0
原煤	亿吨	37.5	−3.3
原油	万吨	21 455.6	1.5
天然气	亿立方米	1 346.1	3.4

资料来源：http://news.163.com/16/0229/09/BGVV2ODT00014JB5.html.

思考与讨论：

1. 什么是总量指标、相对指标、平均指标、变异指标？这些指标有什么作用？分别怎样计算？

2. 本案例在分析我国工业生产情况时都利用了哪些指标？这些指标分别属于哪种类型？

【教学内容】

第一节　总量指标

一、总量指标的概念

总量指标是反映统计总体的总规模、总水平和工作总量的指标。它是从调查个体的原始资料通过汇总而得到的总体数据，是统计整理阶段的直接成果，用绝对数的形式表示。总量指标是计算相对指标和平均指标的基础。

二、总量指标的种类

（一）按说明总体内容不同，可分为总体单位总量指标和总体标志总量指标

1. 总体单位总量指标

总体单位总量指标是指一个统计总体所包含的总体单位的总个数，即总体单位数量。例如，工业企业这一总体的工业企业数，全国人口总体的人口数等。总体单位总量决定着一个统计总体的规模大小。

2. 总体标志总量指标

总体标志总量指标是指总体中各单位某一数量标志值的总和。例如，所有工业企业的产量是每一个工业企业产量的合计数，某种农作物的总产量是将播种的所有该种农作物的产量相加。

（二）按反映的时间状况不同，可分为时期指标和时点指标

1. 时期指标

时期指标是说明某社会经济现象在一段时间内某种标志值积累的总量。例如，产品产量、商品销售量（额）、工资总额、国民（内）生产总值、人口出生数等都是时期指标。

2. 时点指标

时点指标是社会经济现象在某一时刻（瞬间）状态上所表现的数量。例如，人口总数、耕地面积、物资库存量、工业企业个数、商业网点数、固定资产的价值、黄金储备量等指标都是时点指标。

3. 时期指标与时点指标的区别

第一，时期指标数值是连续登记而计算的累计数；时点指标数值只能间断计数，通常是隔一段时间（一般间隔一年或一年以上）登记一次。

第二，时期指标各期数值可以累计相加，相加以后表示更长时期的累计总量。例如，将年内每个月的产量连续相加就得到了年产量；时点指标各期数值不能累计相加，相加没有意义。

第三，时期指标数值的大小与时期长短有关，一般情况下，时期越长，指标数值越大；时点指标数值的大小与时点之间的间隔长短没有直接关系。

（三）按使用的计量单位不同，可分为实物指标、价值指标、劳动量指标

1. 实物指标

实物指标是采用实物单位计量的总量指标，用于表现经济现象总的使用价值总量。实物指标优点是：能直接反映事物的使用价值和现象的具体内容，能具体表明事物的规模和水平。但实物指标的综合性能较差，不能反映多种不同类事物的总规模、总水平，即实物单位不同的总量指标无法进行汇总。

2. 价值指标

价值指标是采用货币单位计量的总量指标，用于表现经济现象总体的价值总量。价值指标充分弥补了实物指标不能跨实物形态而综合的缺点，可以综合说明不同使用价值的总水平、总规模，具有广泛的综合性和概括性，但它脱离了事物的具体内容，比较抽象，计算中受价

格波动的影响（在实际计算中通常使用现行价格和不变价格），因此价值指标常和实物指标结合使用。

3. 劳动量指标

劳动量指标是用劳动时间来表示的总量指标，如工时、工日等为单位计算的产品产量或完成的工作量。由于具体条件不同，不同企业的劳动量指标不具有可比性，所以劳动量指标多限于企业内部在确定劳动定额、计算劳动生产率、编制和检查生产作业计划等时使用。

第二节　相对指标

一、相对指标的概念和作用

相对指标是将两个有联系的指标对比，反映数量间相互联系程度的指标。它是用对比的方法，采用相对数的形式来反映经济现象的发展程度、结构、强度、普遍程度或比例关系的综合指标，因此又被称为统计相对数。相对指标能反映现象间的相互联系的程度，说明总体内在的结构特征，把现象的绝对差异抽象化，将一些不能直接对比的现象进行对比，为深入分析事物的性质提供了依据。

相对指标的数值表现形式有无名数和有名数。无名数是一种抽象化的数值，是一种没有计量单位的数值，如百分数、千分数、万分数、系数、倍数和成数等；有名数是用文字形式的计量单位来表示的相对数。通常情况下，同时采用分子与分母的双重计量单位主要用在强度相对指标中。

二、相对指标的种类及计算方法

（一）结构相对指标

结构相对指标是根据分组法，将总体划分为若干部分，然后以各部分的数值与总体指标数值对比而计算的比重或比率，用以反映总体内部组成状况的综合指标。指标数值一般采用百分数或成数表示，其计算公式如下所示。

$$结构相对指标 = \frac{总体中部分数值}{总体全部数值} \times 100\%$$

（二）比例相对指标

比例相对指标是将总体中不同组成部分的数值进行对比而计算的综合指标，它用来反映总体中各组成部分之间的数量联系程度和比例关系，其计算公式如下所示。

$$比例相对指标 = \frac{总体中部分数值}{同一总体中另一部分数值} \times 100\%$$

（三）比较相对指标

比较相对指标是将同类现象在不同空间所表现的不同数量进行对比而计算的综合指标，它用来反映不同地区、单位之间经济发展的不均衡程度，其计算公式如下所示。

$$比较相对指标=\frac{甲地区（单位或企业）某类指标数值}{乙地区（单位或企业）同类指标数值}×100\%$$

（四）强度相对指标

强度相对指标是两个性质不同却有一定联系的总量指标的比值，用以反映社会经济现象的发展强度、分布密度和普遍程度等，其计算公式如下所示。

$$强度相对指标=\frac{某一总量数值}{另一个有联系而性质不同的总量指标}×100\%$$

（五）动态相对指标

动态相对指标是将同一事物在不同时间的指标数值进行对比而计算的综合指标，用以反映社会经济现象在时间上发展变化的程度，又被称为发展速度。通常将所研究、所关注的时期称为报告期，将被选作比较基础的时期称为基期。动态相对指标的计算公式如下所示。

$$动态相对指标=\frac{报告期指标数值}{基期指标数值}×100\%$$

（六）计划完成程度相对指标

计划完成程度相对指标是某指标的实际完成数与计划任务数的比值，用以检查和监督计划的执行情况，其基本公式如下所示。

$$计划完成程度相对指标=\frac{实际完成数}{计划任务数}×100\%$$

长期计划是指计划期至少为五年的经济计划。考核长期计划的执行情况，既要从相对数上计算计划完成的程度，也要从时间上计算提前完成计划的时间。长期计划任务的下达形式有两种：一种是规定整个计划期内应完成的累计总量；另一种是规定计划期末年应达到的水平。

1. 累计法

当下达的计划任务是整个计划期内应完成的累计总量时，如基本建设投资额、新增生产能力、造林面积等，用累计法检查计划完成程度。

$$计划完成程度=\frac{计划期内累计完成数}{计划期任务数}×100\%$$

【例4-1】某企业五年计划投资为15 000万元，实际投资为：第一年4 000万元、第二年3 500万元、第三年2 000万元、第四年2 500万元、第五年3 400万元。又知第五年8月底完成已达15 000万元，则

$$计划完成程度=\frac{4\,000+3\,500+2\,000+2\,500+3\,400}{15\,000}×100\%=102.7\%。$$

计算结果表明，该企业超额完成了投资计划的2.7%，并提前4个月完成投资计划。

采用累计法考核长期计划执行情况时，如果从计划期期初开始累计至计划期内某一时间为止的实际数达到了计划规定的累计数，这时就算完成了计划，以后至计划期末所剩的时间为提前完成计划的时间。

2. 水平法

当计划任务是规定计划期末年应达到的水平，如产量、商品零售额、产值、客运量、货

运量等，可用水平法检查计划完成程度，其计算公式如下所示。

$$计划完成程度=\frac{计划期末期实际达到水平}{计划期末期计划达到水平}\times100\%$$

【例 4–2】某企业五年产量计划规定最后一年产量达到 450 万吨，该企业五年产量完成情况见表 4–2。

表 4–2　某企业五年产量完成情况统计表

年份	第一年	第二年	第三年		第四年				第五年			
			上半年	下半年	一季度	二季度	三季度	四季度	一季度	二季度	三季度	四季度
产量/万吨	300	320	170	190	100	100	110	120	120	120	130	130

$$计划完成程度=\frac{120+120+130+130}{450}\times100\%=111\%$$

计算结果表明，企业超额完成了产量计划的 11%，到第五年一季度完成任务数为：100+110+120+120=450，刚好完成了计划数，提前 3 个季度完成了计划。

采用水平法检查长期计划的执行情况时，只要是在连续一年（12 个月）的时间内（可以跨日历年度）实际完成的年水平首次达到了计划规定的水平，就算完成了计划，以后至计划期末所剩下的时间就是提前完成计划的时间。

第三节　平 均 指 标

一、平均指标的概念、特点

平均指标是说明总体内各单位某一数量标志值一般水平的指标。平均指标可以用来概括地说明总体数量集中趋势，分析现象之间的数量依存关系及研究现象数量内在规律，估计和推算其他有关的指标值；它是企业制订定额计划的重要依据，通过平均指标，可以对不同总体进行数据对比分析。平均指标的特点包括：它是一个代表值，是一个抽象化的数值，能反映总体分布的集中趋势。

二、平均指标计算

（一）算术平均数

算术平均数是统计研究中最常用、最基本、应用最广泛的平均指标，也被称为均值。算术平均数的计算方法与许多社会经济现象的数量关系相符合，即许多社会经济现象总体各单位的标志值之和等于总体标志总量，用总体标志总量除以总体单位数得到均值。算术平均数分为简单算术平均数和加权算术平均数。

1. 简单算术平均数

简单算术平均数是指各个标志值加总得到标志总量，然后除以总体单位总量。适用条件是总体资料未经过统计分组，各标志值对应的总体单位都相等。

$$\bar{x} = \frac{x_1 + x_2 + x_3 + \cdots + x_n}{n} = \frac{\sum x}{n}$$

2. 加权算术平均数

根据分组整理后编制的变量数列来计算平均指标。在分配数列条件下，次数就是权数，因此组的次数多，其对应的变量值对平均数的影响就大，其计算公式如下：

$$\bar{x} = \frac{x_1 f_1 + x_2 f_2 + \cdots + x_n f_n}{f_1 + f_2 + \cdots + f_n} = \frac{\sum xf}{\sum f}$$

式中：x 为各组变量值；f 为权数（各组次数）；$\sum$ 为连续相加总的符号。

权数有两种表现形式：一是绝对数的形式，即次数或频数 f；二是相对数的形式，频率 $\frac{f}{\sum f}$。

$$\bar{x} = \sum x \frac{f}{\sum f}$$

加权算术平均数的大小受两个因素的影响：一是受变量值大小的影响；二是受次数分配值即各组次数占总次数比重的影响。各组次数具有权衡各组变量值轻重的作用：某一组的次数越大，则该组的变量值对平均数的影响就越大，反之越小。在权数相等的条件下，加权算术平均数等于简单算术平均数。

当 $f_1 = f_2 = \cdots = f_n$ 时，则有 $\bar{x} = \frac{\sum xf}{\sum f} = \frac{f \sum x}{nf} = \frac{\sum x}{n}$。

（1）由单项式变量数列计算加权算术平均数。

【例 4-3】某商店售货员人数及月工资情况见表 4-3，请根据表中数据计算售货员平均工资。

表 4-3　某商店售货员人数及月工资情况统计表

按售货员工资分组/元 x	售货员人数/人 f	各组工资额/元 xf
3 750	4	15 000
4 300	3	12 900
5 100	7	35 700
5 900	3	17 700
6 900	3	20 700
合　计	20	102 000

解：将售货员按工资进行分组，应用加权算术平均法计算。

$$\bar{x} = \frac{\sum xf}{\sum f} = \frac{102\,000}{20} = 5\,100 \text{ （元/人）}$$

【例 4–4】 某商店售货员月工资及相关资料见表 4–4，请根据表中数据计算售货员平均月工资。

表 4–4　某商店售货员月工资及相关资料统计表

按售货员工资分组/元 x	每组售货员人数占总人数比重/% $\dfrac{f}{\sum f}$	$x\dfrac{f}{\sum f}$
3 750	20	750
4 300	15	645
5 100	35	1 785
5 900	15	885
6 900	15	1 035
合　　计	100	5 100.0

解： 权数为相对数形式，即频率 $\dfrac{f}{\sum f}$，应用加权算术平均数公式的变形来计算。

$$\bar{x} = \sum x \frac{f}{\sum f} = 5\,100 \text{ （元/人）}$$

（2）由组距式变量数列计算加权算数平均数。

由组距式变量数列计算加权算数平均数要计算组中值，组中值有一定假定性，即假定各单位标志值在组内是均匀分配的，所以组中值与组平均数间必然有一定误差。

【例 4–5】 某企业工人日产量分组情况见表 4–5，请根据表中数据计算工人平均日产量。

表 4–5　某企业工人日产量分组情况统计表

工人按日产量人组/kg	工人数/人 f	组中值 x	xf
30 以下	10	25	250
30～40	70	35	2 450
40～50	90	45	4 050
50 以下	30	55	1 650
合　　计	200	—	8 400

解： 已知资料是组距式变量数列，需计算组中值作为组平均数。

$$\bar{x} = \frac{\sum xf}{\sum f} = \frac{8\,400}{200} = 42 \text{ （kg/人）}$$

（二）调和平均数

调和平均数是各变量值倒数的算术平均数的倒数，所以又称倒数平均数。调和平均数也有简单调和平均数和加权调和平均数两种。

【例4—6】市场上有黄瓜早晨每斤2.5元，中午每斤2元，晚上每斤1元。下面分不同情况进行计算。（注：1斤=0.5 kg）

（1）现在早、中、晚各买1斤黄瓜，求平均价格。

简单算术平均法：$\bar{x} = \dfrac{\sum x}{n} = \dfrac{2.5 + 2 + 1}{1 + 1 + 1} = 1.83$（元/斤）

（2）现在早晨买6斤黄瓜，中午买14斤黄瓜，晚上买21斤黄瓜，求平均价格。

加权算术平均法：$\bar{x} = \dfrac{\sum xf}{\sum f} = \dfrac{2.5 \times 6 + 2 \times 14 + 1 \times 21}{6 + 14 + 21} = 1.56$（元/斤）

（3）现在每种价格的黄瓜各买1元的量，求平均价格。

简单调和平均数公式：$\bar{x} = \dfrac{n}{\sum \dfrac{1}{x}} = \dfrac{1 + 1 + 1}{\dfrac{1}{2.5} + \dfrac{1}{2} + \dfrac{1}{1}} = 1.58$（元/斤）

（4）现在早晨买5元黄瓜，中午买10元黄瓜，晚上买20元黄瓜，求平均每斤的价格。

加权调和平均数公式：$\bar{x} = \dfrac{\sum m}{\sum \dfrac{m}{x}} = \dfrac{5 + 10 + 20}{\dfrac{5}{2.5} + \dfrac{10}{2} + \dfrac{20}{1}} = 1.3$（元/斤）

在实际中，往往由于缺乏总体单位数的资料而不能直接计算算术平均数，故需用调和平均法来求得平均数。调和平均数是算术平均数的一种变形，即当$m = xf$时，公式：

$$\bar{x} = \frac{\sum m}{\sum \dfrac{m}{x}} = \frac{\sum xf}{\sum f}$$

因此在统计工作中，调和平均数常常被作为算术平均数的变形来使用。根据资料情况，当掌握各单位标志值和相应次数资料时，计算平均数采用加权算术平均数公式；当掌握各单位标志值和各组标志总量时，计算平均数采用加权调和平均数公式。

在运用调和平均数时，若所有标志值的权数相等，则可采用简单调和平均数代替加权调和平均数。即：当$m_1 = m_2 = \cdots = m_n$时，$\bar{x} = \dfrac{\sum m}{\sum \dfrac{m}{x}} = \dfrac{nm}{m \sum \dfrac{1}{x}} = \dfrac{n}{\sum \dfrac{1}{x}}$。

1. 由绝对数资料求调和平均数

【例4—7】学生月生活费资料见表4—6，请根据表中数据计算学生平均月生活费。

表4—6　学生月生活费资料统计表

按学生月生活费 分组/元	每组学生的月生活费总额/元 m	组中值 x	每组学生数/个 $\dfrac{m}{x}$
300 以下	500	250	2

续表

按学生月生活费 分组/元	每组学生的月生活费总额/元 m	组中值 x	每组学生数/个 $\dfrac{m}{x}$
300~400	1 400	350	4
400~500	4 500	450	10
500~600	3 850	550	7
600~700	3 250	650	5
700 以上	1 500	750	2
合　　计	15 000	—	30

解：基于对资料的分析，应用加权调和平均数公式计算。

$$\bar{x}=\frac{\sum m}{\sum \dfrac{m}{x}}=\frac{15\,000}{30}=500\ （元/人）$$

2. 由相对数资料求调和平均数

【例 4-8】某企业 15 个班组产量计划完成情况见表 4-7，请根据表中数据计算各班组的日产量平均计划完成程度。

表 4-7　某企业 15 个班组产量计划完成情况统计表

各班组按月产量计划完成 程度分组/%	生产班数/个	实际月产量/件 m	组中值/% x	计划月产量/件 $\dfrac{m}{x}$
80~90	1	30	85	35
90~100	4	70	95	74
100~110	6	140	105	133
110~120	3	50	115	43
120~130	1	10	125	8
合　　计	15	300	—	294

解：计划完成程度与计划产量和实际产量有关，而与生产班组数无关。

$$\bar{x}=\frac{\sum m}{\sum \dfrac{m}{x}}=\frac{300}{294}=102.11\%$$

3. 由平均数资料求调和平均数

【例 4-9】某企业采购员先后采购五批原材料情况见表 4-8，请根据表中数据计算五批原料的平均价格。

表 4-8 某企业采购员先后采购五批原材料情况统计表

采购材料批次	价格/（元/kg）x	采购金额/元 m	采购量/kg $\dfrac{m}{x}$
第 1 批	20	31 000	1 550
第 2 批	28	29 000	1 036
第 3 批	36	30 000	833
第 4 批	44	38 000	864
第 5 批	52	35 000	673
合　计	—	163 000	4 956

解： 原材料的平均价格与 5 次采购的采购金额与采购量有关，而与采购次数 5 无关。

$$\overline{x} = \frac{\sum m}{\sum \dfrac{m}{x}} = \frac{163\,000}{4\,956} = 33 \quad（元/kg）$$

（三）几何平均数

几何平均数适用的条件有两种。一是各变量值连乘积有一定经济意义，连乘等于总比率或总速度的现象都可以用几何平均法求平均比率、平均速度。例如，连续生产的产品合格率、连续销售的本利率、连续储蓄的本息率，连续比较的环比发展速度等都需用几何平均法。二是各变量值必须是相对数。

1. 简单几何平均数

简单几何平均数是 n 个变量值连乘积的 n 次方根，计算公式如下。

$$\overline{x} = \sqrt[n]{\prod x}$$

【例 4-10】 某机械厂有四个连续流水作业的车间，本月份毛坯车间制品合格率为 95%，粗加工车间合格率为 92%，精加工车间合格率为 90%，装配车间合格率为 85%，请计算四个车间的平均合格率。

解： 各车间合格率之和并不等于全厂总合格率，所以不能用算术平均法。粗加工车间合格率是在毛坯车间全部合格的基础上计算的，依次类推，则全厂总合格率等于各车间合格率的连乘积。

$$\overline{x} = \sqrt[n]{\prod x} = \sqrt[4]{0.95 \times 0.92 \times 0.90 \times 0.85} = \sqrt[4]{0.668\,6}$$

$$\lg \overline{x} = \frac{1}{4} \lg 0.668\,6 = \frac{1}{4} \times (-0.174\,8) = -0.043\,7$$

$$\overline{x} = 90.43\%$$

【例 4-11】 某商品从出厂到一级批发站毛利率为 8%，一级批发站到二级批发站毛利率为 10%，二级批发站到零售商毛利率为 10%，零售店到消费者手中毛利率为 15%，请计算该商品四个环节的平均毛利率。

解： 应把毛利率还原为本利率，计算平均本利率后，推算平均毛利率。先计算平均本利率为：

$$\bar{x} = \sqrt[n]{\prod x} = \sqrt[4]{1.08 \times 1.1 \times 1.1 \times 1.15} = \sqrt[4]{1.502\,82} = 110.72\%$$

则平均毛利率为 10.72%。

2. 加权几何平均法

与算术平均数一样，当资料中的某些变量值重复出现时，相应地，简单几何平均数就变成了加权几何平均数。计算公式为：

$$\bar{x} = \sqrt[f_1+f_2+\cdots+f_n]{x_1^{f_1} \Box x_2^{f_2} \Box \cdots \Box x_n^{f_n}} = \sqrt[\sum f]{\prod x^f}$$

【例 4–12】投资银行某笔投资的年利率是按复利计算的，25 年的年利率分配是：有 1 年是 3%，有 4 年是 5%，有 8 年是 8%，有 10 年是 10%，有 2 年是 15%，请计算平均年利率。

解：将利息率还原为本息利率，先求平均本息利率，再推算平均年利率。

$$\bar{x} = \sqrt[25]{1.03^1 \times 1.05^4 \times 1.08^8 \times 1.10^{10} \times 1.15^2}$$

$$\lg \bar{x} = \frac{1}{25}\,(\lg 1.03 + 4\lg 1.05 + 8\lg 1.08 + 10\lg 1.10 + 2\lg 1.15)$$

求反对数得 25 年平均本息利率为 $\bar{x}$=108.6%，则 25 年的平均年利息率为 8.6%。

（四）众数（M_0）

众数是总体中出现次数最多的变量值。它能直观地说明客观现象分配中的集中趋势，用字母 M_0 表示。它是一种根据位置来确定总体一般水平的代表值。例如，生产鞋的公司要了解市场上人们需求的尺码，这主要不能看平均数，而要看众数，即看穿哪种尺码鞋的人最多；为了掌握集市上某种价格水平，不必全面登记该商品的成交量和成交额，而只采用该商品在市场上最普通的成交价即可。在商业中，鞋帽、服装销售量最多的型号就是该商品销售的众数，厂商可以以此作为这些商品的加工订货或进货的依据。

1. 根据单项式变量数列确定众数

根据单项式变量数列确定众数比较简单，出现次数最多的组的标志值即是众数。

【例 4–13】某商店某月男式羊毛衫销售尺码调查表如表 4–9 所示，请根据该表确定众数。

表 4–9　某商店某月男式羊毛衫销售尺码调查表

顾客编号	尺码/cm	顾客编号	尺码/cm
1	115	11	125
2	120	12	120
3	115	13	115
4	110	14	120
5	115	15	125
6	120	16	100
7	120	17	115
8	115	18	125
9	120	19	110
10	115	20	115

解：根据上表整理次数分布表，表 4–10 为某商店某月男式羊毛衫销售量情况统计表。

表 4–10　某商店某月男式羊毛衫销售量情况统计表

尺码/cm	销售量/件
100	1
110	2
115	8
120	6
125	3
合　　计	20

计算得知，115 cm 的羊毛衫出现次数最多，为 8 次，则男式羊毛衫尺码的众数是 115 cm。

2. 由组距式变量数列确定众数

第一步，先确定众数组，以次数最多的一组为众数组。

第二步，求众数近似值（插补法）。

$$下限公式：\quad M_o = L + \frac{\Delta_1}{\Delta_1 + \Delta_2} d$$

$$上限公式：\quad M_o = U - \frac{\Delta_2}{\Delta_1 + \Delta_2} d$$

式中：M_o 为众数；L 为众数所在组的下限；U 为众数所在组的上限；Δ_1 为众数组次数与下一组（前一组）次数之差；Δ_2 为众数组次数与上一组（后一组）次数之差；d 为众数组组距：上限–下限。

【**例 4–14**】某企业工人日产量情况见表 4–11，请根据此表计算工人日产量众数。

表 4–11　某企业工人日产量情况统计表

工人按日产量分组/kg	工人数/人
10～20	14
20～30	36
30～40	50
40～50	29
50～60	11
合　　计	140

解：第一步，确定众数组为 30～40，因为这一组次数最多，共 50 人；

第二步，确定众数近似值。

$$下限公式：\quad M_o = L + \frac{\Delta_1}{\Delta_1 + \Delta_2} d = 30 + \frac{50-36}{(50-36)+(50-29)} \times 10 = 34\,(kg)$$

$$上限公式：\quad M_o = U + \frac{\Delta_2}{\Delta_1 + \Delta_2} d = 40 - \frac{50-29}{(50-36)+(50-29)} \times 10 = 34\,(kg)$$

（五）中位数

中位数是将总体各单位标志值按大小顺序排列后，处于中间位置的那个数值。根据未分组资料和分组资料都可确定中位数。在实际工作中，在被研究总体中某一数量标志的标志值很多，而且明显存在极端数值的情况下，用中位数比用算术平均数表明总体的一般水平更有代表性。例如，居民收入水平等。

1. 根据未分组资料确定中位数

【例 4–15】以表 4–9 为例，计算 20 名顾客购买羊毛衫尺码的中位数。

解：第一步，将标志值按大小顺序排列：100，110，110，115，115，115，115，115，115，115，115，120，120，120，120，120，120，125，125，125。第二步，确定中位数的位置。设 n 为标志值的个数，则：中位数的位置 $= \dfrac{n+1}{2} = \dfrac{20+1}{2} = 10.5$，即中位数的位置是在第 10 位和 11 位中间。第三步，确定中位数。当标志值的个数 n 为奇数时，按 $\dfrac{n+1}{2}$ 的项次确定，即中间位置的那个变量值为中位数；当标志值的个数 n 为偶数时，则居于中间位置的两个变量值的算术平均数为中位数。本例中中位数为（115+115）/2=115。

2. 根据分组资料确定中位数

（1）根据单项式变量数列确定中位数。

根据单项式变量数列确定中位数的步骤如下。

第一步，计算累计次数。有由低向高（较小）累计和由高向低（较大）累计两种累计方法，任选一种即可。

第二步，确定中位数位置和中位数数值，中位数位置 $= \dfrac{\sum f}{2}$。

【例 4–16】调查了 21 名大学生身高情况见表 4–12，请根据该表数据计算中位数。

表 4–12　21 名大学生身高情况统计表

身高/cm x	人数/人 f	累计次数	
		由低到高	由高到低
156	2	2	21
162	4	6	19
167	5	11	15
169	6	17	10
171	3	20	4
173	1	21	1
合　计	21	—	—

$$中位数位置 = \frac{\sum f}{2} = \frac{21}{2} = 10.5$$

中位数在累计次数 11（靠近 10.5，又包括 10.5）对应的那一组对应的变量值为 167 cm。

（2）由组距式变量数列确定中位数。

由组距式变量数列确定中位数的步骤如下。

第一步，计算累计次数。由低向高（较小）累计和由高向低（较大）累计两种累计方法中任选一种即可。

第二步，确定中位数位置：中位数位置$=\dfrac{\sum f}{2}$。

第三步，确定中位数近似值。

$$下限公式：M_e = L + \frac{\dfrac{\sum f}{2} - S_{m-1}}{f_m} d$$

$$上限公式：M_e = U - \frac{\dfrac{\sum f}{2} - S_{m+1}}{f_m} d$$

式中：M_e 为中位数；L 为中位数所在组下限；U 为中位数所在组上限；S_{m-1} 为中位数所在组以前各组的累计次数；S_{m+1} 为中位数所在组以后各组的累计次数；f_m 为中位数所在组次数；$\sum f$ 为总次数；d 为中位数所在组组距。

【例 4–17】通过调查 2 000 户居民，了解到职工家庭年收入资料见表 4–13，请根据该表计算中位数。

表 4–13 职工家庭年收入统计表

职工家庭年收入/百元	家庭数/户	累计次数	
		由低到高（较小制）	由高到低（较大制）
500 以下	70	70	2 000
500～600	300	370	1 930
600～700	1 500	1 870	1 630
700～800	100	1 970	130
800 以上	30	2 000	30
合　计	2 000	—	

解：

中位数位置$=\dfrac{\sum f}{2}=\dfrac{2\,000}{2}=1\,000$，中位数在 600～700 组中。

$$下限公式：M_e = L + \frac{\dfrac{\sum f}{2} - S_{m-1}}{f_m} d = 600 + \frac{\dfrac{2\,000}{2} - 370}{1\,500} \times 100 = 642（百元）$$

$$下限公式：M_e = U - \frac{\dfrac{\sum f}{2} - S_{m+1}}{f_m} d = 700 - \frac{\dfrac{2\,000}{2} - 130}{1\,500} \times 100 = 642（百元）$$

第四节　变　异　指　标

一、变异指标概念和作用

变异指标是综合反映总体各单位标志值之间差异程度的指标，其主要作用包括：可以表明总体各单位标志值分布的离散程度，变异指标越大，则标志值的离散程度越大；可以衡量平均指标代表性的大小，变异指标数值越大，则平均指标的代表性越小；可以测定数量现象的均衡性，稳定性和整齐性；还可以测定总体分布的偏度和集中度（峰度）等。变异指标包括全距、平均差、标准差和离散系数。

二、变异指标的计算

（一）全距

全距也称极差，是测定变异程度的最简单的指标。全距是总体各单位标志值中最大值和最小值之差，反映总体标志值的变动范围，其计算公式如下所示。

$$全距 \ R = X_{\max} - X_{\min}$$

全距大，表示变量值的变动越分散；反之，则越集中。全距仅取决于两个极端数值，不能全面反映总体各单位标志值变异的程度，也不能用来评价平均指标的代表性。在实际工作中，全距可以用于检查产品质量的稳定性，从而实现对产品的质量控制。

（二）平均差

平均差是各单位标志值对其算术平均数的离差绝对值的算术平均数，反映的是各标志值对其平均数的平均差异程度，其计算方法有简单平均差和加权平均差两种形式。

1. 简单平均差

$$\mathrm{AD} = \frac{\sum |x - \bar{x}|}{N}$$

【例 4-18】甲班组 5 个工人日产量（产品件数）分别为：35、38、40、45、52；乙班组 5 个工人日产量（产品件数）分别为：28、34、42、48、58。请计算甲乙两班组工人平均日产量和平均差，并比较哪班组的工人日产量均衡，平均数代表程度高。

解：$\bar{x}_1 = \bar{x}_2 = 42$（件/人）

$$\mathrm{AD}_甲 = \frac{|35-42|+|38-42|+|40-42|+|45-42|+|52-42|}{5} = 5.2（件）$$

$$\mathrm{AD}_乙 = \frac{|28-42|+|34-42|+|42-42|+|48-42|+|58-42|}{5} = 8.8（件）$$

计算表明甲班组工人的日产量平均差为 5.2 件，小于乙班组的日产量平均差 8.8 件，因此甲班组工人的日产量比乙班组集中，离散程度小，平均数代表程度高。

2. 加权平均差

当总体进行分组有次数时，需要用加权平均差公式计算，其公式如下所示。

$$AD = \frac{\sum |x - \bar{x}| f}{\sum f}$$

【例 4–19】某企业工人日产量情况见表 4–14，请根据表中数据计算工人日产量的平均差。

表 4–14 某企业工人日产量情况统计表

工人按日产量分组/件	工人数/人 f	组中值 x	$\|x-\bar{x}\|$	$\|x-\bar{x}\|f$	$(x-\bar{x})^2$	$(x-\bar{x})^2 f$
10~20	5	15	14	70	196	980
20~30	20	25	4	80	16	320
30~40	10	35	6	60	36	360
40~50	5	45	16	80	256	1 280
合　计	40	—	—	290	504	2 940

解：

$$\bar{x} = \frac{\sum xf}{\sum f} = 29 \text{（件/人）}$$

$$AD = \frac{\sum |x - \bar{x}| f}{\sum f} = \frac{290}{40} = 7 \text{（件）}$$

$$\sigma = \sqrt{\frac{\sum (x - \bar{x})^2 f}{\sum f}} = \sqrt{\frac{2\,940}{40}} = 9 \text{（件）}$$

（三）标准差

标准差是总体中各单位标志值与算术平均数的离差平方和的算术平均数的平方根，又称均方差，它是测定标志变动程度的最主要的指标。标准差的计算也有简单标准差和加权标准差两种形式。

1. 简单标准差

当总体未分组时，用简单标准差形式，其计算公式如下所示。

$$\sigma = \sqrt{\frac{\sum (x - \bar{x})^2}{n}}$$

【例 4–20】有两个学习小组，每组 6 名同学，他们的"统计原理"考试成绩分别如下。

一组：68、84、95、86、78、93

二组：79、85、88、89、73、90

请计算两组的平均分数，并用标准差判断两组平均数的代表性高低。学生统计原理考试成绩统计表如表 4–15 所示。

表 4–15　学生统计原理考试成绩统计表

一组成绩/分 x	$x-\bar{x}$	$(x-\bar{x})^2$	二组成绩/分 x	$x-\bar{x}$	$(x-\bar{x})^2$
68	−16	256	79	−5	25
84	0	0	85	1	1
95	11	121	88	4	16
86	2	4	89	5	25
78	−6	36	73	−11	121
93	9	81	90	6	36
504	—	498	504	—	224

　　解：一组和二组的平均分数相同：

$$\bar{x}=\frac{\sum x}{n}=\frac{504}{6}=84 \text{（分/人）}$$

$$\text{一组}\ \sigma=\sqrt{\frac{\sum(x-\bar{x})^2}{n}}=\sqrt{\frac{498}{6}}=9.11\text{（分）}$$

$$\text{二组}\ \sigma=\sqrt{\frac{\sum(x-\bar{x})^2}{n}}=\sqrt{\frac{224}{6}}=6.11\text{（分）}$$

在组平均数相等的情况下，因为二组的标准差小于一组，所以二组的平均数代表程度高。

2. 加权标准差

当总体进行分组时，用加权标准差公式计算，其公式如下所示。

$$\sigma=\sqrt{\frac{\sum(x-\bar{x})^2 f}{\sum f}}$$

【**例 4–21**】某企业工人日产量情况见表 4–16，请根据表中数据计算工人日产量的标准差。

表 4–16　某企业工人日产量情况

日产量分组/件	工人数/人 f	$x-\bar{x}$	$(x-\bar{x})^2$	$(x-\bar{x})^2 f$
8	20	−1.4	1.96	39.2
9	35	−0.4	0.16	5.6
10	30	0.6	1.36	10.8
11	15	1.6	2.56	38.4
合　计	100	—	—	94.0

解：

$$\overline{x} = \frac{\sum xf}{\sum f} = \frac{940}{100} = 9.4 \text{（件/人）}$$

$$\sigma = \sqrt{\frac{\sum (x - \overline{x})^2 f}{\sum f}} = \sqrt{\frac{94}{100}} = 0.97 \text{（件）}$$

（四）离散系数

离散系数是以相对数形式表示的变异指标，又称变异系数。它是通过变异指标中的全距、平均差或标准差与平均数对比得到的，常用的是标准差系数。离散系数的应用条件是：当所对比的两个数列的平均数不同时，就不能采用全距、平均差或标准差进行对比分析，因为它们都是绝对指标，其数值的大小不仅受各单位标志值差异程度的影响，而且受到总体单位标志值一般水平的影响；为了对比分析不同水平的变量数列之间标志值的变异程度，就必须消除数列中平均数水平高低的影响，这时就要计算离散系数。用公式表示为：

$$V_{\sigma} = \frac{\sigma}{\overline{x}}$$

标准差系数越大，标志变异程度越大，平均数的代表性越低；标准差系数越小，标志变异程度越小，平均数的代表性越高。

【例 4–22】农业科学家用甲乙两种水稻品种，分别在 5 个田块上试种，甲乙两种水稻品种的播种面积及产量情况如表 4–17 所示。

表 4–17　甲乙两种水稻品种的播种面积及产量情况

田块编号	甲　品　种		田块编号	乙　品　种	
	田块面积/亩	总产量/kg		田块面积/亩	总产量/kg
01	1.2	600	06	1.5	840
02	1.1	495	07	1.4	770
03	1.0	445	08	1.2	540
04	0.9	540	09	1.0	520
05	0.8	420	10	0.9	450
合计	5.0·	2 500	合计	6.0	3 120

注：1 亩≈666.7 m²

（1）分别计算两品种的亩产量。

（2）计算两品种亩产量的标准差和标准差系数。

（3）假定生产条件相同，请确定哪一品种具有较大稳定性，宜于推广。

解：根据甲乙两种水稻品种的播种面积和总产量计算出亩产量。甲乙两种水稻品种的播种面积和亩产量情况如表 4–18 所示。

表 4–18　甲乙两种水稻品种的播种面积和亩产量情况

田块编号	甲 品 种					田块编号	乙 品 种				
	亩产量/(kg/亩)x	播种面积/亩f	$x-\bar{x}$	$(x-\bar{x})^2$	$(x-\bar{x})^2 f$		亩产量/(kg/亩)x	播种面积/亩f	$x-\bar{x}$	$(x-\bar{x})^2$	$(x-\bar{x})^2 f$
01	500	1.2	0	0	0	06	560	1.5	40	1 600	2 400
02	450	1.1	−50	2 500	2 750	07	550	1.4	30	900	1 260
03	445	1.0	−55	3 025	3 025	08	450	1.2	−70	4 900	5 880
04	600	0.9	100	10 000	9 000	09	520	1.0	0	0	0
05	525	0.8	25	625	500	10	500	0.9	−20	400	360
合计	—	5.0	—	—	15 275	合计	—	6.0	—	—	9 900

注：1 亩≈666.7 m²

（1）$\bar{x}_{甲} = \dfrac{\sum xf}{\sum f} = \dfrac{2\,500}{5} = 500\,(\text{kg/亩})$　　　　$\bar{x}_{乙} = \dfrac{3\,120}{6} = 520\,(\text{kg/亩})$

（2）$\sigma_{甲} = \sqrt{\dfrac{\sum(x-\bar{x})^2 f}{\sum f}} = \sqrt{\dfrac{15\,275}{5}} = 55.3\,(\text{kg})$　　$V_{甲} = \dfrac{\sigma_{甲}}{\bar{x}_{甲}} = \dfrac{55.3}{500} \times 100\% = 11.06\%$

$\sigma_{乙} = \sqrt{\dfrac{9\,900}{6}} = 40.6\,(\text{kg})$　　　　　　　$V_{乙} = \dfrac{40.6}{520} \times 100\% = 7.8\%$

（3）因 $V_{乙} < V_{甲}$，故乙品种具有较大稳定性，宜于推广。

三、是非标志

在对经济现象进行分析时，经常把某种现象的全部单位划分为具有某种属性和不具有某种属性的两组，即"是"与"非"两组，如产品分为"合格"和"不合格"，学生分为"男生"和"女生"。由于这些反映单位属性或性质的标志不是数量标志，而是品质标志，且只有"是"与"非"两种表现，所以被称为"是非标志"，有时也被称为"交替标志"。在抽样推断时，"是非标志"的标准差有重要意义。

（一）成数（P）

成数是变量数列中具有某种性质或属性的单位数占全部单位数的比重，反映数列中单位数"是"与"非"的构成，即频率、比重。

【例 4–23】某企业生产一批产品 26 000 件，其中合格品 24 700 件，则计算合格率为 95%，不合格率为 5%，二者都是成数。

假设总体中包含的单位数为 N，其中具有某种标志表现的单位数为 N_1，不具有某种标志表现的单位数为 N_0，则：$N = N_1 + N_0$。

两部分单位数分别占全部总体单位数的比重即成数为：

$$P = \dfrac{N_1}{N} \qquad Q = \dfrac{N_0}{N} = 1 - P$$

同一总体中，两个成数之和等于 1，即 $P + Q = 1$。

（二）是非标志的平均数

是非标志表现了现象质的差别，计算其平均数需要把是非标志的两种标志表现进行量化处理：1 表示具有某种标志表现，0 表示不具有某种标志表现，如表 4–19 所示。

表 4–19 是非标志的量化表

是非标志	标志值	单位数	成 数
是	1	N_1	P
非	0	N_0	Q
合 计	—	N	1

$$\bar{x} = \frac{\sum xf}{\sum f} = \frac{1 \times N_1 + 0 \times N_0}{N_1 + N_0} = \frac{N_1}{N} = P$$

$$\bar{x} = \sum x \frac{f}{\sum f} = 1 \times P + 0 \times Q = P$$

可见，是非标志的平均数等于数列中具有某种性质的成数 P。换句话说，成数 P 是一种特殊的平均数，是（0，1）标志的平均数。

（三）是非标志的标准差

$$\sigma = \sqrt{\frac{\sum (x - \bar{x})^2 f}{\sum f}} = \sqrt{\frac{(1 - P)^2 P + (0 - P)^2 Q}{1}}$$

$$= \sqrt{Q^2 P + P^2 Q} = \sqrt{PQ(Q + P)}$$

$$= \sqrt{PQ} = \sqrt{P(1 - P)}$$

是非标志的标准差就是两个成数 P 和 Q 的几何平均数。

$$\sigma_p = \sqrt{P(1 - P)}$$

例 4–23 中，成数为 95%，标准差为 $\sigma_p = \sqrt{P(1 - P)} = \sqrt{95\% \times 5\%} = 22\%$。

第五节 Excel 2016 在综合指标计算中的应用

一、算术平均数统计函数 AVERAGE

AVERAGE 用于计算一组数值的算术平均数，其语法结构为：AVERAGE（number1，number2，…），其中 number1，number2，…为需要计算算术平均数的所有数值。

（一）简单算术平均法

例如，某车间 10 名工人的日产量（产品件数）分别为 26、25、20、28、24、21、24、

20、24、23，请计算 10 名工人的平均日产量。

1. 方法一

（1）将工人日产量数据输入到 Excel 2016 工作表的 A2:A11 中，单击放置结果的任一单元格，如 B11；

（2）执行：f_x—统计—AVERAGE—确定；

（3）弹出 AVERAGE 函数参数对话框（如图 4–2 所示），在 Number1 框中输入"A2:A11"，单击"确定"后单元格 B11 中即显示平均数为 23.5。

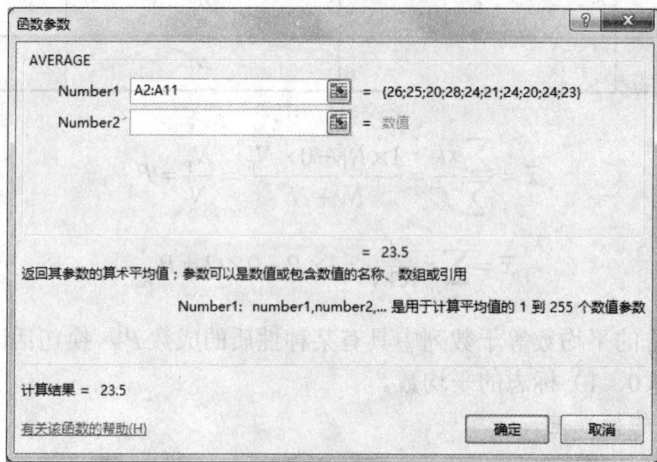

图 4–2 AVERAGE 函数参数对话框

2. 方法二

选中将显示结果的单元格，在编辑栏中输入"=AVERAGE(A2:A11)"，并按 Enter 键确定。

3. 方法三

选中要计算平均数的 A2:A11 区域，鼠标右键单击任务栏，在出现的对话模框中选择"平均值"后能直接看到平均数；或执行：开始—∑ 自动求和，单击下拉箭头后选择"平均值"。

（二）加权算术平均法

下面以加权算术平均法计算某商店售货员平均月工资为例，说明该算法在 Excel 2016 工作表中的操作步骤。

（1）在 Excel 2016 工作表中的 A、B 列输入表 4–3 中的数据；

（2）计算 xf。在 C2 单元格中输入"=A2*B2"后，按 Enter 键确定，利用填充柄拖曳将公式复制到 C3:C6 区域；

（3）在 C7 单元格中求合计。在 C7 中输入"=SUM(C2:C6)"后，按 Enter 键"确定"；或选中 C2:C6，单击常用工具栏中的 ∑ 自动求和；

（4）在放置结果的单元格 D7 中输入"=C7/B7"后，按 Enter 键确定，得到平均数为 5 100。加权算术平均法计算售货员平均工资结果如图 4–3 所示。

图4-3　加权算术平均法计算售货员平均工资结果

二、调和平均数统计函数 HARMEAN

（一）简单调和平均数计算

调和平均数统计函数 HARMEAN 的语法结构为：HARMEAN(number1,number2,…)；其中：Number1，number2，…为需要计算平均值的 1～30 个参数。

1. 方法一

（1）将例 4-6 中的数据：2.5、2、1 输入 Excel 2016 工作表的 A2:A4 中，单击放置结果的任一单元格，如 B4；

（2）单击 f_x，弹出插入函数对话框；

（3）在对话框的"或选择类别"中选择"统计"，在"选择函数"下所列函数中选择"HARMEAN"，单击"确定"，弹出 HARMEAN 函数参数对话框，如图 4-4 所示。

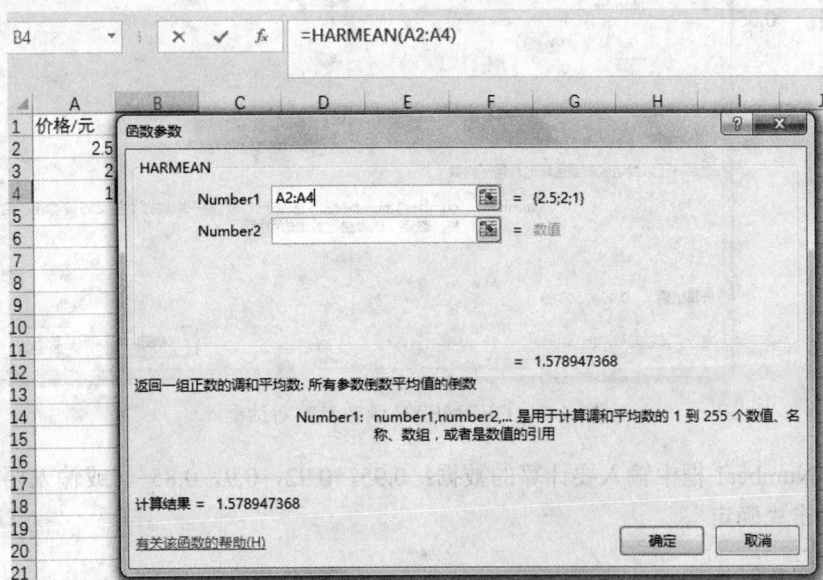

图4-4　HARMEAN 函数参数对话框

（4）在 Number1 框中输入 A2:A4，单击"确定"，单元格 B4 即显示平均数为 1.58。

2. 方法二

单击放置结果的任一单元格，在编辑栏中输入"=HARMEAN(2.5,2,1)"，按 Enter 键确定。

（二）加权调和平均数计算

加权调和平均数计算需要使用公式输入和借助填充柄进行操作，其操作方法和计算加权算术平均数相似。

三、几何平均数统计函数 GEOMEAN

几何平均数统计函数 GEOMEAN 的语法结构为：GEOMEAN(number1,number2,…)；其中：number1，number2，…为需要计算平均值的 1～30 个参数。

1. 方法一

（1）先将例 4–10 中的数据输入 Excel 2016 工作表中的某一列，如 A2:A5；

（2）单击放置结果的任一单元格如 B5，然后单击 f_x，弹出插入函数对话框；

（3）在对话框的"或选择类别"中选择"统计"，在"选择函数"下所列函数中选择"GEOMEAN"，单击"确定"，弹出 GEOMEAN 函数参数对话框，如图 4–5 所示。

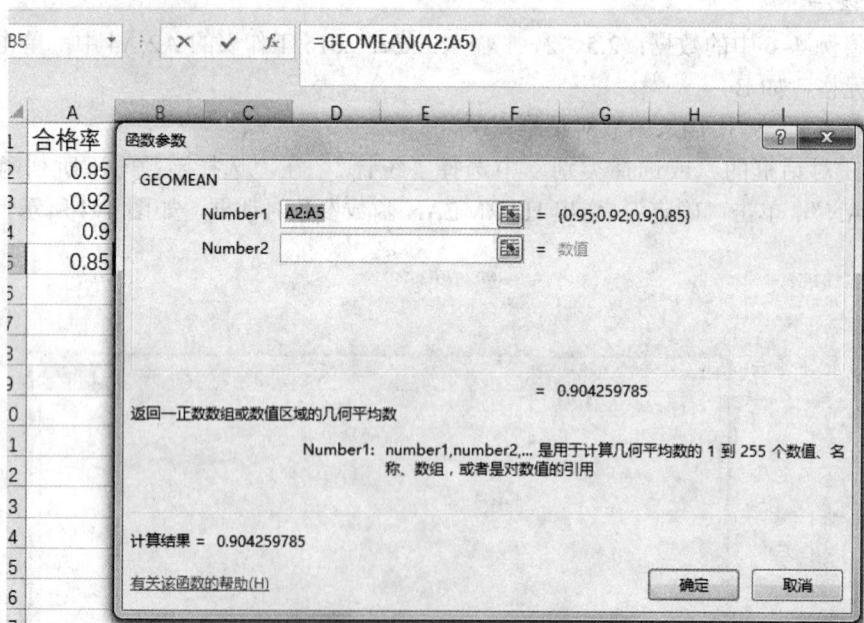

图 4–5　GEOMEAN 函数参数对话框

（4）在 Number1 框中输入要计算的数据：0.95，0.92，0.9，0.85 （或输入要计算的区域 A2:A5），单击"确定"。

2. 方法二

直接在编辑栏中输入"=GEOMEAN(0.95,0.92,0.9,0.85)"（或输入要计算的区域 A2:A5），

按 Enter 键确定。

四、众数统计函数 MODE

众数统计函数 MODE 的语法结构为：MODE(number1,number2,…)；如果参数集合中不含有重复的数据，则 MODE 函数返回错误值 N/A。

（一）根据未分组资料计算众数

1. 方法一

（1）先将例 4–13 中的资料输入 Excel 2016 工作表中 A1:B11 区域；

（2）单击放置结果的任一单元格如 C11，单击 f_x，弹出插入函数对话框；

（3）在对话框的"或选择类别"中选择"统计"，在"选择函数"下所列函数中选择"MODE.SNGL"，单击"确定"进入 MODE 函数参数对话框，如图 4–6 所示。将数据区域 A2:B11 输入 Number1 框中，得到众数为 115。

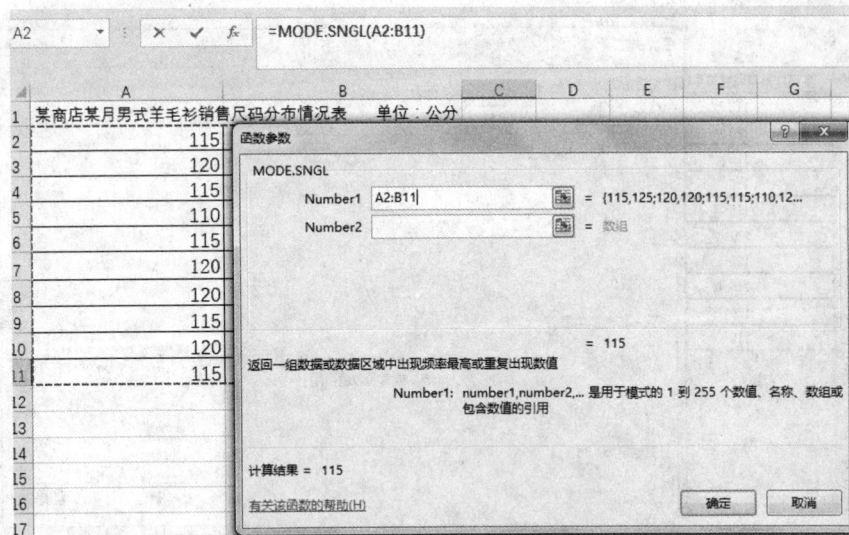

图 4–6　MODE 函数参数对话框

2. 方法二

直接在编辑栏中输入"=MODE.SNGL(A2:A11)"，按 Enter 键确定。

（二）根据分组资料计算众数

（1）将例 4–14 中的数据输入 Excel 2016 工作表中，先确定众数组为 30~40 这一组，众数组下限为 30，众数组次数与前一组次数之差为 14，众数组次数与后一组次数之差为 21，众数组组距为 10；

（2）在 Excel 2016 工作表中单击任一空白单元格，输入下限公式"=30+14/(14+21)*10"，按 Enter 键确定，得到众数为 34。

五、中位数统计函数 MEDIAN

中位数统计函数 MEDIAN 的语法结构为：MEDIAN(number1,number2,…)；如果参数集合中包含有偶数个数字，MEDIAN 函数将返回位于中间的两个数的平均值。

（一）根据未分组资料确定中位数

1. 方法一

（1）先将例 4–15 中的资料输入 Excel 2016 工作表中 A1:B11 区域；

（2）将光标定位在放置结果的任一单元格，单击 f_x，弹出插入函数对话框；

（3）在对话框的"或选择函数"中选择"统计"，在"选择函数"下所列函数中选择"MEDIAN"，单击"确定"进入 MEDIAN 函数参数对话框，如图 4–7 所示。在 Number 1 框中输入数据的区域"A2:B11"，单击"确定"即可得到中位数为 115。

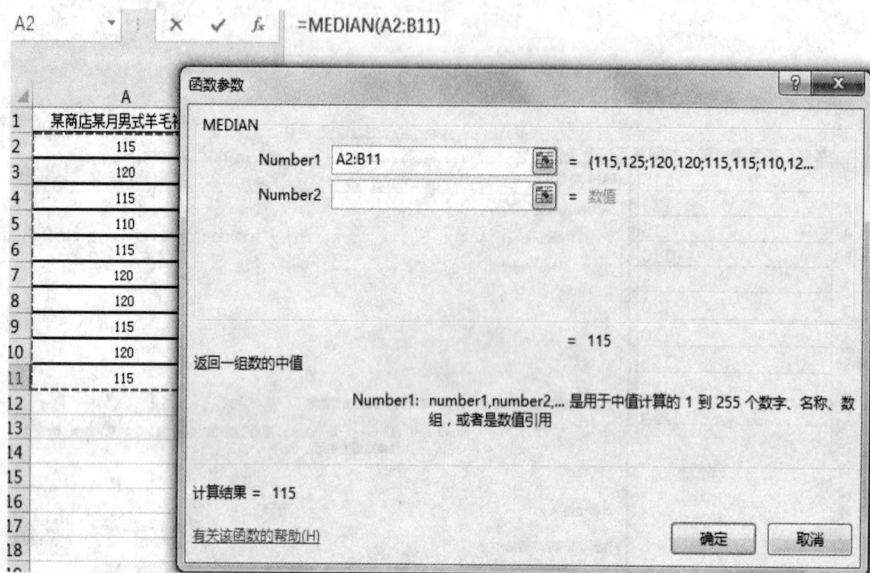

图 4–7　MEDIAN 函数参数对话框

2. 方法二

直接在编辑栏中输入"=MEDIAN(A2:B11)"，按 Enter 键确定。

（二）根据组距式变量数列确定中位数

根据例 4–17 中的资料确定中位数的步骤如下。

（1）在 Excel 2016 工作表输入表 4–13 中的资料，确定中位数组为 600～700，其下限为 600，中位数组次数为 1 500，总次数为 2 000，中位数所在组以前各组的累计次数为 370，中位数组的组距为 100；

（2）利用下限公式计算：在该工作表中单击放置结果的任一单元格，输入下限公式"=600+(2 000/ 2–370)/ 1 500*100"，按 Enter 键确定，得到中位数为 642。

六、平均差统计函数 AVEDEV

平均差统计函数 AVEDEV 的语法结构为：=AVEDEV(number1,number2,…)，结合例 4—18 中的数据，计算甲乙两班组工人日产量平均差的操作步骤如下。

（1）将例 4—18 中甲乙两班组工人日产量（分别简称为甲组日产量和乙组日产量）资料分别输入 Excel 2016 工作表中的 A1:A6 和 B1:B6 区域；

（2）选中放甲班组工人日产量平均差的单元格 A8，执行：f_x—统计—AVEDEV—确定。

（3）在 AVEDEV 函数参数对话框的 Number1 框中输入 A2:A6，单击"确定"，即可在 A8 单元格中得到甲班组工人日产量平均差为 5.2。用同样方法求得乙班组工人日产量平均差为 8.8。AVEDEV 函数参数对话框如图 4—8 所示。

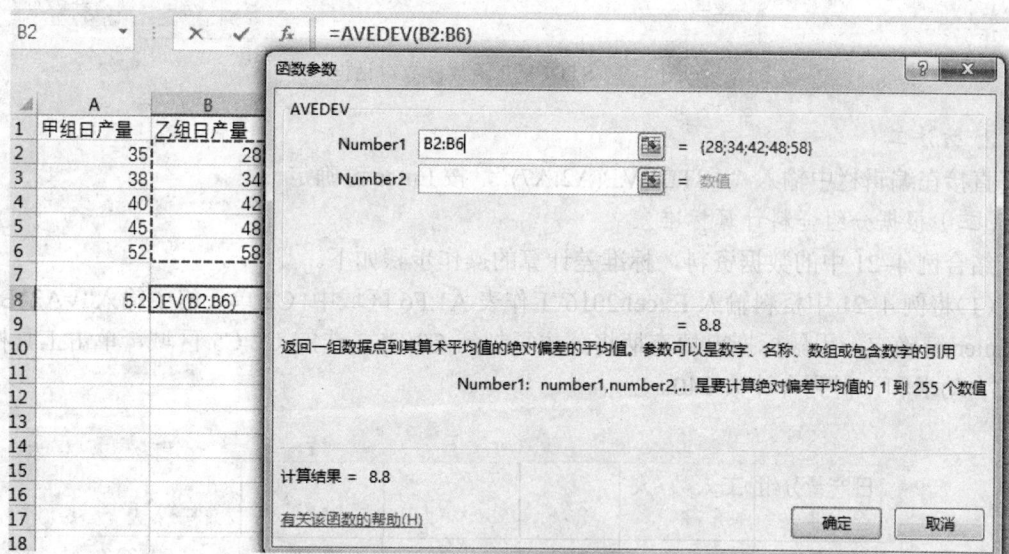

图 4—8　AVEDEV 函数参数对话框

七、标准差统计函数 STDEV.P

（一）根据未分组资料计算标准差

1. 方法一

（1）先将例 4—20 中的资料输入 Excel 2016 工作表中，一组区域为 A1:A7，二组区域为 B1:B7；

（2）单击将放置结果的任一单元格如 A9，执行：f_x—统计—STDEV.P—确定，进入 STDEV.P 函数参数对话框，如图 4—9 所示；

（3）在 Number1 框中输入一组要整理的区域 A2:A7，单击"确定"，可得一组的标准差为 9.11，用同样方法可以求得二组的标准差为 6.11。

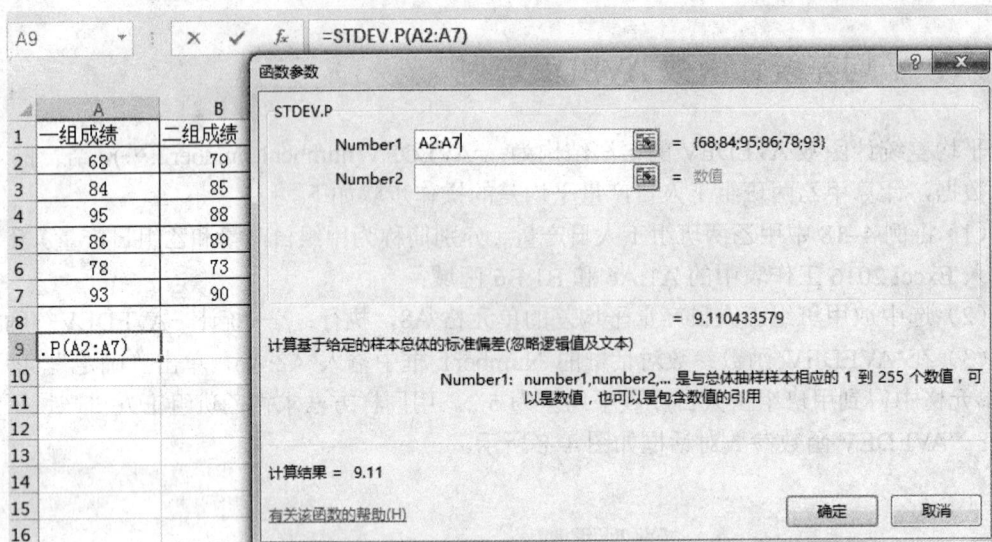

图 4-9 STDEV.P 函数参数对话框

2. 方法二

直接在编辑栏中输入"=STDEV.P(A2:A7)",按 Enter 键确定。

（二）根据分组资料计算标准差

结合例 4-21 中的数据资料,标准差计算的操作步骤如下。

（1）将例 4-21 中资料输入 Excel 2016 工作表 A1:F6 区域中,C2 单元格中输入"=A2*B2",按 Enter 键确定,用鼠标拖曳填充柄将公式复制到 C3:C5。选定 C2:C5 区域,单击工具栏上的 ∑ 自动求和,得到合计数 940。

	日产量分组/件 x	工人数/人 f	xf	$x-\bar{x}$	$(x-\bar{x})^2$	$(x-\bar{x})^2 f$
1						
2	8	20	160	-1.4	1.96	39.2
3	9	35	315	-0.4	0.16	5.6
4	10	30	300	0.6	0.36	10.8
5	11	15	165	1.6	2.56	38.4
6	合计	100	940	—		94
7	平均数		9.4			
8	方差		0.94			
9	标准差		=sqrt(C8)			

图 4-10 标准差计算表

（2）在 C7 单元格输入"=C6/B6",按 Enter 键确定,得到平均数为 9.4;

（3）在 D2 单元格输入"=A2-$C$7",按 Enter 键确定。用鼠标拖曳填充柄将公式复制到 D3:D5。

（4）在 E2 单元格输入"=D2*D2",按 Enter 键确定。用鼠标拖曳填充柄将公式复制到 E3:E5。在 F2 单元格输入"=E2*B2",按 Enter 键确定。用鼠标拖曳填充柄将公式复制到 F3:F5。

（5）选定 F2:F5 区域，单击工具栏上的 ∑，得到合计数 94；

（6）在 C8 单元格输入"=F6/B6"，按 Enter 键确定，得到方差为 0.94；

（7）在 C9 单元格输入"=sqrt(C8)"，按 Enter 键确定，得到标准差为 0.97。标准差计算表见图 4–10。

【课后训练】

一、单选题

1. 总量指标按反映时间状况的不同，分为（　　　）。

　A. 数量指标和质量指标　　　　　　　　B. 时期指标和时点指标

　C. 总体单位总量和总体标志总量　　　　D. 实物指标和价值指标

2. 下面属于时期指标的是（　　　）。

　A. 商场数量　　　B. 营业员人数　　　C. 商品价格　　　D. 商品销售量

3. 某银行年底的居民储蓄存款额是（　　　）。

　A. 单位总量指标　　B. 标志总量指标　　C. 时期指标　　D. 时点指标

4. 直接反映总体规模大小的指标是（　　　）。

　A. 平均指标　　　B. 相对指标　　　C. 总量指标　　　D. 变异指标

5. 用水平法检查长期计划完成程度，应规定（　　　）。

　A. 计划期初应达到的水平　　　　　　B. 计划期末应达到的水平

　C. 计划期中应达到的水平　　　　　　D. 整个计划期应达到的水平

6. 计算结构相对指标时，总体各部分数值与总体数值对比求得的比重之和（　　　）。

　A. 小于 100%　　　B. 大于 100%　　　C. 等于 100%　　　D. 小于或大于 100%

7. 属于不同总体的不同性质指标对比的相对数是（　　　）。

　A. 动态相对数　　B. 比较相对数　　C. 强度相对数　　D. 比例相对数

8. 某企业计划规定单位产品成本降低 2%，实际降低 7%，则其单位成本计划完成程度为（　　　）。

　A. 102.3%　　　B. 94%　　　C. 140%　　　D. 94.9%

9. 某商场计划 4 月份销售利润比 3 月份提高 2%，实际却下降了 3%，则销售利润计划完成程度为（　　　）。

　A. 66.7%　　　B. 95.1%　　　C. 105.1%　　　D. 99%

10. 加权算术平均数的大小（　　　）。

　A. 受各组次数 f 的影响最大　　　　B. 受各组标志值 x 的影响最大

　C. 只受各组标志值 x 的影响　　　　D. 受各组次数 f 和各组标志值 x 的共同影响

11. 将粮食总产量与平均人口数相比得到的人均粮食占有量指标是（　　　）。

　A. 统计平均数　　B. 结构相对数　　C. 比较相对数　　D. 强度相对数

12. 离散程度是（　　　）。

　A. 总体分布的集中趋势　　　　　　B. 把各变量值的差异抽象化了

　C. 说明各变量值的差异程度　　　　D. 总体变动的趋势

13. 由组距式变量数列计算算术平均数时，用组中值代表组内标志值的一般水平，有一个假定条件，即（　　　）。

  A. 各组的次数必须相等   B. 各组标志值必须相等

  C. 各组标志值在本组内呈均匀分布 D. 各组必须是封闭组

14. 离中趋势指标中，最容易受极端值影响的是（ ）。

  A. 全距   B. 平均差   C. 标准差   D. 标准差系数

15. 不同总体间各变量值的差异程度可以通过标准差系数进行比较，因为标准差系数（ ）。

  A. 消除了不同数列各变量值差异的影响

  B. 消除了不同数列平均水平高低的影响

  C. 数值的大小与数列的平均数无关

  D. 数值的大小与数列的差异水平无关

二、多选题

1. 下列各项中属于时点指标的有（ ）。

  A. 某地区年末人口数   B. 某企业工资总额

  C. 某月末产品库存量   D. 某企业年末设备拥有量

2. 属于同一个总体数值之比的相对指标有（ ）。

  A. 计划完成程度相对指标   B. 比例相对指标

  C. 比较相对指标   D. 结构相对指标

3. 在相对数中，子项和母项可以互换位置的有（ ）。

  A. 结构相对数 B. 比例相对数 C. 比较相对数 D. 动态相对数

4. 下列指标中属于强度相对数的是（ ）。

  A. 年末某地乡村总人口占全部总人口的 78.6%

  B. 农民家庭平均每百户拥有电冰箱 40 台

  C. 人口密度 156 人/km^2

  D. 全部职工月平均工资 3 820 元

5. 几何平均数主要适用于（ ）。

  A. 标志值的代数和等于标志值总量的情况

  B. 标志值的连乘积等于总比率的情况

  C. 标志值的连乘积等于总速度的情况

  D. 求平均比率时

6. 某连锁企业预测，如果某产品的产量平均每年增长 15%，到 2020 年可达到 6 840 万台，占总公司的比重是 26%，工人平均年工资总额能达到 11 万元。该资料中用到的指标有（ ）。

  A. 绝对数   B. 动态相对数 C. 比较相对数 D. 结构相对数

7. 在各种平均数中，不受极端值影响的平均数是（ ）。

  A. 算术平均数 B. 调和平均数 C. 中位数   D. 几何平均数

  E. 众数

8. 众数是（ ）。

  A. 位置平均数

  B. 总体中出现次数最多的标志值

C. 不受极端值的影响

D. 适用于总体单位数多，有明显集中趋势的情况

9. 中位数是（　　　）。

A. 由标志值在数列中所处位置决定的

B. 根据标志值出现的次数决定的

C. 总体一般水平的代表值

D. 不受总体中极端数值的影响

10. 某地区年末就业人员 25 万人，比上年年末增加 6 万人，年末城镇登记失业率为 2.3%。
该资料中（　　　）。

A. 就业人数是时期数　　　　　　　　B. 增加的就业人数是时期数

C. 就业人数是时点数　　　　　　　　D. 失业率是结构相对数

三、综合训练

1. 某企业总公司下属三个分厂生产某产品情况如表 4–20 所示。

表 4–20　某企业总公司下属三个分厂生产某产品情况

指标分组	计划		实际		计划完成/%	去年实际产量/万件	本年实际产量占去年的比重/%	平均职工人数/人	今年人均年产量/（件/人）
	产量/万件	占总公司比重/%	产量/万件	占总公司比重/%					
一分厂	100		105			90			
二分厂	150				106	143			
三分厂			260		104	245			
合计	500	100						10 480	
指标名称									

（1）计算出空格中所缺指标数值；

（2）在"指标名称"栏中填写相应的指标名称。

2. 甲地区 2015 年计划国民生产总值为 120 亿元，实际实现 132 亿元，年平均人口 600 万，该地区 2015 年国民生产总值的第一、二、三产业情况如表 4–21 所示。

表 4–21　甲地区 2015 年国民生产总值的第一、二、三产业情况

国民生产总值	计划数/亿元	实际数/亿元
合　计	120	132
第一产业	10	12
第二产业	65	73
第三产业	45	47

又知甲地区 2014 年国民生产总值为 122 亿元，乙地区 2015 年实现国民生产总值 150 亿元，利用上述资料，请计算所有可能的相对指标。

3. 某企业 2015 年三个车间上半年某产品计划产量及实际完成情况如表 4–22 所示，请根

据表中已知数据计算表中空格数值。

表 4-22　某企业 2015 年三个车间上半年某产品计划产量及实际完成情况

车间	第一季度实际产量/万吨	第二季度				计划完成程度/%	第二季度占上季度的比重/%
		计划		实际			
		产量/万吨	比重/%	产量/万吨	比重/%		
一车间	150	160		175			
二车间	210	240				110	
三车间	320			350		98	
合计	680						

4. 某企业五年计划规定，最后一年利润额应达到 100 万元，计划完成情况见表 4-23。

表 4-23　某企业五年计划完成情况

年份	第一年	第二年	第三年		第四年				第五年			
			上半年	下半年	一季	二季	三季	四季	一季	二季	三季	四季
利润额/万元	78	82	44	45	23.5	24	24.5	25	25	26	28.5	27.5

（1）该企业第五年计划完成程度是多少？

（2）该企业提前了多少时间完成计划？

5. 某商场 200 名营业员月产品销售额情况如表 4-24 所示，请以频数的频率为权数计算营业员月平均销售额。

表 4-24　某商场 200 名营业员月产品销售额情况

月销售额/万元	营业员数/人	频率/%
200 以下	9	4.5
200~400	16	8.0
400~600	54	27.0
600~800	78	39.0
800~1 000	31	15.5
1 000 以上	12	6.0
合　计	200	100.0

6. 某厂对三个车间一季度生产情况分析如下。

第一车间实际产量为 190 件，完成计划 95%；第二车间实际产量 250 件，完成计划 100%；第三车间实际产量 609 件，完成计划 105%。另外，一车间产品单位成本为 18 元/件，二车间产品单位成本为 12 元/件，三车间产品单位成本为 15 元/件。

（1）计算三个车间产品产量的平均计划完成程度；

（2）计算三个车间平均单位成本。

7. 某企业有五个流水作业的车间，12月各车间的产品合格率分别为92%、98%、95%、94%、88%，计算五个车间的平均合格率。

8. 某企业1 000名职工月产量资料如表4-25所示，请根据表中的数据资料计算众数和中位数。

表4-25 某企业1 000名职工月产量资料

月产量/件	职工人数/人
1 100以下	60
1 100～1 200	110
1 200～1 300	270
1 300～1 400	220
1 400～1 500	180
1 500～1 600	120
1 600～1 700	28
1 700以下	12
合　　计	1 000

9. 某企业车间工人开始劳动竞赛，两个生产班组都是5个工人生产同一种产品，日产量见表4-26，经计算两班组的总产量和平均产量都相同，试比较哪个班组的工人生产均衡，平均数代表程度高，则该班组将被评为先进班组。

表4-26 某企业车间两个生产班组5个工人生产同一种产品日产量表

工人编号	1	2	3	4	5	合计	平均
甲班组日产量/件	30	28	26	35	31	150	30
乙班组日产量/件	36	21	28	46	19	150	30

10. 某连锁总部下属600个连锁分店，其年利润资料见表4-27，请根据表中的数据资料计算600个连锁分店年利润标准差。

表4-27 某连锁总部下属600个连锁分店年利润资料

年利润/万元	连锁分店数/个
80～100	20
100～150	50
150～200	120
200～250	280
250以上	130
合　　计	600

第五章 时间数列分析

【任务驱动】

　　社会经济现象在数量方面往往随着时间的变化而增多或减少，对此现象进行动态分析的统计方法之一是时间数列分析法。通过对本章内容的学习，读者应了解时间数列的概念、种类、特点及其编制原则；掌握时间数列的各种水平指标的概念和计算方法，重点是平均发展水平的计算；掌握时间数列的各种速度指标的计算方法，重点是平均发展速度的计算；了解测定长期趋势与季节变动的统计方法；掌握 Excel 2016 在时间数列分析中的应用。

☞ 引导案例

我国农业生产情况时间数列分析（摘选）

　　2015 年我国全年粮食种植面积 11 334 万 hm^2，比上年增加 62 万 hm^2。棉花种植面积 380 万 hm^2，减少 42 万 hm^2。油料种植面积 1 406 万 hm^2，增加 1 万 hm^2。糖料种植面积 174 万 hm^2，减少 16 万 hm^2。

　　2015 年全年粮食产量 62 144 万吨，比上年增加 1 441 万吨，增产 2.4%。我国 2011—2015 年历年粮食产量如表 5-1 所示，用条形图呈现见图 5-1。

表 5-1　我国 2011—2015 年历年粮食产量

年份	2011	2012	2013	2014	2015
粮食产量/万吨	57 121	58 958	60 194	60 703	62 144

　　2015 年夏粮产量 14 112 万吨，增产 3.3%；早稻产量 3 369 万吨，减产 0.9%；秋粮产量 44 662 万吨，增产 2.3%。全年谷物产量 57 225 万吨，比上年增产 2.7%。其中，稻谷产量 20 825 万吨，增产 0.8%；小麦产量 13 019 万吨，增产 3.2%；玉米产量 22 458 万吨，增产 4.1%。

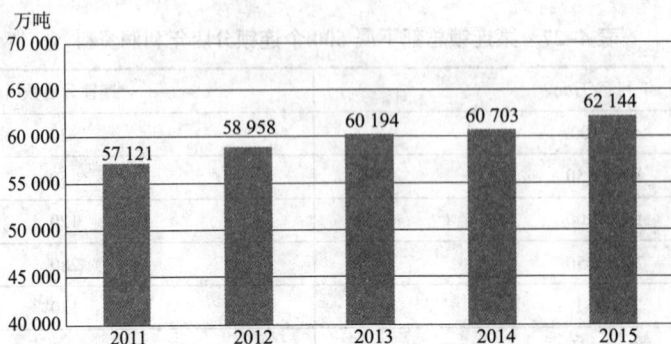

图 5-1　我国 2011—2015 年历年粮食产量

全年棉花产量 561 万吨，比上年减产 9.3%。油料产量 3 547 万吨，增产 1.1%。糖料产量 12 529 万吨，减产 6.2%。茶叶产量 224 万吨，增产 6.9%。

全年肉类总产量 8 625 万吨，比上年下降 1.0%。其中，猪肉产量 5 487 万吨，下降 3.3%；牛肉产量 700 万吨，增长 1.6%；羊肉产量 441 万吨，增长 2.9%；禽肉产量 1 826 万吨，增长 4.3%。禽蛋产量 2 999 万吨，增长 3.6%。牛奶产量 3 755 万吨，增长 0.8%。年末生猪存栏 45 113 万头，下降 3.2%；生猪出栏 70 825 万头，下降 3.7%。

全年水产品产量 6 690 万吨，比上年增长 3.5%。其中，养殖水产品产量 4 942 万吨，增长 4.1%；捕捞水产品产量 1 748 万吨，增长 0.5%。

全年木材产量 6 832 万 m^2，比上年下降 17.0%。

全年新增耕地灌溉面积 158 万 hm^2，新增节水灌溉面积 254 万 hm^2。

资料来源：http://news.163.com/16/0229/09/BGVV2ODT00014JB5.html.

思考与讨论：

1. 什么是时间数列？对时间数列进行分析有什么意义？

2. 案例中采用了哪些指标对我国 2015 年农业生产情况进行分析？这些指标是怎样计算的？

3. 对时间数列进行分析有哪些方法？

【教学内容】

第一节　时间数列概述

一、时间数列的概念

时间数列也被称为时间序列或动态数列，是指将同类指标在不同时间上的数值按时间的先后顺序排列起来形成的统计数列；它是一种常见的经济数据表现形式。时间数列由两个基本要素构成：一是资料所属的时间，二是对应时间上的统计指标数值；两者缺一不可。例如，我国国民生产总值、人均粮食产量、人均纯收入等都会因时间的变化而呈现出动态变化的过程。

二、时间数列的种类

时间数列按统计指标的表现形式不同，可分为绝对数时间数列、相对数时间数列和平均数时间数列三种类型，其中绝对数时间数列是基本数列，在基本数列基础上派生出相对数时间数列和平均数时间数列。

（一）绝对数时间数列

绝对数时间数列也被称为总量指标时间数列，是按照时间顺序将一系列绝对指标排列起来所形成的数列，用来反映被研究现象在各个时期（时点）达到的绝对水平及其发展变化情况。按照统计指标所表明的社会经济现象所属的时间不同，绝对数时间数列又可分为时期数列和时点数列。

1. 时期数列

当绝对数时间数列中每一指标数值反映的是某种现象在一段时期内发展过程的结果或总量时，这种数列被称为时期数列。例如，历年的国内生产总值、各月的销售额等都是时期数列。时期数列主要有以下特点。

（1）时期数列中的每一个指标数值，通常是对现象采用连续登记方式得到。

（2）时期数列中各个指标数值具有可加性，相加具有一定的经济意义。

（3）时期数列中每个指标数值的大小与所属时期的长短有直接的关系。每个指标数值所属的时期越长，指标数值就越大；反之，指标数值就越小。

2. 时点数列

当绝对数时间数列中每一指标数值反映的是某种现象在某一时点达到的水平时，这种数列被称为时点数列。例如，人口数、土地面积、商品库存等在某一时点的数值组成的数列都是时点数列。时点数列主要有以下特点。

（1）时点数列中的每一个指标数值，通常是对现象采用间隔登记方式得到。

（2）时点数列中各个指标数值不具有可加性，相加没有实际经济意义。

（3）时点数列中每个指标数值的大小与时间间隔长短没有直接关系。

（二）相对数时间数列

相对数时间数列是按照时间顺序，把不同时期的相对指标排列起来所形成的数列。它反映社会现象之间关系的发展过程。例如，产品的合格率、人口自然增长率、人均粮食产量等指标形成的数列是相对数时间数列。在相对数时间数列中，由于各个指标数值的基数不同，因此不具有可加性。

（三）平均数时间数列

平均数时间数列是按时间顺序，把各个时期的平均指标排列起来所形成的数列。它反映社会经济现象一般水平的发展过程和发展趋势。例如，平均工资、平均亩产量、劳动生产率等指标形成的时间数列都是平均数时间数列。平均数时间数列中各个指标数值也不具有可加性。

第二节　时间数列的水平指标

一、发展水平

发展水平又被称为发展量或者动态数列水平，是指时间数列的每一项具体的指标数值。发展水平既可以表现为总量指标也可以表现为相对指标或平均指标。发展水平用字母 a 表示，则时间数列的各项发展水平为：a_0，a_1，a_2，…，a_{n-1}，a_n。

（1）最初水平。时间数列的第一个指标数值被称为最初水平，用 a_0 表示。

（2）最末水平。时间数列的最后一个指标数值被称为最末水平，用 a_n 表示。

（3）中间水平。时间数列的其余各项指标数值被称为中间水平，用 a_1，a_2，…，a_{n-1} 表示。

（4）报告期水平。所研究的那个时期为报告期，又被称为计算期。

（5）基期水平。用来进行比较的那个时期被称为基期。2011—2015 年我国国内生产总值

（GDP）如表 5-2 所示。

表 5-2　2011—2015 年我国国内生产总值（GDP）

年　份	2011	2012	2013	2014	2015
国内生产总值/亿元	484 124	534 123	588 019	635 910	676 708

在表 5-2 中，2011 年的 GDP 为 484 124 亿元，是最初水平；2015 年的 GDP 为 676 708 亿元，是最末水平；其余各项是中间水平。如果把 2015 年的 GDP 与 2011 年的 GDP 进行对比，那么 2011 年的 GDP 是基期水平，2015 年的 GDP 是报告期水平；报告期水平与基期水平的划分随着研究目的的改变而改变。

二、增减量

一个时间数列中报告期水平与基期水平之差称为增减量。增减量用来反映现象在一定时期内发展水平的提高或降低的绝对数量。

增减量=报告期水平-基期水平

增减量的计算结果有正负之分，正数表示增长，负数则表示减少。增减量由于采用的基期不同，可分为逐期增减量和累计增减量。

（一）逐期增减量

逐期增减量是报告期水平与前一期水平之差，说明本期较上期增减的绝对数量，用公式表示为：

$$(a_1 - a_0),(a_2 - a_1),(a_3 - a_2),\cdots,(a_n - a_{n-1})$$

（二）累计增减量

累计增减量是报告期水平与某一固定基期水平（通常为最初水平）之差，说明报告期与某一固定时期水平相比增减的绝对数量，用公式表示为：

$$(a_1 - a_0),(a_2 - a_0),(a_3 - a_0),\cdots,(a_n - a_0)$$

（三）逐期增减量与累计增减量之间的关系

（1）各逐期增减量之和等于相应时期的累计增减量，用公式表示为：

$$(a_1 - a_0)+(a_2 - a_1)+(a_3 - a_2)+\cdots+(a_n - a_{n-1})=a_n - a_0$$

（2）两个相邻的累计增减量之差等于报告期的逐期增减量，即：

$$(a_i - a_0)-(a_{i-1} - a_0)=a_i - a_{i-1}$$

在统计实践中，为了消除季节变动的影响，常采用年距增减量指标；它是报告期水平与上年同期水平之差，表明报告期水平较上年同期水平增减的绝对量，其计算公式如下所示。

年距增减量=报告期水平-上年同期水平

三、平均增减量

平均增减量是时间数列中逐期增减量的平均发展水平，用于描述现象在观察期内平均每期增减的数量。平均增减量可以根据逐期增减量求得，也可以根据累计增减量求得，其计算公式为：

$$平均增减量 = \frac{逐期增减量之和}{逐期增减量的个数} = \frac{累计增减量}{时间数列项数 - 1}$$

【例 5–1】 根据表 5–2 的数据资料，以 2011 年数据为基期水平，请计算 2012—2015 年的逐期增长量、累计增长量和平均增长量。表 5–3 为 2011—2015 年我国国内生产总值（GDP）的各年逐期增长量和累计增长量情况。

表 5–3　2011—2015 年我国国内生产总值（GDP）的各年逐期增长量和累计增长量情况

年份	国内生产总值/亿元	逐期增长量/亿元	累计增长量/亿元
2011	484 124	—	—
2012	534 123	49 999	49 999
2013	588 019	53 896	103 895
2014	635 910	47 891	151 786
2015	676 708	40 798	192 584

2012—2015 年我国 GDP 的年平均增长量为：

$$GDP\ 平均增长量 = \frac{逐期增减量之和}{逐期增减量的个数} = \frac{49\,999 + 53\,896 + 47\,891 + 40\,798}{4} = 48\,146（亿元）$$

$$GDP\ 平均增长量 = \frac{累计增减量}{时间数列项数 - 1} = \frac{192\,584}{5 - 1} = 48\,146（亿元）$$

四、平均发展水平

平均发展水平是不同时间发展水平的平均数，又称序时平均数或动态平均数。它可以消除不同时间上数量的差异，说明在指标数值一段时期的一般水平。根据时间数列的种类不同，序时平均数的计算方法也不同；其中，用绝对数时间数列计算序时平均数是最基本的方法。

（一）由绝对数时间数列计算平均发展水平

根据绝对数所处的时间状态不同，绝对数时间数列可以分为时期数列和时点数列。

1. 由时期数列计算平均发展水平

由于时期指标数值可以直接相加，因而求序时平均数时直接用各时期指标的数值之和除以时期项数即可。其公式如下所示。

$$\bar{a} = \frac{\sum a}{n}$$

式中：$\bar{a}$ 为平均发展水平；a 为各期发展水平（各时期指标的数值）；n 为时期项数。

【例 5–2】 以表 5–2 的数据资料为例，请计算 2011—2015 年我国年平均国内生产总值。

解：

$$\bar{a} = \frac{\sum a}{n} = \frac{484\,124 + 534\,123 + 588\,019 + 635\,910 + 676\,708}{5} = 583\,776.8（亿元）$$

2. 由时点数列计算平均发展水平

在社会经济统计中，一般将"一天"看作一个时点，即以"一天"作为最小时间单位。这样根据登记数据资料的时点不同，时点数列可分为连续时点数列和间断时点数列；而间断时点数列又可以分为间隔相等与间隔不等的时点数列。

（1）连续时点数列计算平均发展水平

连续时点数列计算平均发展水平可以分为以下两种情况。

第一种情况：时点资料是逐日登记且逐日排列的，由于其间隔的时间短，可以看作是时期数列，如计算月工人平均出勤天数、平均每天的库存量、存款（贷款）平均余额指标等，其计算公式与时期数列计算平均发展水平相同。

【例 5-3】某企业 6 月份工人每日出勤情况资料如表 5-4 所示，请计算 6 月份工人平均出勤人数。

表 5-4　某企业 6 月份工人每日出勤情况资料

6 月	1 日	2 日	3 日	4 日	…	30 日	31 日
出勤人数/人	625	610	593	606	…	614	587

解：

$$\bar{a} = \frac{\sum a}{n} = \frac{625 + 610 + 593 + 606 + \cdots + 614 + 587}{31} = 606（人）$$

第二种情况：资料登记的时间单位仍然是 1 天，但实际上只在指标值发生变动时才记录一次。此时，就用每次资料持续不变的时间间隔天数为权数进行加权平均，其计算公式如下所示。

$$\bar{a} = \frac{\sum af}{\sum f}$$

【例 5-4】粮库 11 月份库存：1—18 日 350 t，19—26 日 410 t，27—30 日 400 t，则 11 月份平均库存为：

$$\bar{a} = \frac{350 \times 18 + 410 \times 8 + 400 \times 4}{18 + 8 + 4} = 372.7 \text{ t}$$

（2）间断时点数列计算平均发展水平

实际统计工作中，很多现象并不是逐日对其时点数据进行统计的，而是间隔一段时间（如一月、一季度、一年等）对其期末时点数据进行登记。这样得到的时点数列被称为间断时点数列。间断时点数列计算平均发展水平也可以分为两种情况。

第一种情况为间隔相等的间断时点数列。如果数据每隔相同的时间登记一次，这样的数列被称为间隔相等的间断时点数列。其计算采用"首末折半"法，计算公式如下所示。

$$\bar{a} = \frac{\dfrac{a_1}{2} + a_2 + \cdots + a_{n-1} + \dfrac{a_n}{2}}{n-1}$$

【例 5-5】某汽车生产企业各月汽车库存量情况如表 5-5 所示，请计算该企业第二季度和上半年的平均库存量。

表 5-5　某汽车生产企业各月汽车库存量情况

月末	上年年末	1	2	3	4	5	6
汽车库存量/辆	530	678	520	430	680	540	426

解： 第二季度的平均库存量：

$$\bar{a} = \frac{\dfrac{a_1}{2} + a_2 + \cdots + a_{n-1} + \dfrac{a_n}{2}}{n-1} = \frac{\dfrac{430}{2} + 680 + 540 + \dfrac{426}{2}}{4-1} = 549（辆）$$

上半年的平均库存量：

$$\bar{a} = \frac{\dfrac{a_1}{2} + a_2 + \cdots + a_{n-1} + \dfrac{a_n}{2}}{n-1} = \frac{\dfrac{530}{2} + 678 + \cdots + 540 + \dfrac{426}{2}}{7-1} = 554（辆）$$

第二种情况为间隔不等的间断时点数列，即每两次登记时间的间隔不尽相同。这样的数列同样假定现象在相邻两个时点之间是均匀变化的，这两个时点间时间段的代表值为相邻两时点数值相加除以 2，然后用间隔的时间进行加权计算平均发展水平。其计算公式如下所示。

$$\bar{a} = \frac{\dfrac{(a_1+a_2)}{2}f_1 + \dfrac{(a_2+a_3)}{2}f_2 + \cdots + \dfrac{(a_{n-1}+a_n)}{2}f_{n-1}}{f_1 + f_2 + \cdots + f_{n-1}}$$

【例 5-6】某农场年生猪存栏统计资料如表 5-6 所示，请计算该农场年平均生猪存栏头数。

表 5-6　某农场年生猪存栏统计资料

日期	1 月初	3 月末	6 月初	9 月末	12 月末
生猪存栏数/头	3 510	2 871	2 435	3 210	2 469

解：

$$\bar{a} = \frac{\dfrac{3\,510+2\,871}{2}\times 3 + \dfrac{2\,871+2\,435}{2}\times 2 + \dfrac{2\,435+3\,210}{2}\times 4 + \dfrac{3\,210+2\,469}{2}\times 3}{3+2+4+3} = 2\,890（头）$$

（二）由相对数或平均数时间数列计算平均发展水平

由相对数或平均数时间数列计算平均发展水平，由于这种时间数列是由总量指标时间数列派生出来的，因此其计算平均发展水平的方法也是由总量指标计算平均发展水平的方法派生出来的。具体方法为：先根据资料分别计算出所对比的两个数列的平均发展水平，然后将两个平均发展水平形成的数列进行对比，从而得到相对指标或平均指标时间数列的平均发展水平。其基本公式如下所示。

$$\bar{c} = \frac{\bar{a}}{\bar{b}}$$

式中：$\bar{c}$ 为相对指标或平均指标时间数列的平均发展水平；$\bar{a}$ 为分子数列的平均发展水平；$\bar{b}$ 为分母数列的平均发展水平。a 数列和 b 数列既可以是时期数列也可以是时点数列。

1. 由两个时期数列对比形成的数列计算平均发展水平

【例 5–7】某企业年计划产量与实际产量资料如表 5–7 所示，请计算二季度产量平均计划完成程度。

表 5–7 某企业年计划产量与实际产量资料

产量/件	4 月	5 月	6 月
计划产量 b	500	600	800
实际产量 a	500	612	832
计划完成/% c	100	102	104

$$二季度产量平均计划完成程度（\%）= \frac{二季度平均每月实际产量}{二季度平均每月计划产量}$$

$$\bar{c} = \frac{\bar{a}}{\bar{b}} = \frac{(500 + 612 + 832) \div 3}{(500 + 600 + 800) \div 3} = 102.3\%$$

2. 由两个时点数列对比形成的数列计算平均发展水平

【例 5–8】某企业 6—9 月份月末生产工人和全体职工人数资料如表 5–8 所示，请计算第三季度生产工人占全体职工平均比重。

表 5–8 某企业 6—9 月份月末生产工人和全体职工人数资料

月末	6	7	8	9
生产工人	435	452	462	576
全体职工	580	580	600	720

第三季度生产工人占全体职工平均比重为：

$$\bar{c} = \frac{\bar{a}}{\bar{b}} = \frac{\left(\dfrac{435}{2} + 452 + 462 + \dfrac{576}{2}\right) \div 3}{\left(\dfrac{580}{2} + 580 + 600 + \dfrac{720}{2}\right) \div 3} = 77.6\%$$

3. 由一个时期数列和一个时点数列形成的数列计算平均发展水平

【例 5–9】某企业月产量和工人数资料如表 5–9 所示，请计算该企业第二季度工人平均产量。

表 5–9 某企业月产量和工人数资料

月份	3	4	5	6
月总产量/件	6 810	7 680	8 910	10 264
月末工人数/人	56	62	68	71
月人均产量/（件/人）	—	130	137	148

$$\overline{c} = \frac{\overline{a}}{\overline{b}} = \frac{(7\,680 + 8\,910 + 10\,264) \div 3}{\left(\dfrac{56}{2} + 62 + 68 + \dfrac{71}{2}\right) \div 3} = 138（件）$$

第三节　时间数列的速度指标

一、发展速度

发展速度是用相对数表示的报告期水平与基期水平之比，表明报告期水平已发展到基期水平的几分之几或若干倍，其计算公式如下所示。

$$发展速度 = \frac{报告期水平}{基期水平}$$

发展速度通常用百分数表示，有时也用倍数表示。由于采用的基期不同，发展速度可以分为环比发展速度和定基发展速度。

（一）环比发展速度

环比发展速度是报告期水平与前一期水平之比，说明现象逐期发展变化的程度，其计算公式如下所示。

$$环比发展速度 = \frac{报告期水平}{前一期水平}$$

用公式字母表示为：　　　　　$\dfrac{a_1}{a_0}, \dfrac{a_2}{a_1}, \dfrac{a_3}{a_2}, \cdots, \dfrac{a_n}{a_{n-1}}$

（二）定基发展速度

定基发展速度是报告期水平与某固定基期水平（通常为最初水平）之比，说明现象在整个观察期内总的发展变化程度，因而有时也被称为总速度，其计算公式如下所示。

$$定基发展速度 = \frac{报告期水平}{某固定基期水平}$$

用公式字母表示为：　　　　　$\dfrac{a_1}{a_0}, \dfrac{a_2}{a_0}, \dfrac{a_3}{a_0}, \cdots, \dfrac{a_n}{a_0}$

（三）环比发展速度与定基发展速度的关系

环比发展速度与定基发展速度的关系包含以下两点。

第一，各个环比发展速度的连乘积等于定基发展速度，用公式表示：$\dfrac{a_1}{a_0} \times \dfrac{a_2}{a_1} \times \dfrac{a_3}{a_2} \times \cdots \times$ $\dfrac{a_n}{a_{n-1}} = \dfrac{a_n}{a_0}$。其中，$\dfrac{a_n}{a_0}$ 又被称为定基发展速度，用 R 表示。

第二，某期的环比发展速度等于该期的定基发展速度除以前期的定基发展速度，用公式表示为：$\dfrac{a_i}{a_0} \div \dfrac{a_{i-1}}{a_0} = \dfrac{a_i}{a_{i-1}}$。利用上述关系，可以根据一种发展速度去推算另一种发展速度。

在统计应用中，为了消除季节变动的影响，常采用年距发展速度指标，它是报告期水平与上年同期水平之比，其计算公式如下所示。

$$年距发展速度 = \frac{报告期水平}{上年同期水平}$$

二、增减速度

增减速度是增减量与基期水平之比，表明报告期水平比基期水平增长（或降低）了百分之几或若干倍，其计算公式如下所示。

$$增减速度 = \frac{增减量}{基期水平} = \frac{报告期水平 - 基期水平}{基期水平}$$

$$= \frac{报告期水平}{基期水平} - 1 = 发展速度 - 1$$

增减速度指标有正负之分，当报告期增减量为正值时，则增减速度为正数，表明为递增速度；当报告期增减量为负值时，则增减速度为负数，表明为递减速度。

增减速度根据采用对比的基期水平不同，也分为环比增减速度和定基增减速度。

（一）环比增减速度

环比增减速度是逐期增减量与其前一期水平之比，表明社会经济现象逐期增减的速度，用公式表示如下。

$$环比增减速度 = \frac{逐期增减量}{前一期水平} = \frac{报告期水平 - 前一期水平}{前一期水平}$$

$$= 环比发展速度 - 1$$

（二）定基增减速度

定基增减速度是累计增减量与某一固定基期水平（通常为最初水平）之比，表明现象在某一较长时期的增减速度，用公式表示如下。

$$定基增减速度 = \frac{累计增减量}{固定基期水平} = \frac{报告期水平 - 固定基期水平}{固定基期水平}$$

$$= 定基发展速度 - 1$$

因此，只要知道环比发展速度或定基发展速度，用它们减 1，就可以得到环比增减速度或定基增减速度。但需要注意的是：环比增减速度和定基增减速度之间并没有直接的换算关系。在由环比增减速度推算定基增减速度时，可先将各环比增减速度加 1 后连乘，再将结果减 1，即得定基增减速度。相反，如果已知各期的定基增减速度求相应的环比增减速度，也要经过一定的变换才能求得。

【例 5-10】某企业近年来产量逐年增加，2012 年比 2011 年增长 2%，2013 年比 2012 年增长 6%，2014 年比 2013 年增长 15%，2015 年比 2014 年增长 23%，则该企业 2015 年的产量比 2011 年增长多少？

解：因为各个环比发展速度的连乘积等于定基发展速度；根据公式：定基增减速度=定基发展速度-1，可计算该企业 2015 年的产量比 2011 年增长的百分比如下。

$$102\% \times 106\% \times 115\% \times 123\% - 1 = 52.9\%$$

【例 5-11】某企业的商品出口额 2014 年比 2010 年增长 10%，2015 年比 2010 年增长 25%，则该企业的商品出口额 2015 年比 2014 年增长多少？

解：某期的环比发展速度等于该期的定基发展速度除以前一期的定基发展速度，用公式表示如下。

$$\frac{a_i}{a_0} \div \frac{a_{i-1}}{a_0} = \frac{a_i}{a_{i-1}}$$

则该企业的商品出口额 2015 年比 2014 年增长的百分比为：

$$125\% \div 110\% - 1 = 13.6\%$$

在统计应用中，为了消除季节变动的影响，也经常使用年距增减速度指标，它是报告期年距增减量与上年同期水平之比，其计算公式如下所示。

$$年距增减速度 = \frac{报告期年距增减量}{上年同期水平} = \frac{报告期水平 - 上年同期水平}{上年同期水平}$$

$$= 年距发展速度 - 1$$

（三）增减 1% 的绝对值

为了对比分析社会经济现象的增长情况，必须将速度指标和绝对水平指标结合起来进行分析，通常是利用增减 1% 的绝对值来弥补速度分析中的局限性。增减 1% 的绝对值是指每增减 1% 所包含的绝对量，其计算公式为：

$$增减1\%的绝对值 = \frac{逐期增减量}{环比增减速度 \times 100} = \frac{前一期水平}{100}$$

增减 1% 的绝对值：在速度上每增加 1%，绝对量就增加 $\frac{前一期水平}{100}$；每降低 1%，绝对量就减少 $\frac{前一期水平}{100}$。

【例 5-12】以表 5-2 资料为例，请计算增长量、发展速度、增减速度和增长 1% 的绝对值。

解：计算结果见表 5-10。

表 5-10　2011—2015 年我国国内生产总值（GDP）

年份	GDP/亿元	增长量/亿元		发展速度/%		增长速度/%		增长 1% 的绝对值/亿元
		逐期	累计	环比	定基	环比	定基	
2011	484 124	—	—	—	—	—	—	—
2012	534 123	49 999	49 999	110.33	110.33	10.33	10.33	4 841.24
2013	588 019	53 896	103 895	110.09	121.46	10.09	21.46	5 341.23
2014	635 910	47 891	151 786	108.14	131.35	8.14	31.35	5 880.19
2015	676 708	40 798	192 584	106.42	139.78	6.42	39.78	6 359.10

三、平均发展速度

平均发展速度是各个时期环比发展速度的平均数，用于描述现象在整个观察期内平均发展变化的程度。平均发展速度可以大于 100%，也可以小于 100%，反映社会经济现象在一定时期内逐期发展变化的一般速度。

（一）几何平均法计算平均发展速度

1. 各环比发展速度连乘的 n 次方根

$$\bar{x} = \sqrt[n]{x_1 \cdot x_2 \cdot x_3 \cdots \cdot x_n} = \sqrt[n]{\Pi x}$$

式中：$x_1, x_2, x_3, \cdots, x_n$ 为现象各期环比发展速度；Π 是连乘号，表示该符号后面的变量值连乘；n 为环比发展速度的项数。

2. 最末水平与最初水平之比的 n 次方根

由于各环比发展速度的连乘积等于定基发展速度，所以平均发展速度还可用最末水平与最初水平之比的 n 次方根来计算，其公式为：

$$\bar{x} = \sqrt[n]{\frac{a_n}{a_0}} \text{ 或 } \bar{x} = \sqrt[n]{R}$$

【例 5-13】以表 5-10 资料为例，以 2011 年为基期，请计算 2012—2015 年我国 GDP 年平均发展速度和年平均增长速度。

解：2012—2015 年我国 GDP 年平均发展速度为：

$$\bar{x} = \sqrt[4]{110.33\% \times 110.09\% \times 108.14\% \times 106.42\%} = \sqrt[4]{1.397\,8}$$

$$\lg \bar{x} = \frac{1}{4} \lg 1.397\,8 = \frac{1}{4} \times 0.145\,445 = 0.036\,361$$

$$\bar{x} = 1.087\,3，年平均增长速度为 8.73\%$$

另一种计算方法为：

$$\bar{x} = \sqrt[n]{\frac{a_n}{a_0}} = \sqrt[4]{\frac{676\,708}{484\,124}} = \sqrt[4]{1.397\,8}$$

$$\bar{x} = 1.087\,3，年平均增长速度为 8.73\%$$

用几何平均法计算平均发展速度的公式适用于掌握最初水平和最末水平的资料，所以又称水平法。由于平均发展速度等于最末水平与最初水平比值的 n 次方根，所以按水平法计算的平均发展速度数值的大小只取决于最末水平与最初水平的比值，而不反映中间各期水平的变化情况。

（二）方程法

方程法又被称为累计法，是运用代数的高次方程式来计算社会经济现象平均发展速度的方法。其基本思想是：现象从最初水平出发，每期都按照平均发展速度发展，则推算出来的各期发展水平总和就等于各期实际发展水平的累计数。

设 $\bar{x}$ 为平均发展速度，a_0 为最初水平。

第一期的理论发展水平：$a_0 \bar{x}$

第二期的理论发展水平：$a_0\bar{x}\,\bar{x} = a_0\bar{x}^2$

第三期的理论发展水平：$a_0\bar{x}^2\bar{x} = a_0\bar{x}^3$

第 n 期的理论发展水平：$a_0\bar{x}^{n-1}\bar{x} = a_0\bar{x}^n$

因此，按照平均发展速度计算的各期理论发展水平之和为：

$$a_0\bar{x} + a_0\bar{x}^2 + a_0\bar{x}^3 + \cdots + a_0\bar{x}^n = a_0(\bar{x} + \bar{x}^2 + \bar{x}^3 + \cdots + \bar{x}^n)$$

由于各期实际发展水平之和为：

$$a_1 + a_2 + a_3 + \cdots + a_n = \sum_{i=1}^{n} a_i$$

按照方程法的基本思想，理论发展水平总和与实际发展水平总和两者相等，则可列出如下方程式：

$$a_0(\bar{x} + \bar{x}^2 + \bar{x}^3 + \cdots + \bar{x}^n) = \sum_{i=1}^{n} a_i$$

即

$$\bar{x} + \bar{x}^2 + \bar{x}^3 + \cdots + \bar{x}^n = \frac{\sum\limits_{i=1}^{n} a_i}{a_0}$$

移项得，

$$\bar{x} + \bar{x}^2 + \bar{x}^3 + \cdots + \bar{x}^n - \frac{\sum\limits_{i=1}^{n} a_i}{a_0} = 0$$

这是一个一元高次方程，其正根就是所求的平均发展速度。由于累计法计算复杂，实际工作中为简化计算，可从累计法《平均增长速度查对表》（以下简称"累计法查对表"）中查得平均增长速度，再计算平均发展速度。累计法查对表由两部分组成，一部分为递增表，一部分为递减表。

如果 $\dfrac{\sum\limits_{i=1}^{n} a_i}{a_0} \div n > 1$，则表明现象的发展是递增的，应查递增表；

如果 $\dfrac{\sum\limits_{i=1}^{n} a_i}{a_0} \div n < 1$，则表明现象的发展是递减的，应查递减表。

【例 5-14】某企业 2010—2015 年基本建设实际投资额情况如表 5-11 所示，请运用累计法计算该企业 2011—2015 年年平均发展速度和年平均增长速度。

表 5-11　某企业 2010—2015 年基本建设实际投资额情况

年　份	基本建设投资额/万元
2010	260
2011—2015 合计	1 746
2011	287

续表

年　份	基本建设投资额/万元
2012	326
2013	354
2014	369
2015	410

第一步，计算如下。

$$\frac{\sum\limits_{i=1}^{n} a_i}{a_0} = \frac{a_1 + a_2 + a_3 + a_4 + a_5}{a_0}$$

$$= \frac{287 + 326 + 354 + 369 + 410}{260} = 671.54\%$$

第二步，计算递增或递减速度。

$$\frac{\sum\limits_{i=1}^{n} a_i}{a_0} \div n = \frac{671.54\%}{5} = 134.31\% > 100\%$$

计算结果属于递增速度，需查累计法查对表的递增表。

第三步，查表，累计法查对表（间隔期：1～5 年）如表 5–12 所示。在累计法查对表中的 $n = 5$ 年的栏内，找到最接近 671.54% 的数字为 671.56%，该数值对应左边第一列的平均每年增长速度为 10%，即为所求的该企业 2011—2015 年平均增长速度。因此，该企业 2011—2015 年平均发展速度为 100%+10%=110%。

表 5–12　累计法查对表（间隔期：1～5 年）

平均每年增长/%	各期发展水平之和为固定基期水平的%				
	1 年	2 年	3 年	4 年	5 年
...	...	...	...	...	...
9.90	109.90	230.68	363.42	509.30	669.62
10.00	110.00	231.00	364.10	510.51	671.56
10.10	110.10	231.32	364.78	511.72	673.50
10.20	110.20	231.64	365.47	512.95	675.47
...	...	...	...	...	...

以上介绍了计算平均发展速度的两种方法。这两种方法的侧重点不同，具体选用哪种方法应视计算对象的特点和不同要求而定。如果研究的主要目的侧重于考察现象最末一期的发展水平，则宜采用水平法计算平均发展速度，如产品产量、工业总产值、商品销售额和职工人数等均可采用这种方法。如果研究的主要目的侧重于考察现象发展的整个过程的总和，则宜采用累计法计算平均发展速度，如固定资产投资额、住宅面积、造林面积、人员培训数等均可采用这种方法。

四、平均增减速度

计算平均增减速度不能直接根据环比增减速度计算，只能通过与平均发展速度的数量关系来进行，其计算公式如下：

$$平均增减速度=平均发展速度-1$$

计算平均发展速度和平均增减速度在社会经济统计中具有重要的作用：首先，可以比较分析国民经济在不同发展阶段的一般发展情况和增减情况；其次，可以为经济预测、编制年度计划和中长期规划，以及检查计划的执行情况提供数据资料；最后，可以在不同国民经济部门、不同地区、不同国家之间进行对比，找出差距、克服缺点，加速经济发展。

【例 5–15】 2000 年我国大陆人口普查数为 126 583 万人，2010 年我国大陆人口普查数为 133 972 万人，问在这期间我国大陆人口年平均增长速度是多少？如果按照此速度继续发展，到 2020 年我国大陆人口能达到多少？

解：（1）根据平均发展速度公式得：$\bar{x}=\sqrt[n]{\dfrac{a_n}{a_0}}=\sqrt[10]{\dfrac{133\ 972}{126\ 583}}=\sqrt[10]{1.058\ 373}$

$$\lg\bar{x}=\frac{1}{10}\lg1.058\ 373=\frac{1}{10}\times0.024\ 639=0.002\ 463\ 9$$

$$\bar{x}=100.57\%$$

2000—2010 年我国大陆人口年平均增长速度为：100.57%–1= 0.57%

（2）如果按平均每年增长 0.57%的速度增长人口，2020 年我国大陆人口数计算如下。

根据 $\bar{x}=\sqrt[n]{\dfrac{a_n}{a_0}}$ 得以下推导公式：

$$a_n=a_0(1+\Delta\bar{x})^n$$

其中，$\Delta\bar{x}$ 为平均增长速度，则

$$a_n=133\ 972\times(1+0.57\%)^{10}=141\ 807.285（万人）$$

第四节　长期趋势分析

一、时距扩大法

时距扩大法也被称为间隔扩大法，是测定长期趋势最原始、最简单的方法。它是指合并原时间数列中若干时期的数据资料，得出扩大间隔的较大时距单位的新时间数列。时距扩大法消除了由于时距较短而受偶然因素影响所引起的不规则变动，能够更好地反映社会经济现象发展变化长期趋势。

【例 5—16】某商场某产品月销售额资料如表 5—13 所示，请用时距扩大法显示销售额的变动趋势。

表 5—13　某商场某产品月销售额资料

月　份	1	2	3	4	5	6	7	8	9	10	11	12
销售额/万元	104	139	80	60	124	82	89	65	80	86	109	87

从表 5—13 中可以看出，由于受多种因素的影响，数列变化并不均匀，即各月的销售额起伏不定，不能清楚地反映变动趋势。现将月销售额资料整理为季度销售额资料，见表 5—14。

表 5—14　某商场某产品季度销售额资料

季　度	一季度	二季度	三季度	四季度
销售额/万元	323	266	234	282

从表 5—14 中可以看出，时距扩大后的资料可以明显显示产品销售额呈现出季节变动趋势。

二、移动平均法

移动平均法是将原时间数列的时间间隔扩大，并按选定的时间长度，采用逐次递移的方法对原时间数列计算一系列的平均发展水平，这些平均数形成的新数列削弱或者消除了原时间数列中由于短期偶然因素引起的不规则变动和其他成分，对原时间数列起到一定的修匀作用，使现象的长期趋势更加明显。移动平均法被广泛应用于汇率走势、股票价格升降等现象的研究。

移动平均法计算新数列的同时也是数据的位置移动，采用奇数时期移动的平均数值，都摆放在与中间时期相对正的位置，一次平均即可；采用偶数时期移动的平均数值，应摆放在中间两个时期之间的空位置处，然后再采用两项二次移动平均数对正中间的位置。

1. 简单移动平均

简单移动平均是采用简单序时平均法将原时间数列逐期移动计算平均数，形成新的数列。计算公式为 $\bar{a} = \dfrac{\sum a}{n}$。

【例 5—17】以表 5—13 某商场某产品销售量资料为例，请采用三项简单移动平均和四项简单移动平均来对原时间数列进行修匀。产品销售量移动平均计算表如表 5—15 所示。

表 5—15　某商场产品销售量移动平均计算表

月份	销售量/万件	三项简单移动平均	四项简单移动平均	四项简单修正平均	三项加权移动平均数（权数：0.2，0.3，0.5）
1	68	—			—
			—		

月份	销售量/万件	三项简单移动平均	四项简单移动平均	四项简单修正平均	三项加权移动平均数（权数：0.2，0.3，0.5）
2	91	90			95.9
			88.25		
3	110	95		91.625	93.2
			95		
4	84	96		97.25	94.7
			99.5		
5	95	96		97.875	99.8
			96.25		
6	109	100		99.5	100.2
			102.75		
7	97	105		101.125	105.9
			99.5		
8	110	96		98.25	93.4
			97		
9	82	97		97.625	96.1
			98.25		
10	99	94		99	97.1
			99.75		
11	102	106		—	108.4
			—		
12	116	—		—	—

例如，三项简单移动平均：

$$\bar{a} = \frac{\sum a}{n} = \frac{68 + 91 + 110}{3} = 90$$

$$\bar{a} = \frac{\sum a}{n} = \frac{91 + 110 + 84}{3} = 95$$

四项简单移动平均：

$$\bar{a} = \frac{\sum a}{n} = \frac{68 + 91 + 110 + 84}{4} = 88.25$$

$$\bar{a} = \frac{\sum a}{n} = \frac{91 + 110 + 84 + 95}{4} = 95$$

2. 加权移动平均

加权移动平均是将近期数据给予较大权数，远期数据给予较小权数，以反映离预测期越近的数据对预测值占的比重越大。其计算公式为：

$$\bar{a} = \frac{\sum af}{\sum f}$$

例如，见表 5-15 三项加权移动平均数（权数：0.2，0.3，0.5）

$$\bar{a} = \frac{\sum af}{\sum f} = \frac{68 \times 0.2 + 91 \times 0.3 + 110 \times 0.5}{0.2 + 0.3 + 0.5} = 95.9$$

$$\bar{a} = \frac{\sum af}{\sum f} = \frac{91 \times 0.2 + 110 \times 0.3 + 84 \times 0.5}{0.2 + 0.3 + 0.5} = 93.2$$

三、最小平方法

最小平方法又称最小二乘法，是长期趋势分析中较常用的统计方法。这种方法的基本原理是，运用一定的数学模型，对原时间数列配合一条适当的趋势线，据以进行长期趋势分析。最小平方法可以拟合直线趋势方程，也可以拟合曲线趋势方程，这里只介绍直线趋势方程的拟合方法。

最小平方法的中心思想是通过数学公式配合一条较为理想的趋势线，这条趋势线应满足以下两个条件。

一是，原数列与趋势线的离差平方之和为最小，即 $\sum (y - y_c)^2 =$ 最小值　　　（1）式

二是，原数列与趋势线的离差之和为零，即 $\sum (y - y_c) = 0$

设直线方程为：$y_c = a + bx$　　　　　　　　　　　　　　　　　　（2）式

其中，y_c 为趋势线；y 为原数列；x 为自变量，在时间数列中是指现象所属的时间，也可以用 t 表示；a 为截距，即 $x=0$ 时 y_c 的初始值；b 为斜率，表示自变量 x 每变动一个单位时，趋势值 y_c 的平均变动数量。

将（2）式代入（1）式得：$\sum (y - a - bx)^2 =$ 最小值

可以把 Q 看成是 a 和 b 的函数，为使 Q 具有最小值，则其对 a 和 b 的偏导数应等于 0，

$$\frac{\partial Q}{\partial a} = 2\sum (y - a - bx) \cdot (-1) = 0$$

$$\frac{\partial Q}{\partial b} = 2\sum (y - a - bx) \cdot (-x) = 0$$

整理得：

$$\sum y = na + b\sum x$$

$$\sum xy = a\sum x + b\sum x^2$$

【例 5-18】以表 5-1 我国 2011—2015 年历年粮食产量为例，请用最小平方法建立模型，如表 5-16 所示。并预测 2016 年和 2017 年的粮食产量。

表 5–16　我国 2011—2015 年粮食产量

年份	粮食产量/万吨 y	时间序号 x	xy	x^2
2011	57 121	1	57 121	1
2012	58 958	2	117 916	4
2013	60 194	3	180 582	9
2014	60 703	4	242 812	16
2015	62 144	5	310 720	25
合　计	299 120	15	909 151	55

设直线方程为：

$$y_c = a + bx$$

用最小平均法公式得：

$$299\ 120 = 5a + 15b$$
$$909\ 151 = 15a + 55b$$

解方程得：　　　　　　$a = 56\ 286.7$　　$b = 1\ 179.1$

直线趋势方程为：　　　$y_c = 56\ 286.7 + 1\ 179.1x$

预测 2016 年、2017 年的粮食产量如下：

$$y_{2016} = 56\ 286.7 + 1\ 179.1 \times 6 = 63\ 361.3（万吨）$$
$$y_{2017} = 56\ 286.7 + 1\ 179.1 \times 7 = 64\ 540.4（万吨）$$

在以上计算中，时间变量是从小到大排列的；若按规律排列使 $\sum x = 0$，则可将计算公式简化为：

$$a = \frac{\sum y}{n} \qquad b = \frac{\sum xy}{\sum x^2}$$

为了做到使 $\sum x = 0$，当时间数列为奇数项时，可取时间数列的中间一项序号为 0，以前各项依次为 -1，-2，-3，…；以后各项依次为 1，2，3，…；当时间数列为偶数项时，可把时间数列居中的两项分别编号为 -1 和 1，以前各项依次为 -3，-5，-7，…；以后各项依次为 3，5，7，…。

现仍以表 5–1 中我国 2011—2015 年历年粮食产量为例，建立直线趋势模型，如表 5–17 所示。

表 5–17　直线趋势模型

年份	粮食产量/万吨 y	时间序号 x	xy	x^2
2011	57 121	-2	$-114\ 242$	4
2012	58 958	-1	$-58\ 958$	1
2013	60 194	0	0	0
2014	60 703	1	60 703	1
2015	62 144	2	124 288	4
合　计	299 120	0	11 791	10

依据表中数据可得：

$$a = \frac{\sum y}{n} = \frac{299\,120}{5} = 59\,824$$

$$b = \frac{\sum xy}{\sum x^2} = \frac{11\,791}{10} = 1\,179.1$$

那么，直线趋势方程为：　　　$y_c = 59\,824 + 1\,179.1x$

预测 2016 年、2017 年的粮食产量如下：

$$y_{2016} = 59\,824 + 1\,179.1 \times 3 = 63\,361.3（万吨）$$

$$y_{2017} = 59\,824 + 1\,179.1 \times 4 = 64\,540.4（万吨）$$

第五节　季节变动的测定

社会经济现象由于受自然因素和生产、销售、生活条件的影响而存在明显的周期性波动。例如，农业生产的水果、蔬菜、谷物等的产品产量因时序的变化有淡旺季之分，这就使得农产品的加工、购销及物流运输等也同样存在季节性的特点；再如，铁路客运量也有高峰期和低谷期，逢年过节时交通部门应该提前做好安排，以组织好客流高峰期的输送。对经济现象季节变动进行分析和研究，可以确定经济现象的季节变化规律，以便做好预测和决策，从而合理地组织生产、销售等各项活动。

测定季节变动的方法很多，从其是否考虑受长期趋势的影响来看，有两种方法：一种不考虑长期趋势的影响，直接根据原始的时间数列来计算，常用的方法是按月（季）平均法；另一种是先将时间数列中的长期趋势予以消除，而后再根据新时间数列进行计算，常用的方法是移动平均趋势剔除法。下面将介绍按月（季）平均法计算季节指数，可以对季节变动进行分析并进行短期预测。

【例 5–19】某商场近四年各季度冬季服装销售情况如表 5–18 所示，请根据表中数据计算季节指数，并进行短期预测。

表 5–18　某商场近四年各季度冬季服装销售情况　　　　　　　　　单位：千件

年份	一季度	二季度	三季度	四季度	各季平均数
第一年	154.00	56.00	32.00	239.00	120.25
第二年	216.00	75.00	46.00	264.00	150.25
第三年	238.00	69.00	30.00	378.00	178.75
第四年	245.00	84.00	43.00	369.00	185.25
同期平均数	213.25	71.00	37.75	312.50	158.63
季节指数/%	134.43	44.76	23.80	197.01	100.00

第一步，计算同期平均数 $= \dfrac{\text{历年同季数之和}}{\text{年数}} = \dfrac{154.00 + 216.00 + 238.00 + 245.00}{4} = 213.25$

第二步，计算总平均数 $= \dfrac{\text{各同期平均数之和}}{\text{项数}} = \dfrac{\text{历年各季平均数之和}}{\text{年数}}$

$$= \dfrac{213.25 + 71.00 + 37.75 + 312.50}{4} = 158.63$$

或

$$= \dfrac{120.25 + 150.25 + 178.75 + 185.25}{4} = 158.63$$

第三步，计算季节指数 $= \dfrac{\text{同期平均数}}{\text{总平均数}} \times 100\% = \dfrac{213.25}{158.63} \times 100\% = 134.43\%$

计算结果表明，由于受气候变动的影响，冬季服装的销售有明显的季节变动。一季度和四季度各季服装销售量大，其季节指数分别为 134.43% 和 197.01%；二季度和三季度冬季服装销售量明显减少，其季节指数分别为 44.76% 和 23.80%。掌握了这些规律，商场可以按季度的销售情况合理安排采购和销售活动，并可以利用季节指数做短期的预测。

来年各季度的销售量预测值=最后一年各季平均销售量(各季平均数)×各季度的季节指数

例如，第一季度的预测值=185.25×134.43%=249（千件），其他季度分别为 83 千件、44 千件、365 千件；或先预测来年全年总的销售量为 800 千件，假如 4 个季度平均销售，则每个季度销售量为 800÷4=200（千件），再根据各季度季节指数修正 200 的数值，第一季度的预测值为=200×134.43%=269（千件），其他季度分别为 90 千件、47 千件、394 千件。

第六节　Excel 2016 在时间数列分析中的应用

一、用 Excel 2016 计算增减量和速度指标

以表 5-2 资料为例，计算增减量、发展速度、增长速度和增长 1% 的绝对值。其步骤如下所示。

（1）将原始资料输入 A1:B7 区域中，在每列的第四行单元格分别输入图 5-2 中所示的公式，按 Enter 键确定，得到第一个数据，再分别选中有数据的单元格，向下拖曳填充柄得到其他数据。增减量和速度指标计算结果如图 5-2 所示。

=B4-B3	=B4-$B$3	=B4/B3*100	=B4/$B$3*100	=E4-100	=F4-100	=B3/100

	A	B	C	D	E	F	G	H	
1	年份	GDP/亿元	增长量/亿元		发速度/%		增长速度/%		增长1%的绝对值/亿元
2			逐期	累计	环比	定基	环比	定基	
3	2011	484124							
4	2012	534123	49999	49999	110.33	110.33	10.33	10.33	4841.24
5	2013	588019	53896	103895	110.09	121.46	10.09	21.46	5341.23
6	2014	635910	47891	151786	108.14	131.35	8.14	31.35	5880.19
7	2015	676708	40798	192584	106.42	139.78	6.42	39.78	6359.1

图 5-2　增长量和速度指标计算结果

（2）用函数 GEOMEAN 计算 2012—2015 年 GDP 平均发展速度。

执行：f_x—统计—GEOMEAN—确定，在 GEOMEAN 函数参数对话框（如图 5-3 所示）中输入各环比发展速度，单击"确定"后得到平均发展速度为 108.73%。

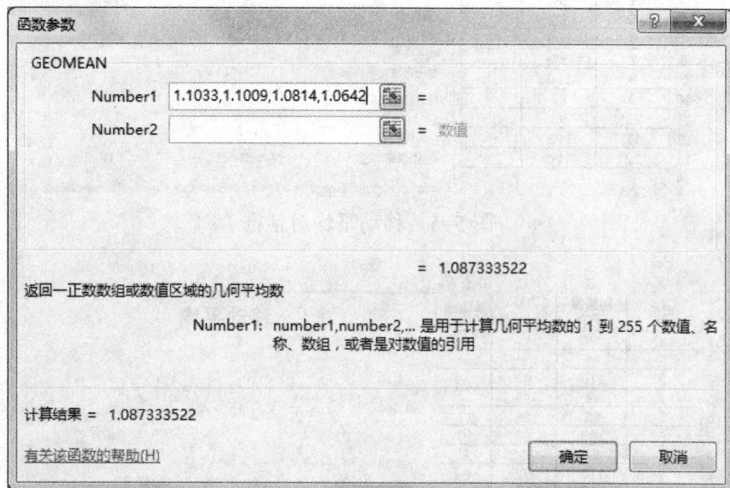

图 5-3　GEOMEAN 函数参数对话框

二、利用数据分析工具移动平均法

以例 5-17 中某商场某产品销售量资料为例。

1. 在 Excel 2016 工作表中的 A2:A13 区域输入月份，B2:B13 区域中输入销售量数据；执行：数据—数据分析—移动平均，数据分析对话框如图 5-4 所示。

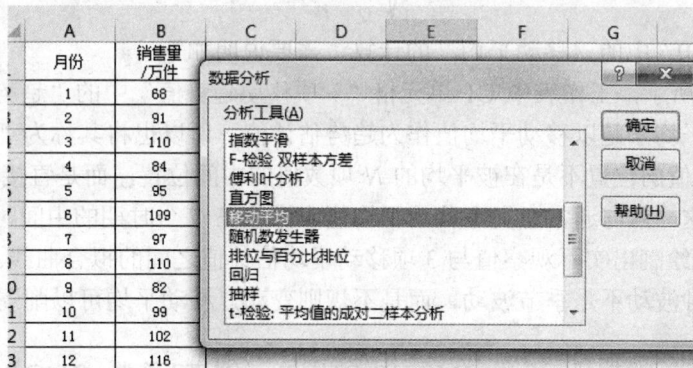

图 5-4　数据分析对话框

（2）单击"确定"后，在移动平均对话框"输入区域"框中输入"B1:B13"，选中"标志位于第一行"复选框，在"间隔"框中输入"3"表示进行 3 项移动平均；将"输出区域"范围界定在"C2:C13"，并选中"图表输出"复选框。移动平均对话框如图 5-5 所示。

（3）单击"确定"得到移动平均后新的数列和统计图。利用移动平均计算结果如图 5-6 所示。

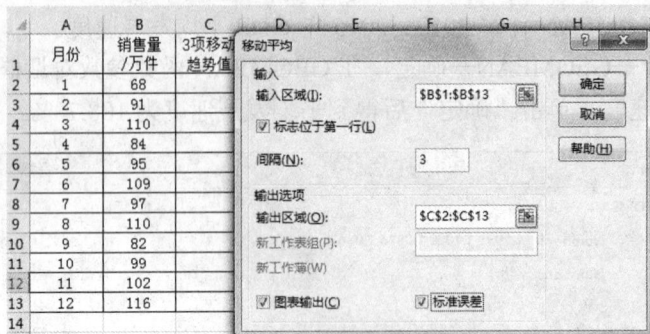

图 5-5　移动平均对话框

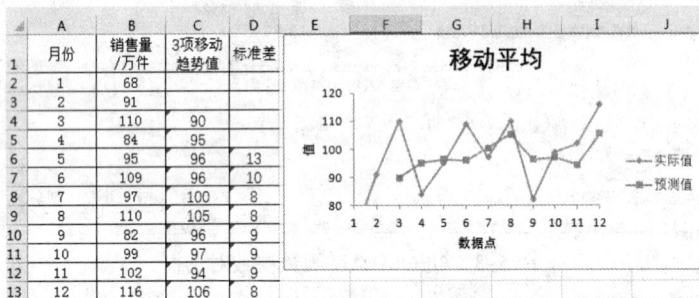

图 5-6　利用移动平均计算结果

如图 5-6 所示，分别产生了 3 项移动趋势值（C4:C13 区域）和标准差（D6:D13 区域）。C4 中的函数表达式"=AVERAGE(B2:B4)"是对 B2:B4 区域计算算术平均数，而 D6 单元格中的表达式"=SQRT(SUMXMY2(B4:B6,C4:C6)/3)"相当于标准差公式：

$$S = \sqrt{\frac{\sum (x - \bar{x})^2}{n}}$$

关于 Excel 2016 中的"移动平均"的计算，需要说明如下。

① 如图 5-6 所示，工作表中 C1 单元格"3 项移动趋势值"中的"趋势值"即为移动平均值，由于移动平均法是以移动平均值作为趋势估计值，所以也将其称为"趋势值"。

② 移动平均值的位置不是在被平均的 N 项数值的中间位置，而是直接排放在这 N 个时期的最后一期，这一点与通常意义上移动平均值应排放在 N 个时期的中间时期有所不同。

③ 图 5-6 中绘制出实际观察值与 3 项移动平均估计值之间的拟合曲线。移动平均值削弱了上下波动；这种波动不是季节波动，而是不规则变动，移动平均可以削弱不规则变动。

三、直线模型截距函数 INTERCEPT，斜率函数 SLOPE，趋势预测值函数 TREND

以例 5-18 中我国 2011—2015 年粮食产量数据为例，将资料输入 Excel 2016 工作表中的 A1:C6 区域。

（一）计算直线方程的截距 a

选中放置截距 a 数据的单元格 C7。执行：f_x—统计—INTERCEPT，插入函数 INTERCEPT

对话框如图 5-7 所示。

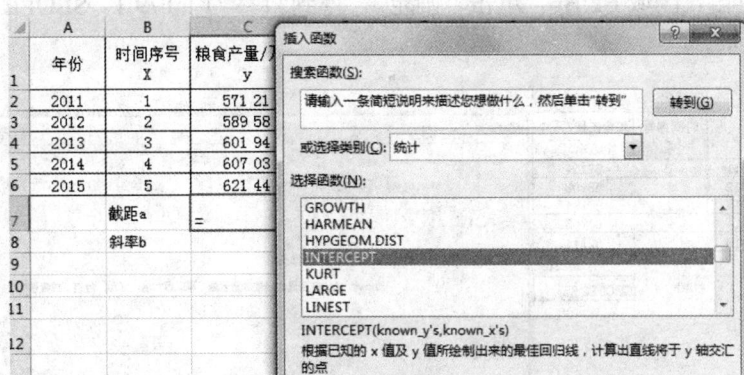

图 5-7 插入函数 INTERCEPT 对话框

单击"确定"进入函数向导。在 INTERCEPT 函数参数对话框中的 Known_y's 框中输入区域 C2:C6，在 Known_x's 框中输入时间序号的区域 B2:B6，单击"确定"，得到截距为 56 286.7。INTERCEPT 函数参数对话框如图 5-8 所示。

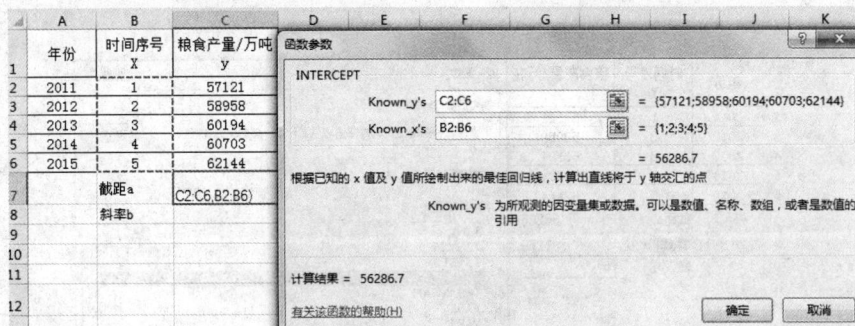

图 5-8 INTERCEPT 函数参数对话框

（二）计算直线方程的斜率 b

选中放置斜率 b 数据的单元格 C8，执行：f_x—统计—SLOPE。插入函数 SLOPE 对话框如图 5-9 所示。

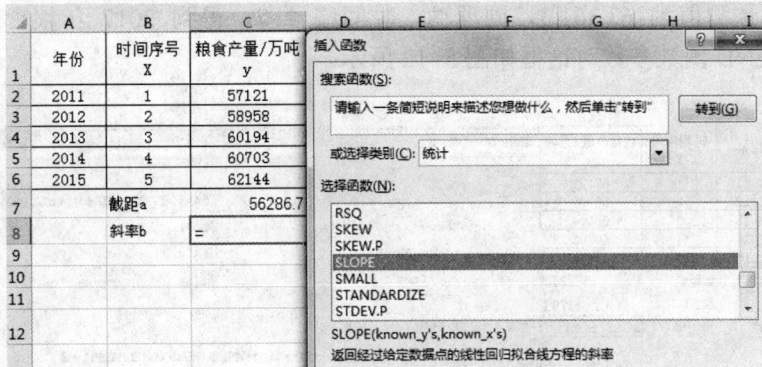

图 5-9 插入函数 SLOPE 对话框

单击"确定"进入 SLOPE 函数参数对话框，在 Known_y's 框中输入区域 C2:C6，在 Known_x's 框中输入区域 B2:B6，单击"确定"，得到斜率为 1 179.1。SLOPE 函数参数对话框如图 5–10 所示。

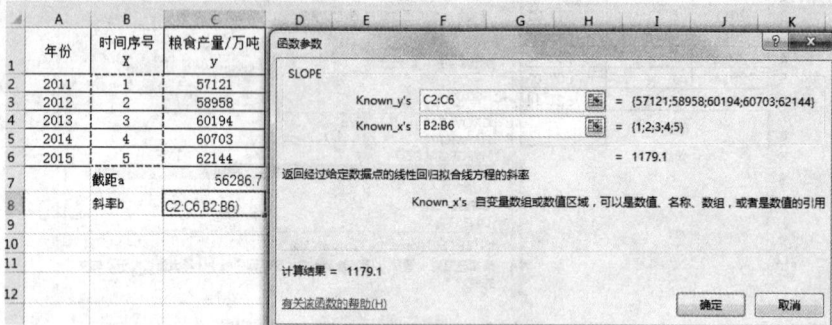

图 5–10 SLOPE 函数参数对话框

（三）使用趋势函数 TREND 求预测值

选中放置计算结果的单元格 C9，执行：f_x—统计—TREND，插入函数 TREND 对话框如图 5–11 所示。

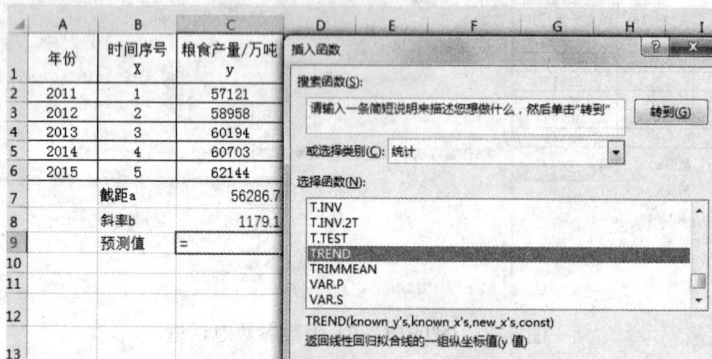

图 5–11 插入函数 TREND 对话框

单击"确定"进入 TREND 函数参数对话框，在 Known_y's 框中输入区域 C2:C6，在 Known_x's 框中输入区域 B2:B6，在 New_x's 框中输入预测期 2016 年的时间序号 6，得到 2016 年粮食产量的预测值为 63 361.3，同理输入时间序号 7，得到 2017 年粮食产量预测值为 64 540.4。TREND 函数参数对话框如图 5–12 所示。

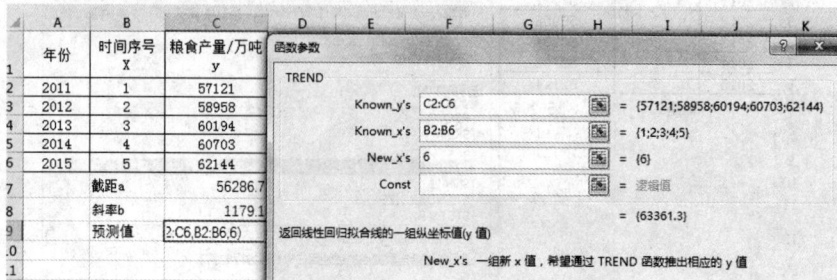

图 5–12 TREND 函数参数对话框

四、利用图形向导和添加趋势线拟合直线趋势

以表 5-16 中我国 2011—2015 年粮食产量资料为例，利用图形向导和添加趋势线可以完成直线趋势的数学模型拟合，其具体过程如下。

（1）将原始资料输入 A1:B6 单元格区域，单击"插入"，选择"折线图"。生成折线图如图 5-13 所示。

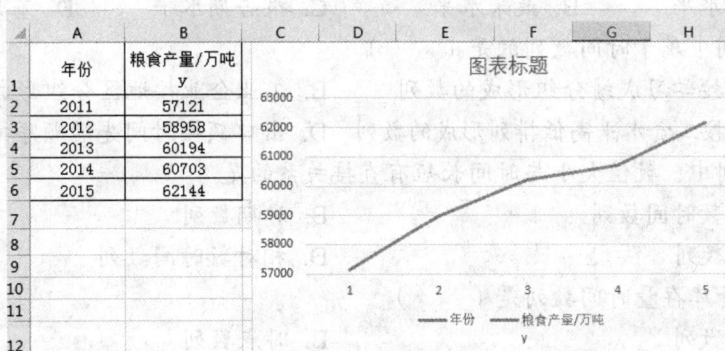

图 5-13　生成折线图

（2）在生成的草图中，用左键单击折线，看到每个数据点，将光标指向某个数据点小方框，然后单击右键，选择"添加趋势线"。

（3）在右边设置趋势线格式框中选中"显示公式"复选框，这时左边的折线图上即出现用最小平方法建立的直线方程。设置趋势线格式框如图 5-14 所示，最终生成的趋势线和趋势线方程如图 5-15 所示。

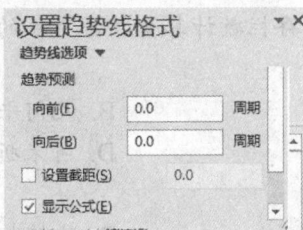

图 5-14　设置趋势线格式框

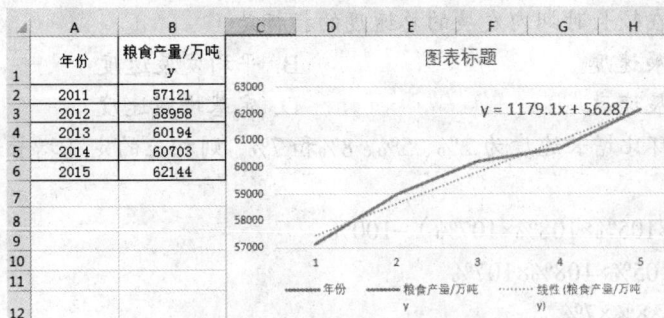

图 5-15　趋势线和趋势线方程

【课后训练】

一、单选题

1. 时间数列的构成要素是（　　　）。
   A. 变量和次数　　　　　　　　　　B. 时间和指标数值
   C. 时间和次数　　　　　　　　　　D. 主词和宾词

2. 在动态分析中，将所研究的那一时期的指标数值称为（　　　）。
   A. 最初水平　　　　B. 最末水平　　　　C. 报告期水平　　　　D. 基期水平

3. 下列数列中属于时间数列的是（　　　）。
   A. 学生按学习成绩分组形成的数列　　B. 工业企业按地区分组形成的数列
   C. 职工按工资水平高低排列形成的数列　D. 出口额按时间先后顺序排列形成的数列

4. 时间数列中，数值大小与时间长短有直接关系的是（　　　）。
   A. 平均数时间数列　　　　　　　　B. 时期数列
   C. 时点数列　　　　　　　　　　　D. 相对数时间数列

5. 历年物资库存量时间数列是（　　　）。
   A. 时期数列　　　　　　　　　　　B. 时点数列
   C. 平均数时间数列　　　　　　　　D. 相对数时间数列

6. 下列数列中，指标数值可以直接相加的时间数列是（　　　）。
   A. 时点数列　　　　　　　　　　　B. 时期数列
   C. 平均指标时间数列　　　　　　　D. 相对指标时间数列

7. 增长 1%的绝对值（　　　）。
   A. 反映现象发展水平增加了 1%　　B. 反映现象发展速度增加了 1%
   C. 表示速度每增长 1%而增加的绝对量　D. 表示现象增长的结构

8. 根据牧区每个月初的牲畜存栏数计算全牧区半年的牲畜平均存栏数，采用的公式是
   （　　　）。
   A. 简单平均法　　　　　　　　　　B. 几何平均法
   C. 加权序时平均法　　　　　　　　D. 首末折半法

9. 发展速度属于（　　　）。
   A. 比例相对数　　　　　　　　　　B. 比较相对数
   C. 动态相对数　　　　　　　　　　D. 强度相对数

10. 说明现象在较长时期内发展的总速度的指标是（　　　）。
    A. 环比发展速度　　　　　　　　　B. 平均发展速度
    C. 定基发展速度　　　　　　　　　D. 定基增减速度

11. 已知各期环比增长速度为 2%、5%、8%和 7%，则相应的定基增长速度的计算方法为
    （　　　）。
    A.（102%×105%×108%×107%）−100%
    B. 102%×105%×108%×107%
    C. 2%×5%×8%×7%
    D.（2%×5%×8%×7%）−100%

12. 采用几何平均法计算平均发展速度的依据是（　　）。
    A. 各年环比发展速度之积等于总速度　B. 各年环比发展速度之和等于总速度
    C. 各年环比增减速度之积等于总速度　D. 各年环比增减速度之和等于总速度

13. 移动平均法是通过计算逐项移动的平均发展水平来形成派生数列，从而达到（　　）对数列的影响。
    A. 消除偶然因素引起的不规则变动　　B. 消除非偶然因素引起的不规则变动
    C. 消除绝对数变动　　　　　　　　　D. 消除计算误差

14. 按月平均法计算季节指数（　　）。
    A. 将若干年内各月的数字与总的月平均数相比
    B. 将若干年内同月的数字与总的月平均数相比
    C. 将若干年内同月的数字总和与若干年内各月数字总和对比
    D. 将若干年内同月的平均数与各月数字总和对比

15. 如果时间数列（　　）大致相等，则可以拟合直线趋势方程。
    A. 逐期增长量　　　　　　　　　　　B. 累计增长量
    C. 环比增长速度　　　　　　　　　　D. 定基增长速度

二、多选题

1. 时间数列的可比性原则主要指（　　）。
   A. 时间长度要一致　　　　　　　　　B. 总体范围和经济内容要一致
   C. 计算方法要一致　　　　　　　　　D. 计算价格和单位要一致

2. 时间数列中的发展水平具体包括（　　）。
   A. 期初水平和期末水平　　　　　　　B. 报告期水平和基期水平
   C. 平均发展水平　　　　　　　　　　D. 中间水平
   E. 增长量

3. 对于时间数列，下列说法正确的有（　　）。
   A. 数列是按数值大小顺序排列的　　　B. 数列是按时间顺序排列的
   C. 数列是进行动态分析的基础　　　　D. 编制时应注意数值间的可比性

4. 逐期增长量和累计增长量之间的关系包括：（　　）。
   A. 各逐期增长量的和等于相应时期的累计增长量
   B. 各逐期增长量的积等于相应时期的累计增长量
   C. 两相邻时期累计增长量之差等于相应时期的逐期增长量
   D. 两相邻时期累计增长量之商等于相应时期的逐期增长量
   E. 两相邻时期逐期增长量之差等于相应时期的累计增长量

5. 下列数列属于由两个时期数列对比构成的相对数或平均数时间数列的有（　　）。
   A. 工业企业全员劳动生产率数列　　　B. 百元产值利润率时间数列
   C. 产品产量计划完成程度时间数列　　D. 某单位人数构成时间数列

6. 下列说法正确的有（　　）。
   A. 平均增长速度＞平均发展速度　　　B. 平均增长速度＜平均发展速度
   C. 平均增长速度＝平均发展速度−1　　D. 平均发展速度＝平均增长速度−1

7. 采用几何平均法计算平均发展速度的公式有（　　）。

A. $\bar{x} = n\sqrt{\dfrac{a_1}{a_0} \times \dfrac{a_2}{a_1} \times \dfrac{a_3}{a_2} \times \cdots \times \dfrac{a_n}{a_{n-1}}}$ B. $\bar{x} = n\sqrt{\dfrac{a_n}{a_0}}$

C. $\bar{x} = \dfrac{\sum x}{n}$ D. $\bar{x} = n\sqrt{R}$

8. 关于季节变动的测定，下列说法正确的是（　　）。

A. 目的在于掌握事物变动的季节周期性

B. 常用的方法是按月（季）平均法

C. 需要计算季节指数

D. 季节指数越大，说明事物的变动越处于淡季

9. 在直线趋势方程式 $y_c = a + bt$ 中，y_c 代表直线趋势值，其余各符号：（　　）。

A. a 代表趋势直线的起点值

B. t 代表时间变量

C. b 为趋势直线的斜率

D. b 是每增加一个单位时间，现象平均增加值

10. 某公司连续五年的销售额资料如表 5–19 所示。

表 5–19　某公司连续五年的销售额资料

时　　间	第一年	第二年	第三年	第四年	第五年
销售额/万元	159	170	182	197	218

根据上述资料计算下列数据正确的有（　　）。

A. 第二年的环比增长速度=定基增长速度=6.9%

B. 第三年的累计增长量=逐期增长量=12 万元

C. 第四年的定基发展速度为 123.9%

D. 第五年增长 1%绝对值为 1.97 万元

三、综合训练

1. 某企业 6 月在册职工人数变动如下：6 月 1 日有职工 628 人，6 月 11 日调出 9 人，6 月 16 日调入 15 人，6 月 25 日又调入 4 人，请问 6 月该企业职工平均在册人数是多少？

2. 某企业月钢材库存量如表 5–20 所示。

表 5–20　某企业月钢材库存量

月　　末	上年 12	1	2	3	4	5	6
钢材库存量/t	120	96	104	68	87	116	76

（1）计算第一季度的平均钢材库存量；

（2）计算第二季度的平均钢材库存量；

（3）计算上半年的平均钢材库存量。

3. 某旅游景点年接待游客人数资料如表 5–21 所示，请根据表中数据计算该景点月平均接待游客人数。

表 5-21　某旅游景点年接待游客人数资料

日　　期	1 月初	2 月末	4 月末	6 月初	9 月末	12 月末
接待游客数/万人	1.96	2.12	3.88	4.56	5.26	2.76

4. 某企业第三季度产量计划完成程度如表 5-22 所示，请根据表中数据计算该企业第三季度平均产量计划完成程度。

表 5-22　某企业第三季度产量计划完成程度

月　　份	7	8	9
计划完成/%	80	116	120
实际产量/件	440	620	720

5. 某企业月增加值和职工人数资料如表 5-23 所示，请根据表中数据计算该企业平均月劳动生产率。

表 5-23　某企业月增加值和职工人数资料

月　　份	1	2	3	4	5	6	7
月增加值/万元	112	130	125	134	146	140	—
月初职工数/人	124	126	124	122	126	128	124

6.（1）某地粮食产量逐年增加，2011 年比 2010 年增长 50%，2015 年比 2010 年增长 56%，则 2015 年比 2014 年粮食产量增长多少？

（2）粮食产量 2012 年比 2011 年增长 8%，2013 年比 2012 年增长 10%，2014 年比 2013 年增长 13%，2015 年比 2014 年增长 16%，则年平均增长速度为多少？

7. 某企业 2010—2015 年产品产量资料如表 5-24 所示。请利用 Excel 2016 计算其逐期增长量、累计增长量和平均增长量；并计算环比发展速度、定基发展速度、环比增长速度、定基增长速度、增长 1% 绝对值和平均发展速度、平均增减长度。

表 5-24　某企业 2010—2015 年产品产量资料

年份	2010	2011	2012	2013	2014	2015
产量/台	1 365	1 396	1 447	1 513	1 574	1 660

8. 某啤酒厂 1—12 月份的产量如表 5-25 所示。

表 5-25　某啤酒厂 1—12 月份的产量

月份	1	2	3	4	5	6	7	8	9	10	11	12
产量/t	34	42	35	34	36	47	42	36	56	45	48	51

（1）利用时距扩大法分析其长期趋势；

（2）利用 Excel 2016 数据分析工具进行移动平均。

9. 某商场某产品连续四年各季度的销售量资料如表 5-26 所示，请根据表中数据计算该产品销售量的季节指数，并对其季节变动情况做简要分析。

表 5-26　某商场某产品连续四年各季度的销售量资料　　　　　单位：万件

季　　度	一	二	三	四
第一年	36	12	14	51
第二年	38	14	17	48
第三年	45	17	14	55
第四年	50	15	17	44

10. 某地区 2010—2015 年的水稻产量如表 5-27 所示，请根据该表中的数据资料在 Excel 2016 中绘制折线图，观察其发展趋势是否是直线趋势，并用添加趋势线的办法显示其直线模型。利用 Excel 2016 统计函数配合直线趋势方程，并预测该地区 2016 年水稻产量将达到多少万吨？

表 5-27　某地区 2010—2015 年的水稻产量

年份	2010	2011	2012	2013	2014	2015
水稻产量/万吨	630	637	684	689	710	714

第六章　指　数　分　析

【任务驱动】
　　统计指数，简称为指数，是说明社会经济现象总体在不同时间上综合变动的相对数，应用广泛。通过对本章内容的学习，读者应理解指数编制的基本思想；掌握综合指数和平均指数的编制方法及其应用；能熟练地计算各种指数，并运用指数体系进行因素分析；掌握拉氏指数与帕氏指数的区别；了解股价指数、零售价格指数等的编制原理；掌握 Excel 2016 在指数计算中的应用。

☞引导案例

2016 年 2 月份 CPI 指数同比上涨 2.3%（摘选）

　　2016 年 2 月，全国居民消费价格总水平同比上涨 2.3%。其中，城市上涨 2.3%，农村上涨 2.2%；食品价格上涨 7.3%，非食品价格上涨 1.0%；消费品价格上涨 2.6%，服务价格上涨 1.8%。1—2 月平均全国居民消费价格总水平比去年同期上涨 2.0%。2016 年 2 月，全国居民消费价格总水平环比上涨 1.6%。其中，城市上涨 1.6%，农村上涨 1.6%；食品价格上涨 6.7%，非食品价格上涨 0.3%；消费品价格上涨 2.2%，服务价格上涨 0.5%。2015 年 2 月—2016 年 2 月全国居民消费价格涨跌幅如图 6-1 所示。

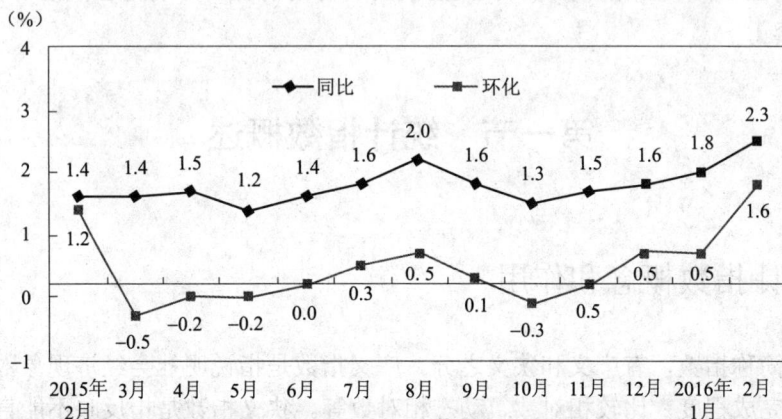

图 6-1　2015 年 2 月—2016 年 2 月全国居民消费价格涨跌幅

　　2016 年 2 月份居民消费价格分类别同比涨跌幅如图 6-2 所示。食品烟酒价格同比上涨 5.8%，影响 CPI 上涨约 1.74 个百分点。其中，鲜菜价格上涨 30.6%，影响 CPI 上涨约 0.86 个百分点；畜肉类价格上涨 15.1%，影响 CPI 上涨约 0.65 个百分点（猪肉价格上涨 25.4%，影响 CPI 上涨约 0.59 个百分点）；水产品价格上涨 3.5%，影响 CPI 上涨约 0.06 个百分点；粮食价格上涨 0.6%，影响 CPI 上涨约 0.01 个百分点；鲜果价格下降 7.9%，影响 CPI 下降约 0.15 个百分点；蛋价下降 3.6%，影响 CPI 下降约 0.02 个百分点。

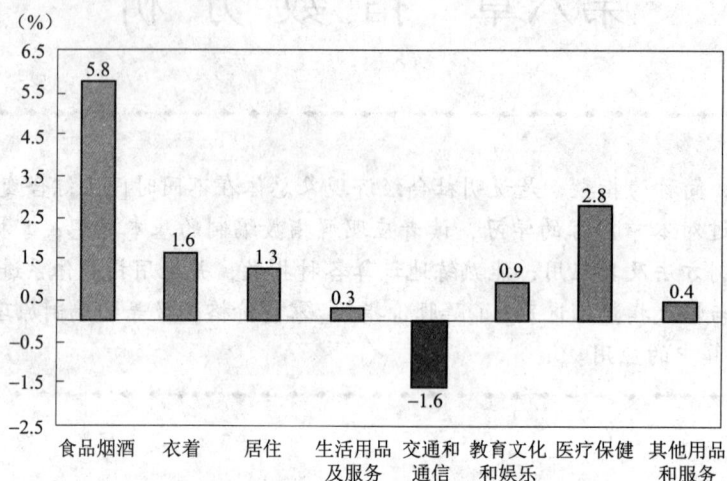

图 6-2　2016 年 2 月份居民消费价格分类别同比涨跌幅

2 月份，其他七大类价格同比六涨一降。其中，医疗保健、衣着、居住、教育文化和娱乐、其他用品和服务、生活用品及服务价格分别上涨 2.8%、1.6%、1.3%、0.9%、0.4%、0.3%；交通和通信价格下降 1.6%。

资料来源：http://www.bjzq.com.cn/dpfx/ShowArticle.asp?ArticleID=771020.

讨论与思考：

1. 什么是指数？指数有几种类型？编制指数有什么意义？
2. 案例中运用了哪些指数来说明我国居民消费价格情况，分别是怎样编制的？

【教学内容】

第一节　统计指数概述

一、统计指数概念和作用

统计指数简称指数，有广义和狭义之分。广义指数是指说明社会经济现象数量变动的相对数，如计划完成程度、比较相对数、动态相对数等。狭义指数是指反映不能直接相加的多因素复杂社会经济现象总体数量变动的相对数，如零售物价指数、工业产品产量指数、股价指数等。本章主要介绍狭义指数的编制。统计指数的作用包括：能综合反映社会经济现象总体变动的方向和程度，为宏观调控与微观经济单位分析市场前景、制定发展策略等提供重要的依据；能分析社会经济现象总体变动中的各个因素的影响方向和影响程度；能研究社会经济现象在长时间内的发展变化趋势。

二、统计指数的种类

（一）按说明对象的范围不同，可分为个体指数和总指数

1. 个体指数

个体指数是反映单一事物变动的动态相对数。例如，某发电厂今年的发电量为去年的135%，是产量个体指数；某厂生产某种汽车的单位成本今年为去年的 90.36%，是成本个体指数；市场上某种产品 6 月份的价格是 5 月的 112.8%，是价格个体指数。个体指数公式表示如下：

$$销售量个体指数：k_q = \frac{q_1}{q_0}$$

$$价格个体指数：k_p = \frac{p_1}{p_0}$$

$$成本个体指数：k_z = \frac{z_1}{z_0}$$

2. 总指数

总指数是反映多种事物变动的动态相对数。例如，多种商品销售量变动总指数、多种商品销售价格变动总指数、股票指数等。

（二）按指数的性质不同，可分为数量指标指数和质量指标指数

1. 数量指标指数

数量指标指数是说明现象总规模、总水平变动程度的统计指数。例如，销售量指数、职工人数指数、产品产量指数等。

2. 质量指标指数

质量指标指数是说明现象相对水平或平均水平变动程度的统计指数。例如，价格指数、单位产品成本指数、职工平均工资指数、劳动生产率指数等。

（三）按指数的编制方法不同，可分为综合指数和平均指数

1. 综合指数

综合指数是通过确定同度量因素，把不同度量的个体现象过渡为可以同度量，由可以加总的总量经济现象对比计算的指数，它是计算总指数的基本形式。例如，国民生产总值指数、商品销售额指数、工资总额指数等。

2. 平均指数

平均指数是从个体指数出发来编制总指数的，它是先算出数量指标个体指数或质量指标的个体指数，然后进行加权平均计算而得，以测定经济现象总的变动程度。例如，平均工资指数、平均价格指数、平均劳动生产率指数。

（四）按时间数列中所采用基期不同，可分为定基指数和环比指数

1. 定基指数

定基指数是在指数数列中，各期指数都以某一固定时期为基期。

2. 环比指数

环比指数是在指数数列中各期指数都是以报告期的前一期作为基期而对比。

（五）按其对比内容不同，统计指数分为动态指数和静态指数

1. 动态指数

动态指数由两个不同时期的同类经济变量值对比形成的指数，说明现象在不同时间上发展变化的过程和程度。

2. 静态指数

静态指数包括空间指数和计划完成程度指数两种。空间指数（地域指数）是将不同空间（例如：不同国家、地区、部门、企业等）的同类经济现象进行比较的结果，反映经济现象在不同空间的差异程度。计划完成程度指数是由同一地区、单位的实际指标数值与计划指标数值对比而形成的指数，反映计划的执行情况或完成与未完成的程度。

（六）拉氏指数、帕氏指数

1. 拉氏指数

拉氏指数的权数或同度量因素时间选择在基期来编制，它是 1864 年由德国学者拉斯贝尔斯（Laspeyres）提出的一种价格指数计算方法，其计算公式为：

$$\text{拉氏质量指数} \quad L_p = \frac{\sum p_1 q_0}{\sum p_0 q_0} \quad \text{拉氏数量指数} \quad L_q = \frac{\sum q_1 p_0}{\sum q_0 p_0}$$

2. 帕氏指数

帕氏指数的权数或同度量因素时间选择在报告期来编制，它是 1874 年由德国学者帕煦（Paasche）提出的一种指数计算方法，其计算公式为：

$$\text{帕氏质量指数} \quad P_p = \frac{\sum p_1 q_1}{\sum p_0 q_1} \quad \text{帕氏数量指数} \quad P_q = \frac{\sum q_1 p_1}{\sum q_0 p_1}$$

第二节 综合指数的编制及体系因素分析

一、综合指数的概述

（一）综合指数的概念

综合指数是计算总指数的基本形式，它是将不可相加汇总的经济总量通过另一个相关的、被称为同度量因素的变量转化为可以相加的总量指标，然后以总量指标对比所得到的相对数来说明复杂总体的总体单位总量或标志值水平的综合变动情况。

（二）综合指数编制的原则

编制综合指数是将一个总量指标分解为两个或两个以上的因素指标时，将其中一个或一个以上的因素指标固定下来，仅观察其中一个因素指标的变动程度。任何复杂现象都是它的各构成因素的乘积，例如：

$$\text{工业总产值=产品产量×出厂价格}$$

生产总成本=产品产量×单位产品成本
原材料消耗总额=产品产量×单位产品消耗×原材料价格

1. 确定同度量因素

综合指数的编制方法是先综合后对比，即先解决不同度量单位的问题，使得不能直接相加的现象变得可以相加，然后再进行对比分析。所以，综合指数的编制方法包含两方面的特点。第一，编制综合指数要从经济现象之间的联系中确定与所要研究的经济现象有关联的同度量因素。同度量因素是指在总指数计算过程中，为解决同类经济现象不能相加的问题而使用的媒介因素或转化因素。同度量因素的作用：一是同度量作用，二是权数作用。第二，将引进的同度量因素固定，以测定指数化因素的变动，从而解决对比问题。

2. 固定同度量因素

在复杂经济现象总体所包括的因素中，把其中一个因素（同度量因素）的时期加以固定，以便消除其变化，来测定所要研究的那个因素即指数化指标的变动。

3. 测定指标的综合变动

将两个时期的指标数值对比，编制数量指标综合指数时，以基期的质量指标作为同度量因素；编制质量指标综合指数时，以报告期的数量指标为同度量因素。

二、综合指数编制

依据所测定的指标性质不同，综合指数可分为数量指标综合指数和质量指标综合指数。

（一）数量指标综合指数的编制

由于各种商品的计量单位不同，商品销售量不能直接相加；为使不能相加的销售量过渡到能够相加的销售额就必须把销售量乘价格，因此将价格称为同度量因素。报告期和基期价格是不同的，为单纯反映销售量变动，排除价格因素变动影响，需将价格固定下来，使价格只起同度量作用。编制数量指标综合指数时一般以基期质量指标为同度量因素。计算公式如下：

$$\overline{k}_q = \frac{\sum q_1 p_0}{\sum q_0 p_0} \qquad \sum q_1 p_0 - \sum q_0 p_0$$

数量指标综合指数也被称为物量指标，其经济意义是表明数量指标报告期比基期增长的程度，公式中的分子和分母的差额说明由于数量指标的增长而使总量指标增长的绝对额。

【例 6–1】 某商店 1—2 月 3 种商品销售情况如表 6–1 所示，请用综合指数法计算销售量总指数及销售量的变动对销售额影响的绝对数。

表 6–1 某商店 1—2 月 3 种商品销售情况

商品名称	单位	销售量 q		销售价格/元 p	
		1 月份 q_0	2 月份 q_1	1 月份 p_0	2 月份 p_1
鞋	双	400	600	25	20
服装	套	500	600	40	36

续表

商品名称	单位	销售量 q		销售价格/元 p	
		1 月份 q_0	2 月份 q_1	1 月份 p_0	2 月份 p_1
布匹	m	200	180	50	60
合计	—	—	—	—	—

解：

销售量个体指数：鞋为 $k_q = \dfrac{q_1}{q_0} = \dfrac{600}{400} = 150\%$，服装为 120%，布匹为 90%。

综合来看 3 种商品销售量 2 月份比 1 月份综合变动情况（销售量总指数）为：

$$\bar{k}_q = \frac{\sum q_1 p_0}{\sum q_0 p_0} = \frac{600 \times 25 + 600 \times 40 + 180 \times 50}{400 \times 25 + 500 \times 40 + 200 \times 50} = 120\%$$

因此，某商店 3 种商品 2 月份的销售量比 1 月份增长了 20%。

$$\sum q_1 p_0 - \sum q_0 p_0 = 48\,000 - 40\,000 = 8\,000 \text{（元）}$$

此差额说明由于 3 种商品报告期的销售量比基期增长了 20%，而使报告期的销售额比基期增加了 8 000 元。

（二）质量指标综合指数的编制

多种商品价格表面看都用货币形式表现，但由于其计量单位不同，不能相加；要想使多种商品价格过渡到能相加的销售额，需找出同度量因素销售量。一般编制质量指标综合指数应以报告期的数量指标为同度量因素。

$$\bar{k}_p = \frac{\sum q_1 p_1}{\sum q_1 p_0} \qquad \sum q_1 p_1 - \sum q_1 p_0$$

质量指标综合指数的经济意义是表明质量指标报告期比基期增长的程度，公式中的分子和分母的差额说明由于质量指标的增长而使总量指标增长的绝对额。

【例 6–2】 以表 6–1 某商店 1—2 月 3 种商品销售情况的数据资料为例，运用综合指数法计算价格总指数、及价格的变动对销售额影响的绝对数。

解：

价格个体指数：鞋为 $k_p = \dfrac{p_1}{p_0} = \dfrac{20}{25} = 80\%$，服装为 90%，布匹为 120%。

综合来看 3 种商品价格 2 月份比 1 月份综合变动情况（价格总指数）为：

$$\bar{k}_p = \frac{\sum q_1 p_1}{\sum q_1 p_0} = \frac{44\,400}{48\,000} = 92.5\%$$

$$\sum q_1 p_1 - \sum q_1 p_0 = 44\,400 - 48\,000 = -3\,600 \text{（元）}$$

因此，某商店 3 种商品价格 2 月份比 1 月份下降了 7.5%；由于价格下降，2 月份销售额比 1 月份减少了 3 600 元。

三、综合指数体系及因素分析

指数体系是指在经济上有联系，在数量上保持一定关系的 3 个或 3 个以上的指数所组成的整体。指数体系的作用：一是根据指数体系中各个指数之间的关系，利用已知指数估计推算未知指数；二是通过指数体系可以对复杂社会经济现象的变动进行因素分析，说明其各个构成因素变动情况和影响程度。若分析的经济对象是复杂总体，应采用反映为该事物综合变动的指数体系，即综合指数体系。

因素分析是指从数量方面研究经济现象动态变动中受各种因素变动的影响程度。因素分析主要借助于指数体系来分析社会经济现象变动中各种因素变动发生作用的影响程度。在某个总量指标（称为结果指标）是两个原因指标的乘积的条件下，通过建立相应的指数体系从绝对数和相对数两个方面对总量指标的变化进行因素分析。

几种常用的指数体系如下。

（1）销售额指数＝物价指数×销售量指数

销售额增减额＝因物价变动影响的增减额＋因销售量变动影响的增减额

（2）总产值指数＝价格指数×产品产量指数

总产值增减额＝因产品价格变动影响的增减额＋因产品产量变动影响的增减额

（3）生产费用指数＝单位成本指数×产品产量指数

生产费用增减额＝因单位成本变动影响的增减额＋因产品产量变动影响的增减额

（4）产品产量指数＝劳动生产率指数×工人人数

产品产量增减额＝因劳动生产率变动影响的增减额＋因工人人数变动影响的增减额

综合指数相对数指数体系：$\bar{k}_{qp} = \bar{k}_q \times \bar{k}_p$

$$\frac{\sum q_1 p_1}{\sum q_0 p_0} = \frac{\sum q_1 p_0}{\sum q_0 p_0} \times \frac{\sum q_1 p_1}{\sum q_1 p_0}$$

综合指数绝对数指数体系分析：$\sum q_1 p_1 - \sum q_0 p_0 = (\sum q_1 p_0 - \sum q_0 p_0) + (\sum q_1 p_1 - \sum q_1 p_0)$

【例 6-3】以表 6-1 某商店 1—2 月 3 种商品销售情况为例，计算销售额指数，并对综合指数体系进行因素分析。

为了反映现象综合动态变化，需分别计算两个不同时期的总量指标：基期商品销售额 $\sum p_0 q_0$ 与报告期商品销售额 $\sum p_1 q_1$，并将二者进行对比，可得：

$$\bar{k}_{pq} = \frac{\sum p q_1}{\sum p_0 q_0}$$

$$\sum q_1 p_1 - \sum q_0 p_0$$

式中：$\bar{K}_{pq}$ 为商品销售额指数；p_0 为基期单位商品价格；p_1 为报告期单位商品价格；q_0 为基期销售量；q_1 为报告期销售量。

商品销售额指数：$\bar{k}_{pq} = \dfrac{\sum q_1 p_1}{\sum q_0 p_0} = \dfrac{44\,400}{40\,000} = 111\%$

$$\sum q_1 p_1 - \sum q_0 p_0 = 44\,400 - 40\,000 = 4\,400 \text{（元）}$$

计算结果表明该商店 2 月份的商品销售额比 1 月份增长了 11%，2 月份的商品销售额比 1

月份增加的绝对数额是 4 400 元。

综合指数相对数指数体系：商品销售额指数=商品销售量指数×商品价格指数

$$\frac{\sum q_1 p_1}{\sum q_0 p_0} = \frac{\sum q_1 p_0}{\sum q_0 p_0} \times \frac{\sum q_1 p_1}{\sum q_1 p_0} \qquad 111\% = 120\% \times 92.5\%$$

综合指数绝对数指数体系分析：销售额增减绝对数=销售量增减绝对数+价格增减绝对数

$$\sum q_1 p_1 - \sum q_0 p_0 = \left(\sum q_1 p_0 - \sum q_0 p_0 \right) + \left(\sum q_1 p_1 - \sum q_1 p_0 \right)$$

$$4\,400 = 8\,000 - 3\,600$$

四、总量指标变动的多因素分析

当经济现象由 3 个或 3 个以上因素构成时，测定这些因素对该现象的影响程度和影响的绝对额，即多因素分析。例如，总产值=工人数×工人劳动生产率×产品价格，原材料消耗总额=产品产量×单位产品消耗×原材料价格，等等。多因素经济现象的指标体系所包含的经济现象因素较多，其指数的编制过程比较复杂。因此，编制多因素指数时应遵循以下原则。

一是，在编制多因素指标所组成的综合指数时，为了测定某一因素指标的变动影响，要把其他所有因素都固定不变。

二是，综合指数中的各因素要按合理顺序排列：一般是数量指标在前，质量指标在后；主要指标在前，次要指标在后。总之，要根据所研究现象的经济内容，依据各因素之间的内在联系加以具体确定。

例如，就工业企业原材料支出总额的组成因素的排列顺序而言，要按产品产量、单位产品原材料消耗量（单耗）、原材料价格的顺序排列：原材料支出总额=产品产量×单位产品原材料消耗量×原材料价格。其中，产品产量相对于单位产品原材料消耗量和原材料价格来说，为数量指标；原材料价格相对于产品产量和单位产品原材料消耗量来说，则是质量指标；而单位产品原材料消耗量相对于产品产量来说是质量指标，相对于原材料价格来说，则为数量指标。设 q、m、p 分别代表产品产量、单位产品原材料消耗量和原材料价格，则原材料支出总额指数体系及绝对量关系式如下所示。

相对数指数体系：原材料支出总额指数=产品产量指数×单位产品原材料消耗量指数×原材料价格指数

$$\overline{K}_{qmp} = \overline{K}_q \times \overline{K}_m \times \overline{K}_p$$

$$\frac{\sum q_1 m_1 p_1}{\sum q_0 m_0 p_0} = \frac{\sum q_1 m_0 p_0}{\sum q_0 m_0 p_0} \times \frac{\sum q_1 m_1 p_0}{\sum q_1 m_0 p_0} \times \frac{\sum q_1 m_1 p_1}{\sum q_1 m_1 p_0}$$

绝对数指数体系：

$$\sum q_1 m_1 p_1 - \sum q_0 m_0 p_0 = \left(\sum q_1 m_0 p_0 - \sum q_0 m_0 p_0 \right) +$$

$$\left(\sum q_1 m_1 p_0 - \sum q_1 m_0 p_0 \right) + \left(\sum q_1 m_1 p_1 - \sum q_1 m_1 p_0 \right)$$

式中：q_1 为报告期产品产量；q_0 为基期产品产量；m_1 为报告期单位产品原材料消耗量；m_0 为基期单位产品原材料消耗量；p_1 为报告期原材料价格；p_0 为基期原材料价格。

【例 6–4】某企业某年 9、10 月份三种产品产量、单位产品原材料消耗量、单位产品原材料价格的资料如表 6-2 所示。

表 6-2 某企业某年 9、10 月份三种产品产量、单位产品

原材料消耗量、单位产品原材料价格的资料

产品名称	产品产量/台		原材料名称	单位产品原材料消耗量		单位产品原材料价格/元		原材料费用总额/元			
	9月 q_0	10月 q_1		9月 m_0	10月 m_1	9月 p_0	10月 p_1	$q_0 m_0 p_0$	$q_1 m_1 p_1$	$q_1 m_0 p_0$	$q_1 m_1 p_0$
甲	60	82	A	92	76	120	90	662 400	560 880	905 280	747 840
乙	46	37	B	64	59	46	64	135 424	139 712	108 928	100 418
丙	78	80	C	30	24	61	61	142 740	117 120	146 400	117 120
合计	—	—	—	—	—	—	—	940 564	817 712	1 160 608	965 378

根据上表资料，计算分析原材料费用总额受产品产量、单位产品原材料消耗量和单位原材料价格的变动影响。

解：

（1）原材料费用总额指数为：

$$\frac{\sum q_1 m_1 p_1}{\sum q_0 m_0 p_0} = \frac{817\ 712}{940\ 564} = 87\%$$

原材料费用总额减少数为：

$$\sum q_1 m_1 p_1 - \sum q_0 m_0 p_0 = 817\ 712 - 940\ 564 = -122\ 852 （元）$$

（2）产品产量指数为：

$$\frac{\sum q_1 m_0 p_0}{\sum q_0 m_0 p_0} = \frac{1\ 160\ 608}{940\ 564} = 123.4\%$$

由于产品产量的增加而增加的原材料费用总额为：

$$\sum q_1 m_0 p_0 - \sum q_0 m_0 p_0 = 1\ 160\ 608 - 940\ 564 = 220\ 044 （元）$$

（3）单位产品原材料消耗量指数为：

$$\frac{\sum q_1 m_1 p_0}{\sum q_1 m_0 p_0} = \frac{965\ 378}{1\ 160\ 608} = 83.2\%$$

由于单位产品原材料消耗量降低而减少的原材料费用总额为：

$$\sum q_1 m_1 p_0 - \sum q_1 m_0 p_0 = 965\ 378 - 1\ 160\ 608 = -195\ 230 （元）$$

（4）单位产品原材料价格指数为：

$$\frac{\sum q_1 m_1 p_1}{\sum q_1 m_1 p_0} = \frac{817\ 712}{965\ 378} = 84.7\%$$

由于单位产品原材料价格降低而减少的原材料费用总额为：

$$\sum q_1 m_1 p_1 - \sum q_1 m_1 p_0 = 817\,712 - 965\,378 = -147\,666 \text{（元）}$$

（5）多因素分析。

相对数指数体系：

$$87\% = 123.4\% \times 83.2\% \times 84.7\%$$

绝对数指数体系：

$$-122\,852 = 220\,044 + (-195\,230) + (-147\,666)$$

从以上计算结果可以看出：企业生产原材料费用总额 10 月份比 9 月份降低了 13%，减少 122 852 元，其原因是产品产量增长了 23.4%，使原材料费用总额增加了 220 044 元；单位产品原材料消耗量降低了 16.8%，使原材料费用总额减少了 19 523 元；单位产品原材料价格降低了 15.3%，使原材料费用总额减少了 147 666 元。

第三节　平均指数编制及体系因素分析

一、平均指数的概念

平均指数是对数量指标或质量指标的个体指数进行加权平均的指数。平均指数是总指数的另一种计算形式，有其独立应用意义。它可以是综合指数的变形，也可以是独立意义的平均指数。平均指数是从个体指数出发来编制总指数的，即采用平均的方法。它是先算出数量指标个体指数或质量指标的个体指数，然后进行加权平均计算而得到，用以测定经济现象总的变动程度。

二、综合指数变形的加权平均指数的编制

（一）加权算术平均指数的编制

加权算术平均指数就是对个体指数进行加权算术平均得到的总指数；实际工作中常用的加权算术平均指数是数量指标指数。

当已知销量个体指数 $k_q = \dfrac{q_1}{q_0}$ 和基期销售额 $\sum q_0 p_0$ 而求解数量指标综合指数时，是以基期总量 $q_0 p_0$ 为权数对个体数量指标指数进行加权算术平均。

已知 $k_q = \dfrac{q_1}{q_0}$，则 $q_1 = k_q q_0$；将其代入 $\dfrac{\sum q_1 p_0}{\sum q_0 p_0}$ 得加权算术平均指数为：

$$\overline{k}_q = \frac{\sum k_q p_0 q_0}{\sum p_0 q_0} \qquad \sum k_q q_0 p_0 - \sum q_0 p_0$$

【例 6-5】已知某企业三种产品的基期销售额和销售量个体指数情况如表 6-3 所示，请计算销售量总指数。

表 6-3 某企业三种产品的基期销售额和销售量个体指数情况

商品名称	单 位	基期销额/元 q_0p_0	销售量个体指数/% $k_q = \dfrac{q_1}{q_0}$	$k_q q_0 p_0$
鞋	双	10 000	150	15 000
服装	套	20 000	120	24 000
布匹	m	10 000	90	9 000
合　计	—	40 000	—	48 000

解： 计算销售量总指数用加权算术平均指数公式。

$$\bar{k}_q = \frac{\sum k_q p_0 q_0}{\sum p_0 q_0} = \frac{48\,000}{40\,000} = 120\%$$

三种商品综合来看报告期销售量比基期增长了 20%，由于销售量增长使得销售额报告期比基期增加了 $\sum k_q q_0 p_0 - \sum q_0 p_0 = 48\,000 - 40\,000 = 8\,000$（元）。

（二）加权调和平均指数的编制

加权调和平均指数就是对个体指数进行加权调和平均得到的总指数；实际工作中常用的加权调和平均指数是质量指标指数。

已知个体价格指数 $k_p = \dfrac{p_1}{p_0}$ 和报告期销售额 $\sum q_1 q_0$，计算质量指标综合指数如下所示。

已知 $k_p = \dfrac{p_1}{p_0}$，则 $p_0 = \dfrac{p_1}{k_p}$；将其代入 $\bar{k}_p = \dfrac{\sum q_1 p_1}{\sum q_1 p_0}$ 得：

$$\bar{k}_p = \frac{\sum q_1 p_1}{\sum \dfrac{q_1 p_1}{k_p}}$$

即以报告期总量 $q_1 p_1$ 为权数对个体质量指标指数进行加权调和平均。

【例 6-6】 已知某企业三种产品的报告期销售额和价格个体指数情况如表 6-4 所示，请计算价格总指数。

表 6-4 某企业三种产品的报告期销售额和价格个体指数情况

商品名称	单 位	报告期销售额/元 q_1p_1	价格个体指数/% $k_p = \dfrac{p_1}{p_0}$	$\dfrac{q_1p_1}{k_p}$
鞋	双	12 000	80	15 000
服装	套	21 600	90	24 000
布匹	m	10 800	120	9 000
合　计	—	44 400	—	48 000

$$\bar{k}_p = \frac{\sum q_1 p_1}{\sum \dfrac{q_1 p_1}{k_p}} = \frac{44\,400}{48\,000} = 92.5\%$$

$$\sum q_1 p_1 - \sum \frac{q_1 p_1}{k_p} = 44\,400 - 48\,000 = -3\,600 \text{（元）}$$

综合来看，三种商品价格报告期比基期降低了 7.5%，由于价格降低，使得销售额报告期比基期减少了 3 600 元。

（三）平均指数体系及因素分析

平均指数体系因素分析中比较常用的是基期总量加权的算术平均数量指数和报告期总量加权的调和平均质量指数形成的指数体系。

平均指数体系相对数体系可以表示为：

$$\frac{\sum q_1 p_1}{\sum q_0 p_0} = \frac{\sum k_q q_0 p_0}{\sum q_0 p_0} \times \frac{\sum q_1 p_1}{\sum \frac{q_1 p_1}{k_p}}$$

以例 6–5 和例 6–6 的计算结果分析为：111%=120%×92.5%。

平均指数体系绝对数体系可以表示为：

$$\sum q_1 p_1 - \sum q_0 p_0 = \left(\sum k_q q_0 p_0 - \sum q_0 p_0\right) + \left(\sum q_1 p_1 - \sum \frac{q_1 p_1}{k_q}\right)$$

以例 6–5 和例 6–6 的计算结果分析为：44 400–40 000=8 000–3 600。

三、固定权数平均指数

现实中往往采用经济发展比较稳定的某一时期的代表规格品的价值总量作为固定权数（W）。固定权数平均指数的优点：可以避免每次编制指数权数资料来源的困难，也便于前后不同时期的比较。

平均指数的编制方法在实际生活中运用较综合指数要广，特别是固定权数平均指数，如工业生产指数、零售商品价格指数、居民消费价格指数等常采用固定权数平均指数的编制方法；其原因在于：社会经济现象较为复杂，一般情况下只能得到非全面调查的资料，并且生产结构、消费结构等在短期内又是相对稳定、变化不大的。农副产品收购价格指数采用的是实际权数的加权调和平均指数的编制方法；其原因在于：在实际工作中，由于农副产品繁多，不易取得实际收购量的资料，却容易得到相应的收购额的资料，同时不同农副产品的提价或降价幅度即为代表性的农副产品的个体价格指数，以与代表性产品同一范围内的实际收购额为权数进行计算即可得到该指数，详见本章第五节统计指数的应用。

第四节　平均指标指数体系及因素分析

一、平均指标指数的概念

平均指标指数是由两个不同时期同一总体的加权算术平均数对比计算的指数，常见的有平均工资指数、平均单位成本指数、平均劳动生产率指数。

在资料分组条件下，平均指标是加权算术平均数，即

$$\bar{x} = \frac{\sum xf}{\sum f} = \sum x \frac{f}{\sum f}$$

平均指标受两个因素的影响：一个因素是各组平均指标 x 的影响，是质量指标；另一个因素是各组单位数在总体中的比重，是总体结构，相对于组平均数来讲具有数量指标的性质。

因此，可以运用指数因素分析方法来分析这两个因素变动对平均指标变动的影响趋势和影响程度，即进行平均指标的两因素分析。

二、平均指标指数体系的构成

（一）可变构成指数（$\bar{k}_{可变}$）

统计上把在分组条件下包含各组平均水平及其相应的单位数结构这两个因素变动的总平均指标指数称为可变构成指数，其计算公式如下所示。

$$\bar{k}_{可变} = \frac{\bar{x}_1}{x_0} = \frac{\sum x_1 f_1}{\sum f_1} \div \frac{\sum x_0 f_0}{\sum f_0}$$

式中：$\bar{x}_0$ 表示基期平均指标数值；$\bar{x}_1$ 表示报告期平均指标数值；f 为各组单位数；x 为各组标志值，即平均水平。

它是报告期和基期总体平均水平的对比，包括总体各部分（组）水平和总体结构两个因素的变动影响。为分析这两个因素对平均数变动的影响程度，需要分别计算固定构成指数和结构影响指数。

（二）固定构成指数（$\bar{k}_{固定}$）

为了单纯反映变量值变动的影响，就需要消除总体中各组单位数所占比重变化的影响，即需要将总体内部结构固定起来计算平均指标指数，这样的指数被称为固定构成指数。它只反映各组平均水平对总平均指标变动的影响，其计算公式如下所示。

$$\bar{k}_{固定} = \frac{\sum x_1 f_1}{\sum f_1} \div \frac{\sum x_0 f_1}{\sum f_1}$$

（三）结构影响指数（$\bar{k}_{结构}$）

为了单纯反映总体结构变动的影响，需要把变量值固定起来，并将由此计算所谓的平均指标指数，这样的指数被称为结构影响指数。它只反映总体结构变动对总平均指标变动的影响，其计算公式如下所示。

$$\bar{k}_{结构} = \frac{\sum x_0 f_1}{\sum f_1} \div \frac{\sum x_0 f_0}{\sum f_0}$$

三、平均指标指数因素分析

根据指数因素分析方法的要求，对于平均指标变动进行两因素分析时应首先建立一个平均指标指数体系。

平均指标指数相对数体系关系：可变构成指数＝固定构成指数×结构影响指数

$$\frac{\sum x_1 f_1}{\sum f_1} \div \frac{\sum x_0 f_0}{\sum f_0} = \left(\frac{\sum x_1 f_1}{\sum f_1} \div \frac{\sum x_0 f_1}{\sum f_1} \right) \times \left(\frac{\sum x_0 f_1}{\sum f_1} \div \frac{\sum x_0 f_0}{\sum f_0} \right)$$

平均指标指数绝对数体系关系：

$$\frac{\sum x_1 f_1}{\sum f_1} - \frac{\sum x_0 f_0}{\sum f_0} = \left(\frac{\sum x_1 f_1}{\sum f_1} - \frac{\sum x_0 f_1}{\sum f_1} \right) + \left(\frac{\sum x_0 f_1}{\sum f_1} - \frac{\sum x_0 f_0}{\sum f_0} \right)$$

【例 6-7】某银行职工人数和平均工资情况如表 6-5 所示，请根据表中数据资料进行平均指标的因素分析。

表 6-5　某银行职工人数和平均工资情况

职　称	平均工资/元 x		职工人数/人 f	
	基期 x_0	报告期 x_1	基期 f_0	报告期 f_1
初级经济师	2 000	2 150	75	140
中级经济师	3 400	3 600	36	42
高级经济师	3 750	4 200	20	12
合　计	—	—	131	194

基期总平均工资：

$$\overline{x}_0 = \frac{\sum x_0 f_0}{\sum f_0} = \frac{2\,000 \times 75 + 3\,400 \times 36 + 3\,750 \times 20}{75 + 36 + 20} = 2\,652 \text{（元/人）}$$

报告期总平均工资：

$$\overline{x}_1 = \frac{\sum x_1 f_1}{\sum f_1} = \frac{2\,150 \times 140 + 3\,600 \times 42 + 4\,200 \times 12}{140 + 42 + 12} = 2\,590.7 \text{（元/人）}$$

假定总平均工资：

$$\overline{x} = \frac{\sum x_0 f_1}{\sum f_1} = \frac{2\,000 \times 140 + 3\,400 \times 42 + 3\,750 \times 12}{140 + 42 + 12} = 2\,411.3 \text{（元/人）}$$

可变构成指数：

$$\overline{k}_{可变} = \frac{\overline{x}_1}{\overline{x}_0} = \frac{\sum x_1 f_1}{\sum f_1} \div \frac{\sum x_0 f_0}{\sum f_0} = \frac{2\,590.7}{2\,652} = 97.7\%$$

$$\frac{\sum x_1 f_1}{\sum f_1} - \frac{\sum x_0 f_0}{\sum f_0} = 2\,590.7 - 2\,652 = -61.3 \text{（元）}$$

从表中看出初级、中级和高级经济师报告期的工资水平比基期都有提高，但是总平均工资反而降低了 2.3%，平均每人减少了 61.3 元。对其原因进行分析如下所示。

$$固定构成指数 \overline{k}_{固定} = \frac{\sum x_1 f_1}{\sum f_1} \div \frac{\sum x_0 f_1}{\sum f_1} = \frac{2\,590.7}{2\,411.3} = 107.4\%$$

计算结果说明：由于各组工资水平的提高，报告期的平均工资比基期提高 7.4%，平均每人增加 179.4 元。

$$\frac{\sum x_1 f_1}{\sum f_1} - \frac{\sum x_0 f_1}{\sum f_1} = 2\,590.7 - 2\,411.3 = 179.4 \quad （元）$$

结构影响指数：$\bar{k}_{结构} = \dfrac{\sum x_0 f_1}{\sum f_1} \div \dfrac{\sum x_0 f_0}{\sum f_0} = \dfrac{2\,411.3}{2\,652} = 91\%$

$$\frac{\sum x_0 f_1}{\sum f_1} - \frac{\sum x_0 f_0}{\sum f_0} = 2\,411.3 - 2\,652 = -240.7 \quad （元）$$

这说明，由于员工内部结构的影响，总平均工资下降了 9%，平均每人减少 240.7 元。

平均指标指数相对数体系关系：可变构成指数=固定构成指数×结构影响指数

$$\frac{\sum x_1 f_1}{\sum f_1} \div \frac{\sum x_0 f_0}{\sum f_0} = \left(\frac{\sum x_1 f_1}{\sum f_1} \div \frac{\sum x_0 f_1}{\sum f_1} \right) \times \left(\frac{\sum x_0 f_1}{\sum f_1} \div \frac{\sum x_0 f_0}{\sum f_0} \right)$$

即 97.7%=107.4%×91%

平均指标指数绝对数体系关系：

$$\frac{\sum x_1 f_1}{\sum f_1} - \frac{\sum x_0 f_0}{\sum f_0} = \left(\frac{\sum x_1 f_1}{\sum f_1} - \frac{\sum x_0 f_1}{\sum f_1} \right) + \left(\frac{\sum x_0 f_1}{\sum f_1} - \frac{\sum x_0 f_0}{\sum f_0} \right)$$

即 −61.3=179.4+（−240.7）

第五节　统计指数的应用

一、商品零售价格指数

商品零售价格指数是反映一定时期内城乡商品零售价格变动趋势和程度的相对数。商品零售价格的变动直接影响到城乡居民的生活支出和国家的财政收入，影响居民购买力和市场供需的平衡，影响到消费与积累的比例关系。因此，通过该指数可以从一个侧面对经济活动进行观察和分析。商品零售价格指数的计算步骤如下。

（一）选择代表规格品

我国的商品零售价格指数是把全部商品分为十六大类，分别是食品、饮料烟酒、服装鞋帽、纺织品、家用电器及音像器材、文化办公用品、日用品、体育娱乐用品、交通通信用品、家具、化妆品、金银珠宝、中西药品及医疗保健用品、书报杂志及电子出版物、燃料、建筑材料及五金电料（注：按国家统计局 2010 年度商品零售价格指数分类标准）。每个大类又分若干中类，中类内部再分为若干小类；每个小类又包括若干商品。各大类、中类、小类中各部分零售额比重之和都为 100%。因此各小类的加权平均指数便是中类的指数，各中类的加权平均指数便是大类的指数，各大类的加权平均指数就是总指数，即商品零售价格指数。

（二）典型地区的选择

典型地区的选择既要考虑其代表性，也要注意类型上的多样性及地区分布上的合理性和相对稳定性。

（三）商品价格的确定

一种商品的综合平均价格是该商品在一定时期内的牌价、议价、市价的加权平均，其权数是各种价格形式的商品零售量或零售额。为便于计算，权数一律取整数。

（四）商品零售价格指数采用加权算术平均指数公式计算

每年根据住户调查资料调整一次权数，每种商品的价格个体指数采用代表规格品的平均价格计算，其公式为：

$$\bar{k}_p = \frac{\sum k_p w}{\sum w}$$

式中：k_p 为各种代表规格品的价格个体指数；w 为各种代表规格品所代表的商品零售额的比重（固定权数）。

二、工业生产指数

工业生产指数概括地反映一个国家或地区各种工业产品产量的综合变动程度；它是衡量经济增长水平的重要指标之一。工业生产指数是直接利用工业产品产量计算代表产品的个体产量指数，然后以工业增加值作为权数，经过加权平均来计算整个工业生产的发展速度。世界上大多数国家都十分重视编制工业生产指数，并且多采用各工业部门增加值在全部工业增加值中所占比重作为固定权数。工业生产指数的计算公式如下所示。

$$\bar{k}_q = \frac{\sum k_q w}{\sum w}$$

式中：k_q 为工业部门产品产量指数；w 为工业部门增加值在全部工业增加值中所占比重（固定权数）。

三、产品成本指数

产品成本指数概括反映生产各种产品的单位成本水平的综合变动程度，是企业内部进行成本管理的一个有用工具。产品成本指数有以下几种形式。

（1）全部可比产品的综合成本指数通常采用帕氏公式来编制：

$$\bar{k}_z = \frac{\sum z_1 q_1}{\sum z_0 q_1}$$

该指数表示由于报告期单位成本比基期成本节约或提高导致的报告期总成本降低或提高的幅度，分子分母之差表示报告期总成本降低或增加额。

（2）对成本水平实施计划管理的场合，还可以编制相应的成本计划完成指数，用以检查有关成本计划的执行情况。其编制方法可以采用帕氏公式：

$$\bar{k}_z = \frac{\sum z_1 q_1}{\sum z_n q_1}$$

该指数表示由于报告期单位成本比计划成本节约或提高导致的报告期总成本降低或提高

的幅度，分子分母之差表示报告期总成本降低或增加额。

（3）在同时制订了产量计划的条件下，应采用拉氏公式编制成本计划完成指数。

$$\bar{k}_z = \frac{\sum z_1 q_n}{\sum z_n q_n}$$

同度量因素不是报告期产量而是计划产量 q_n，所以该指数所表示的是按照计划规定的产量结构报告期总成本降低或提高的幅度。

四、股票价格指数

股票价格指数的编制方法有多种，综合指数公式是其中的一种重要方法。我国的上证指数、美国标准普尔指数、香港恒生股票指数等，都是采用综合指数公式编制的。其计算公式为：

$$\bar{k}_p = \frac{\sum p_t q_0}{\sum p_0 q_0}$$

该公式是以基期的股票发行量（或流通量）为同度量因素的拉氏综合指数；式中 q_0 代表基期股票发行量（或流通量）。不同股价指数的样本范围和基期日期的选定都不同，举例如下。

1. 恒生指数

香港的恒生指数是香港股票市场历史最久、影响最大的一种股价指数。恒生指数由恒生银行编制，以 1964 年 7 月 31 日为基日，基数为 100。恒生指数由 33 种具有代表性的经济实力雄厚的大公司的股票组成，（其中金融业 4 种、公用事业 6 种、地产业 9 种、其他行业 14 种），其计算公式为：

$$恒生指数 = \frac{计算日的资本总市值}{基日的资本总市值} \times 100\%$$

2. 上海证券交易所股价指数

上海证券交易所股价指数包括全部上市股票，基期为 1990 年 12 月 19 日，股票的基期指数定为 100。股价的变动幅度以"点"数来表示：每上升或下降一个单位即为"1 点"。例如，当股价指数为 2 100 点时，表明股价报告期比基期上升 2 000 点。其计算公式为：

$$本日股价指数 = \frac{本日市价总值}{基日市价总值} \times 100\% = \frac{\sum p_1 q_1}{\sum p_0 q_1}$$

式中：p_1、p_0 分别为样本股票在报告期和基期的收盘价，q_1 为报告期股票的发行量。

3. 深圳证券交易所股价指数

1991 年 4 月 4 日起深圳各股票在深圳证券交易所集中上市，并以 1991 年 4 月 3 日为基期，深圳股价指数采用一种递推的计算方法。

$$今日现时指数 = \frac{今日现时总市值}{上日收市总市值} \times 上日收市指数$$

如股价指数的样本股有 30 种，则

$$今日现时总市值 = \sum_1^{30}(今日各股现时市价) \times (各股发行量)$$

$$上日现时总市值 = \sum_{1}^{30} (上日各股现时市价) \times (各股发行量)$$

五、居民消费价格指数

居民消费价格指数（consumer price index，CPI），也被称为消费者物价指数，是以与居民生活有关的产品及劳务价格统计出来的物价变动指标，用来衡量一般家庭（不含共同事业户）实际购买各项消费性商品及劳务价格变动情形。交纳所得税，购置土地、住宅及人寿保险等支出不属于查价范围。多数国家都编制居民消费价格指数；居民消费价格指数的作用表现在以下几个方面。

1. 反映通货膨胀

$$通货膨胀率 = \frac{报告期居民消费价格指数 - 基期居民消费价格指数}{基期居民消费价格指数} \times 100\%$$

如果通货膨胀率大于 100%，则说明通货膨胀；如果通货膨胀率小于 100%，则说明通货紧缩。

2. 反映货币购买力变动

$$货币购买力指数 = \frac{1}{居民消费价格指数} \times 100\%$$

因为货币购买力的变动与消费品和劳务价格的变动成反比例关系，所以居民消费价格指数的倒数就是货币购买力指数。

3. 反映消费品和服务项目的价格变动对职工的实际工资的影响

$$职工实际工资指数 = \frac{职工平均工资指数}{居民消费价格指数} \times 100\%$$

上式说明职工在不同时期得到的货币工资额实际能够买到的消费品和服务项目在数量上的增减变化。

我国编制价格指数的商品和服务项目是根据全国城乡近 11 万户居民家庭消费支出构成资料和有关规定确定的，目前共包括食品、烟酒及用品、衣着、家庭设备用品及服务、医疗保健及个人用品、交通和通讯、娱乐教育文化用品及服务、居住 8 大类，251 个基本分类，约 700 个代表品种。居民消费价格指数就是在对全国 550 个样本市县近 3 万个采价点进行价格调查的基础上，根据国际规范的流程和公式算出来的。

$$CPI = 现期购买商品支出总额 \div 基期购买商品支出总额$$

第六节　Excel 2016 在指数计算中的应用

一、利用 Excel 2016 计算综合指数

以例 6-1 某商店商品销售情况资料为例，利用 Excel 2016 计算销售额总指数、销售量总

指数和价格总指数，其操作步骤如下所示。

（1）将例 6-1 中已知的资料输入 Excel 2016 工作表中的 A1:F6 区域；

（2）计算 $q_0 p_0$。在 G3 单元格中输入 "=C3*E3"，按 Enter 键确定，再用鼠标拖曳填充柄将公式复制到 G4:G5 区域。

（3）计算 $q_1 p_0$。在 H3 单元格中输入 "=D3*E3"，按 Enter 键确定，再用鼠标拖曳填充柄将公式复制到 H4:H5 区域。

（4）计算 $q_1 p_1$。在 I3 单元格中输入 "=D3*F3"，按 Enter 键确定，再用鼠标拖曳填充柄将公式复制到 I4:I5 区域。

（5）计算销售额合计。选定 G3:G5 区域，单击 "∑自动求和"，在 G6 单元格得到合计数。或在 G6 单元格中输入 "=SUM(G3:G5)"，按 Enter 键确定，并用鼠标拖曳填充柄将公式复制到 H6:I6，从而得到 H6:I6 单元格的合计数。

（6）计算销售额总指数和增减绝对额。在 C8 单元格中输入 "=I6/G6"，按 Enter 键确定。在 D8 单元格中输入 "=I6-G6"，按 Enter 键确定。

（7）计算销售量总指数和增减绝对额。在 C9 单元格中输入 "=H6/G6"，按 Enter 键确定。在 D9 单元格中输入 "=H6-G6"，按 Enter 键确定。

（8）计算价格总指数和增减绝对额。在 C10 单元格中输入 "=I6/H6"，按 Enter 键确定。在 D10 单元格中输入 "=I6-H6"，按 Enter 键确定。综合指数计算图表如图 6-3 所示。

	A	B	C	D	E	F	G	H	I
1	商品名称	单位	销售量q		销售价格/元p		$q_0 p_0$	$q_1 p_0$	$q_1 p_1$
2			1月份 q_0	2月份 q_1	1月份 p_0	2月份 p_1			
3	鞋	双	400	600	25	20	10000	15000	12000
4	服装	套	500	600	40	36	20000	24000	21600
5	布匹	米	200	180	50	60	10000	9000	10800
6	合计	—	—	—	—	—	40000	48000	44400
7			综合指数	增减绝对额					
8	销售额总指数/%		111	4400					
9	销售量总指数/%		120	8000					
10	价格总指数/%		92.5	-3600					

图 6-3　综合指数计算图表

二、利用 Excel 2016 计算平均指标指数

以表 6-5 某银行职工人数和平均工资情况为例，利用 Excel 2016 计算平均指标指数步骤如下。

（1）将表 6-5 某银行职工人数和平均工资情况资料输入 Excel 2016 工作表 A1:E6 区域；

（2）在 F3 单元格中输入 "=B3*D3"，按 Enter 键确定后得到 150 000；选中 F3 单元格，用填充柄拖曳得到其他数据。选中 F3:F5，单击 "∑自动求和"，得到 F6 合计数 347 400；在 G3 单元格中输入 "=C3*E3"，按 Enter 键确定后得到 301 000，选中 G3 单元格，用填充柄拖曳得到其他数据；选中 G3:G5，单击 "∑自动求和"，得到 G6 合计数 502 600；在 H3 单元格中输入 "=B3*E3"，按 Enter 键确定后得到 280 000，选中 H3 单元格，用填充柄拖曳得到其他数据；选中 H3:H5，单击 "∑自动求和"，得到 H6 合计数 467 800；

（3）在 B7 单元格中输入"=F6/D6"，按 Enter 键确定，得到 2 651.9；在 B8 单元格中输入"=G6/E6"，按 Enter 键确定，得到 2 590.7；在 B9 单元格中输入"=H6/E6"，按 Enter 键确定，得到 2 411.3；在 B10 单元格中输入"=B8/B7*100"，按 Enter 键确定，得到 97.7%；在 D10 单元格中输入"=B8−B7"，按 Enter 键确定，得到−61.2；在 B11 单元格中输入"=B8/B9*100"，按 Enter 键确定，得到 107.4%；在 D11 单元格中输入"=B8−B9"，按 Enter 键确定，得到 179.4；在 B12 单元格中输入"=B9/B7*100"，按 Enter 键确定，得到 90.9%；在 D12 单元格中输入"=B9−B7"，按 Enter 键确定，得到−240.6。平均指标指数的计算结果如图 6-4 所示。

	A	B	C	D	E	F	G	H
1	职称	平均工资（元）X		职工人数（人）f		x_0f_0	x_1f_1	x_0f_1
2		基期x_0	报告期x_1	基期f_0	报告期f_1			
3	初级经济师	2000	2150	75	140	150000	301000	280000
4	中级经济师	3400	3600	36	42	122400	151200	142800
5	高级经济师	3750	4200	20	12	75000	50400	45000
6	合计	—	—	131	194	347400	502600	467800
7	基期总平均工资	2651.9						
8	报告期总平均工资	2590.7						
9	假定的总平均工资	2411.3						
10	可变构成指数/%	97.7	绝对数	−61.2				
11	固定构成指数/%	107.4	绝对数	179.4				
12	结构影响指数/%	90.9	绝对数	−240.6				

图 6-4　平均指标指数的计算结果

第七节　统计表数据的编辑与管理

一、Excel 2016 中快速移动互换行或列数据

例如，将 A 列数据移动到 B 列数据区域的右边，即 A 列数据和 B 列数据互换。

（1）用鼠标选定 A 列数据区域；把鼠标放在 A 列数据区域右边，待光标变成四个箭头，按 Shift 键（按 Ctrl 键是复制）的同时，按下鼠标左键；

（2）将 A 列数据拖动至 B 列数据区域的右边，看到一条垂直的虚线（如果看到一条水平的虚线，表示将选中的 A 列数据区域插入 B 列中），同时松开 Shift 键和鼠标左键，由此便实现了 A、B 两列数据互换。用同样的方法也可以实现两行数据的移动互换。

（注意：如果上述区域有合并的单元格，则不能实现行或列的移动互换。）

二、Excel 2016 中快速移动数据单元格

例如，将 A6 单元格数据移动到 A1 下面。

（1）用鼠标选定要移动的 A6 单元格，移动鼠标指针到 A6 单元格边缘，出现拖放指针的四个箭头；

（2）按 Shift 键（按 Ctrl 键是复制）的同时按下鼠标左键拖放至 A1 单元格下边（上下拖拉时光标在单元格间边界处会变成一个水平"工"状标志，左右拖拉时会变成垂直"工"状

标志），松开鼠标左键完成操作后，A6 单元格数据即移动至 A1 单元格的下面，已有数据的单元格的次序随即发生了变化。

三、Excel 2016 中将统计表行和列进行转置

例如，将表 6–6 企业产品季度销售额统计表 1，转置为表 6–7 企业产品季度销售额统计表 2。

表 6–6　企业产品季度销售额统计表 1

	A	B
1	季度	销售额/万元
2	一季度	365
3	二季度	312
4	三季度	289
5	四季度	416
6	合　计	1 382

表 6–7　企业产品季度销售额统计表 2

C	D	E	F	G	H
季度	一季度	二季度	三季度	四季度	合　计
销售额/万元	365	312	289	416	1 382

（1）选中表 6–6 的 A1:B6 区域，单击常用工具栏中的"复制"（或 Ctrl+C）；

（2）单击选中要存放转置表区域的左上角一个单元格（如 C1）；

（3）单击常用工具栏中的"粘贴"下拉箭头，选择"选择性粘贴"；

（4）在选择性粘贴对话框中勾选"转置"复选框，并单击"确定"，则行和列转置后表格出现在 C1:H2 单元格区域，如表 6–7 所示。选择性粘贴对话框如图 6–5 所示。

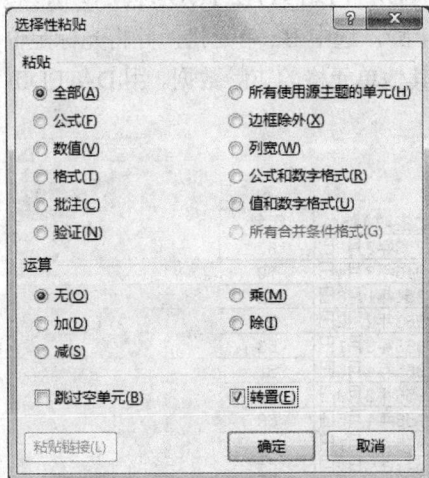

图 6–5　选择性粘贴对话框

四、给一列（一行）数字后添加货币单位

以添加单位"万元"为例，步骤如下。

（1）选中所要填加"万元"的数字所在单元格区域；

（2）执行：开始—格式—设置单元格格式—数字—自定义；

（3）在"类型"列表框中输入：#"万元"（""应在英文半角状态下输入），单击"确定"，则被选中区域的数字后都加上了"万元"。添加货币单位的单元格格式设置如图 6-6 所示。

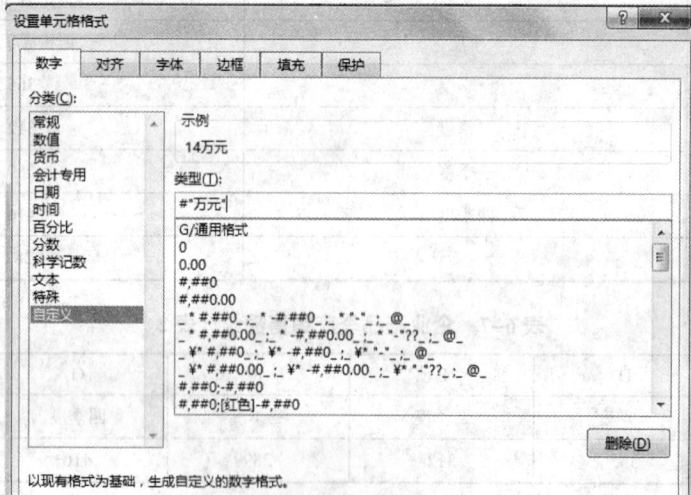

图 6-6　添加货币单位的单元格格式设置

五、用 DATEDIF 函数根据出生日期计算年龄

（1）在 A2:A11 区域输入每个人的出生年月日（日期格式不限）；

（2）在 B2 单元中输入：=DATEDIF（A2,TODAY(),"y"），按 Enter 键确定；

（3）B2 单元格中即显示年龄，选中 B2 单元格，并将光标定位在单元格右下方，出现"十"字后，用鼠标拖曳填充柄得到其他单元格的年龄数据。用 DATEDIF 函数计算年龄如图 6-7 所示。

	出生时间	年龄
2	1953年3月6日	63
3	1946年3月4日	70
4	1954年1月8日	62
5	1963年2月2日	53
6	1963年3月1日	53
7	1965年4月5日	51
8	1956年2月9日	60
9	1958年4月5日	58
10	1965年4月1日	51
11	1964年3月2日	52

图 6-7　用 DATEDIF 函数计算年龄

六、将文本格式的数据变为数字格式

在实际工作中，一些来自文本文件或其他财务软件的数据导入 Excel 后，其数据以文本形式存在（数字默认是右对齐的，而文本则是左对齐的），即使重新将单元格格式设置为"数字"也无济于事。以下方法可以快速地将文本格式的数据转变为数字格式。

（1）在任意一个空白单元格中输入数字 1，然后选中这个单元格，执行"复制"命令；

（2）再选中所要将文本数据转换为数字的区域范围，单击常用工具栏中的"粘贴"下拉箭头，选择"选择性粘贴"，选中运算下的"乘"，单击"确定"后会发现该区域的数据都转变为数字格式且右对齐。选择性粘贴对话框设置如图 6-8 所示。

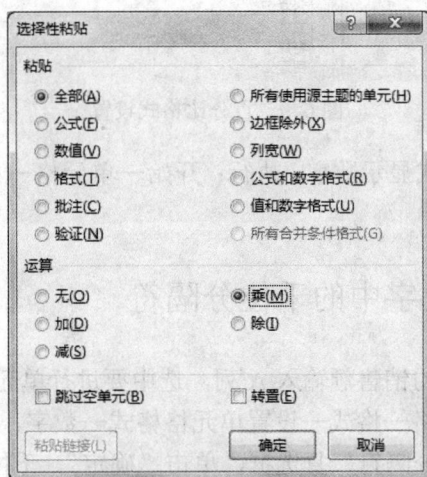

图 6-8　选择性粘贴对话框设置

七、将工作表中的数字按小数点对齐

有时工作表中输入的数字小数位数不同，需要加"0"补位；有以下两种方法使数字按小数点对齐。

1. **方法一**

选中数字区域或单元格，单击"开始"标签下的"增加小数位数"按钮，将不足位数用 0 补位。

2. **方法二**

选中数字区域或单元格，执行：开始—单元格—格式—设置单元格格式—数字，选中"数值"，在右面的"小数位数"中输入需要的小数位数，单击"确定"，此时数据区域就会自动以 0 补足位数。同样，对于单元格中小数位数多的数字，如果设置了较少的小数位数，也会自动去掉小数点后面的数字。

八、以百分比格式显示数字

（1）选中要设置以百分比格式显示数字的区域或单元格；

（2）执行：开始—单元格—格式—设置单元格格式—数字，单击"分类"列表中的"百分比"选项，在右边调整保留的小数位数，单击"确定"。百分比格式设置如图 6-9 所示。

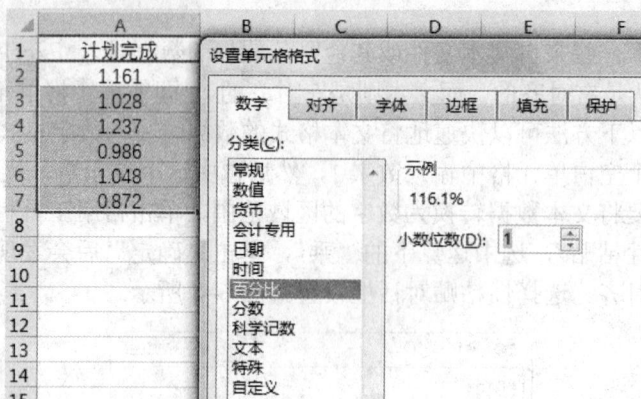

图 6-9　百分比格式设置

（3）要撤消以百分比格式显示数字，执行：开始—单元格—格式—设置单元格格式—数字—常规。

九、显示或隐藏数字中的千位分隔符

（1）将某商场 6 种商品的销售额输入 A 列，选中要进行单元格格式设置的区域 A2:A6；

（2）执行：开始—单元格—格式—设置单元格格式—数字，单击"分类"列表中的"数值"选项，选中"使用千位分隔符"复选框，单击"确定"。千位分隔符格式设置如图 6-10 所示。

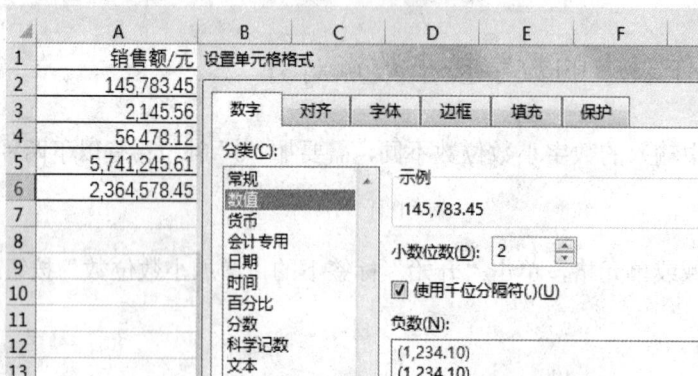

图 6-10　千位分隔符格式设置

十、隐藏单元格中的数值

（1）选中所要隐藏数值的单元格区域；

（2）执行：开始—单元格—格式—设置单元格格式—数字，单击"分类"列表中的"自定义"；

（3）在设置单元格格式对话框中将"类型"框中已有的代码删除，在英文半角状态下输入";;;"，单击"确定"；此时表格中的数据不再显示，而表格依然存在。隐藏单元格数据设置如图 6-11 所示。

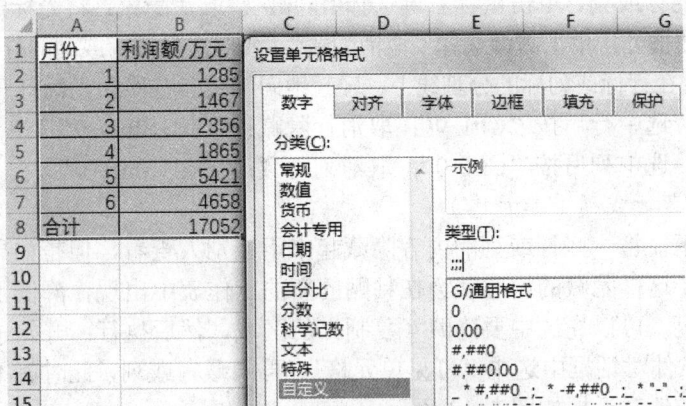

图 6-11　隐藏单元格数据设置

（4）右键单击该工作表标签，选择"隐藏"选项，此时空表格也不再显示；

（5）右键单击该工作表标签，选择"保护工作表"选项，打开保护工作表对话框，设置好密码后，单击"确定"返回。经过这样的设置以后，上述单元格中的内容不再显示，即使使用 Excel 的透明功能也不能让其现形。保护工作表设置如图 6-12 所示。

（6）需要打开工作表时，单击工作表标签，选中"撤消工作表保护"。要显示隐藏的工作表，单击工作表标签，选择"取消隐藏"，确定后隐藏的工作表就会出现。要显示表中隐藏的数字，执行：开始—单元格—格式—设置单元格格式—数字，单击"分类"列表中的"自定义"，在设置单元格格式对话框中将"类型"框中的";;;"去掉即可。

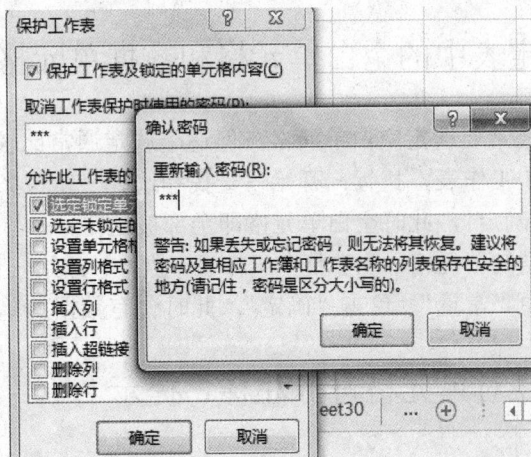

图 6-12　保护工作表设置

（注意：在"保护"标签下，请不要清除"锁定"前面复选框中的"√"号，这样可以防止别人删除已隐藏的数据。）

十一、隐藏/显示行或列

（一）隐藏行或列

选中要隐藏的行或列，单击鼠标右键选择"隐藏"。取消隐藏：将光标定位在隐藏的行或列的行标或列标边框处，单击右键选择"取消隐藏"；或双击隐藏行或列的行标或列标边框；还可以将光标针放置在行标或列标的分割线上，轻轻地向下或向右移动光标打开隐藏的行或列。

快速隐藏行：选中行后按"Ctrl+9"；取消行隐藏："Ctrl+Shift+9"。

快速隐藏列：选中列后按"Ctrl+0"；取消列隐藏："Ctrl+Shift+0"。

（二）彻底隐藏行或列（单元格）

在很多情况下需将一些行或列的内容隐藏起来不让别人查看，但是如果用户复制包含隐藏行或列的区域，这样隐藏的内容就会在粘贴的新的工作表中出现，降低了隐藏效果。如果想要避免这种情况，可以先选中要隐藏（复制）的区域，然后执行：开始—查找和选择—定位条件，在定位条件对话框中选中"可见单元格"，再隐藏行或列，此时就不能再对其进行复制粘贴了，定位条件对话框如图 6–13 所示。

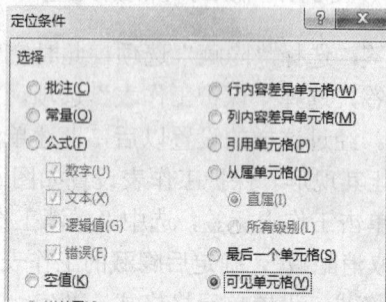

图 6–13　定位条件对话框

十二、快速选定表中的空白单元格和数据单元格

在 Excel 2016 中，经常要选定空白单元格，但逐个选定通常比较麻烦，使用如下方法可以节省工作量。选中整个工作表，执行：开始—查找和选择—定位条件，在定位条件对话框中选中"空值"，单击"确定"，此时空白单元格即全部被选定。

如果要选定只含数据的单元格，选中整个工作表，执行：开始—查找和选择—定位条件，在定位条件对话框中选中"常量"，单击"确定"，此时含有数据的单元格全部被选定。

十三、通过批注对单元格进行注释、提示

（一）添加批注

选定单元格或区域，单击鼠标右键，选择"插入批注"，在弹出的批注框中输入所要添加的批注文本。例如，请在此输入"2016.01 至 2016.12"，输入完成后单击批注框外部的工作表区域即可。在添加批注之后单元格的右上角会出现一个小红点，提示该单元格已

被添加了批注。将光标移到该单元格上就可以显示批注。对单元格设置批注如图6-14所示。

图6-14　对单元格设置批注

（二）修改批注

运用绘图工具栏改变批注的形状、背景、阴影，也可在批注中插入图片。

（1）编辑批注：选定单元格区域，单击右键"编辑批注"。

（2）设置批注格式：右键单击批注可"设置批注格式"，调整字体大小及颜色，设置边框颜色与线条，填充效果等。

（3）删除批注：选择单元格区域，执行：右键单击—删除批注；或选定批注后，按 DELETE 键删除。

十四、复制粘贴用公式计算的数字

例如，A1为60，B1为90，在C1输入"=A1+B1"，结果是150，这时要复制C1，再将其粘贴到其他单元格是无效的，因为 C1 数值是根据前单元格数据计算的。这种情况下欲将C1 单元格数据粘贴到D1 中的步骤为：选中数据为150的C1 单元格复制（或 Ctrl+C），选中要粘贴的D1 位置，单击鼠标右键"选择性粘贴"，在"粘贴"复选框中选择"数值"后单击"确定"，则完成D1 单元格数据150 的粘贴。选择性粘贴对话框如图6-15 所示。

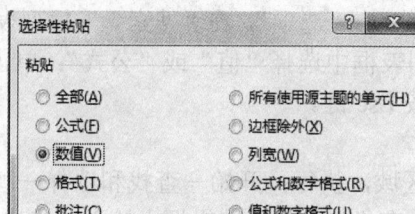

图6-15　选择性粘贴对话框

选择性粘贴的功能如下。

（1）粘贴选项。

① 全部，粘贴目标区域的数值或文本，以及其单元格格式和公式，包括批注、超链接等内容；

② 公式，仅粘贴目标区域的公式，去除数值、文本、格式、批注、超链接等内容；

③ 数值，仅粘贴目标区域的数值或文本，去除公式、格式、批注、超链接等内容；

④ 格式，仅粘贴目标区域的字体、边框、背景色等格式，去除数值、文本、公式、批注、超链接等内容；

⑤ 批注，仅粘贴目标区域的批注，去除数值、文本、格式、超链接等内容；

⑥ 有效性验证，将复制单元格的数据有效性规则粘贴到粘贴区域；

⑦ 边框除外，仅去除目标区域的边框格式后的粘贴；

⑧ 列宽，仅粘贴目标区域单元格的列宽，去除数值、文本、格式、批注、超链接等内容；

⑨ 公式和数字格式，仅粘贴目标区域的公式和数字格式，去除字体边框背景等格式、批注、超链接等内容；

⑩ 值和数字格式，仅粘贴值和数字格式，去除字体边框背景等格式、批注、超链接等内容。

（2）运算功能区，对单元格数值的直接运算并返回结果，以及对文本型数据的类型格式的转换。

（3）跳过空单元格，当复制的源数据区域中有空单元格时，粘贴时空单元格不会替换粘贴区域对应单元格中的值。

（4）转置功能，将目标区域粘贴后的行列之间转换。

（5）粘贴链接，将目标区域单元格粘贴为公式，且随原复制区域改变结果。

十五、撤消或恢复操作

1. 若要一次只撤消一项最近的操作，单击"撤消"⤺；若要一次撤消多项操作，单击"撤消"⤺旁的下拉箭头，从列表中选中多项撤消。

2. 如需恢复所做的"撤消"操作，单击"恢复"⤻或单击"恢复"旁的箭头，从列表中选择多项恢复。

十六、查找与替换

（一）查找文字或数字

选定需要搜索的单元格区域，执行：开始—查找和选择—查找；在"查找内容"编辑框中输入待查找的文字或数字；单击"选项"，在"搜索"下拉列表框中，选"按行"或"按列"查找，在"查找范围"下拉列表框中选择"值"或"公式"；单击"查找下一个"按钮，继续查找；如需中断查找，可以按 Esc 键。

（二）替换文字或数字

选定需要搜索的单元格区域，执行：开始—查找和选择—替换；在"查找内容"编辑框中输入待查找的文字或数字；在"替换为"编辑框中输入替换字符。如果要删除"查找内容"编辑框中输入的字符，将"替换为"编辑框留空即可；如果要逐个替换搜索到的字符，单击"替换"按钮即可；如果要替换所有搜索到的字符，单击"全部替换"按钮即可。查找与替换对话框如图 6-16 所示。

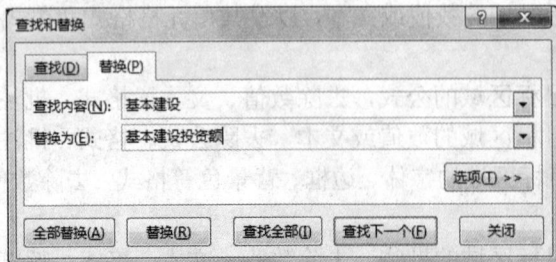

图 6-16　查找与替换对话框

十七、在单元格或单元格区域插入超链接

（1）创建超链接。选定单元格或单元格区域或图片，单击鼠标右键，选中"超链接"命令，出现插入超链接对话框，选择路径查找需要链接的文件，单击"确定"按钮。

（2）编辑超链接。选定含有超链接的单元格，单击鼠标右键，选中"编辑超链接"命令，出现编辑超链接对话框，在该对话框中重新选择路径查找需要链接的文件即可。

（3）删除超链接。鼠标右键单击含有超链接的单元格，在弹出的快捷菜单中选择"取消超链接"命令即可；也可在编辑超链接对话框中单击"删除链接"按钮。

十八、工作窗口的并排比较

（一）并排查看同一个工作簿中的两个工作表

（1）在一个工作簿中打开一个要比较的工作表，单击"视图"选项卡上"窗口"组中的"新建窗口"，这时又出现了一个和原来工作簿一样的工作簿。

（2）单击"视图"选项卡上"窗口"组中的"并排查看"　，这时两个工作簿的同一个工作表并排显示。

（3）此时在每个工作簿窗口中，单击需要比较的工作表即可。

（4）若要同时滚动两个工作表，单击"视图"选项卡上"窗口"组中的"同步滚动"　。如果调整了工作簿窗口的大小以使查看效果最佳，可单击"重设窗口位置"　恢复最初设置。

（5）要将一个工作簿窗口最大化显示，单击工作簿窗口右上角的"最大化"　即可。

（二）并排查看不同工作簿中的两个工作表

（1）打开包含要进行比较的工作表的两个工作簿。

（2）单击"视图"选项卡上"窗口"组中的"并排查看"　。如果已打开两个以上的工作簿，Excel 将显示并排比较对话框。在此对话框中的"并排比较"下，单击包含要与活动工作表进行比较的工作表所在的工作簿，然后单击"确定"即可。

（3）在每个工作簿窗口中，单击要进行比较的工作表。

（4）如需同时滚动两个工作表，单击"视图"选项卡上"窗口"组中的"同步滚动"　。

十九、冻结窗格

（一）冻结首行

当表的行数太多，屏幕不能全部显示的情况下，如向下滚动要查看其他行的数据时，首行的标题就不再显示。为解决此问题，可以冻结首行以便它始终保持可见，其方法是：打开这个工作表，单击"视图"选项卡上"窗口"组中的"冻结窗格"，在下拉菜单中选择"冻结首行"即可。若要冻结多行（从首行开始），选择想要冻结的最后一行下方的行，然后单击"冻结窗格"即可。"冻结窗格"工具如图 6-17 所示。

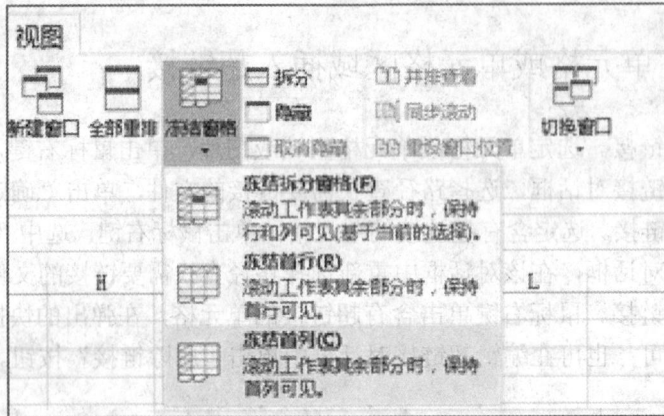

图 6-17 "冻结窗格"工具

（二）冻结首列

如果想要冻结最左侧的列，单击"视图"选项卡上"窗口"组中的"冻结窗格"，选择"冻结首列"即可。若要冻结多列，选择想要冻结的最后一列右侧的列，然后单击"冻结窗格"。

（三）冻结首行和首列

要同时冻结首行和首列，选中首行和首列交叉处的一个单元格，单击"视图"选项卡上"窗口"组中的"冻结窗格"，选择"冻结拆分窗格"即可。当冻结行和列时，冻结的最后一行下方的边框和冻结的最后一列右侧的边框略粗。

（四）取消冻结行或列

如需取消冻结行或列，单击"视图"选项卡上"窗口"组中的"冻结窗格"，选择"取消冻结窗格"即可。

二十、常见错误提示及分析

（一）错误类型：####

产生原因：输入到单元格中的数值太长或公式产生的结果太长，单元格容纳不下。

解决办法：适当增加列的宽度。

（二）错误类型：#VALUE

产生原因：文本类型的数据参与了数值运算，导致函数参数的数值类型不正确。

解决办法：更正相关的数据类型或参数类型。

（三）错误类型：#NAME?

产生原因：在公式中使用了 Excel 无法识别的文本，如函数的名称拼写错误，使用了没有被定义的区域或单元格名称，引用文本时没有加引号等。

解决办法：确认使用的名称确实存在。如果所需的名称没有被列出，应添加相应的名称；如果名称存在拼写错误，应修改拼写错误。

（四）错误类型：#DIV/0!

产生原因：在公式中有除数为零，或有除数为空白的单元格（Excel 视空白单元格内的数值为 0）。

解决办法：把除数改为非零的数值，或用 IF 函数进行控制。

（五）错误类型：#NULL!

产生原因：使用了不正确的区域运算符或引用的单元格区域的交集为空。

解决办法：改正区域运算符使之正确；更改引用的单元格区域使之相交。

（六）错误类型：>#REF!

产生原因：公式中使用了无效的单元格引用。通常如下操作会导致公式引用无效的单元格：删除了被公式引用的单元格；把公式复制到含有引用自身的单元格中。

解决办法：更改公式，在删除或粘贴单元格之后，立即单击"撤消"按钮以恢复工作表中的单元格。

（七）错误类型：#NUM!

产生原因：当公式需要数字型参数时，却为其提供了一个非数字型参数；为公式提供了一个无效的参数；公式返回的值太大或太小。

解决办法：确认函数中使用的参数类型是否正确；检查数字是否超出限定区域。

（八）错误类型：#N/A

产生原因：在使用查找功能的函数（VLOOKUP、HLOOKUP、LOOKUP 等）时，未找到匹配的值。

解决办法：检查被查找的值，确认其存在于查找的数据表中。

【课后训练】

一、单选题

1. 将统计指数划分为个体指数和总指数是依据指数（　　　　）。

    A. 反映的现象范围不同　　　　　　　B. 同度量因素不同

    C. 计算时是否进行加权　　　　　　　D. 指数化的指标不相同

2. 按指数化指标分子分母的比较时期不同，指数可分为（　　　　）。

    A. 个体指数和总指数　　　　　　　　B. 动态指数和静态指数

    C. 定基指数和环比指数　　　　　　　D. 数量指标指数和质量指标指数

3. 总指数编制的两种形式是（　　　　）。

    A. 算术平均指数和调和平均指数　　　B. 个体指数和综合指数

    C. 综合指数和平均指数　　　　　　　D. 定基指数和环比指数

4. 在设计综合指数的形式时，最关键的问题是（　　　　）。

    A. 确定指数的公式形式　　　　　　　B. 确定同度量因素

    C. 确定对比基期　　　　　　　　　　D. 确定谁是数量指标、谁是质量指标

5. 在编制综合指数时，同度量因素应该选择（　　　　）。

    A. 同一时期的　　　B. 基期的　　　C. 报告期的　　　D. 上述 3 种均可

6. 统计指数按其所表明的经济指标性质的不同，可分为（　　　　）。

    A. 定基指数和环比指数　　　　　　　B. 平均指数和综合指数

    C. 数量指标指数和质量指标指数　　　D. 个体指数和总指数

7. 说明现象总的规模和数量变动的统计指数是（　　　　）。

A. 质量指标指数　　B. 平均数指数　　　C. 数量指标指数　　D. 个体指数

8. 编制数量指标指数一般是采用（　　　）作为同度量因素。

　　A. 基期质量指标　　　　　　　　　B. 报告期质量指标

　　C. 基期数量指标　　　　　　　　　D. 报告期数量指标

9. 编制质量指标指数一般是采用（　　　）作为同度量因素。

　　A. 基期质量指标　　　　　　　　　B. 报告期质量指标

　　C. 基期数量指标　　　　　　　　　D. 报告期数量指标

10. 在掌握了基期产值和各种产品产量个体指数资料的条件下，计算产量总指数应采用
　　（　　　）。

　　A. 综合指数　　　　　　　　　　　B. 可变构成指数

　　C. 加权算术平均数指数　　　　　　D. 加权调和平均数指数

11. 按照个体价格指数和报告期销售额计算的质量指标指数是（　　　）。

　　A. 综合指数　　　　　　　　　　　B. 平均指标指数

　　C. 加权算术平均数指数　　　　　　D. 加权调和平均数指数

12. 某市居民以相同的人民币在物价上涨后减少购买商品 15%，则物价指数为（　　　）。

　　A. 17.6%　　　　　B. 85%　　　　　　C. 115%　　　　　　D. 117.6%

13. 某工厂产量本年比上年提高了 15%，产值增长 20%，则产品价格平均提高了（　　　）。

　　A. 4.35%　　　　　B. 5%　　　　　　C. 35%　　　　　　D. 38%

14. 某商店报告期与基期相比，商品销售额增长 6.5%，商品销售量增长 6.5%，则商品
　　价格（　　　）。

　　A. 增长 13%　　　B. 增长 6.5%　　　C. 增长 1%　　　　D. 不增不减

15. 如果生活费用指数上涨 20%，则现在 1 元钱（　　　）。

　　A. 只值原来的 0.80 元　　　　　　B. 只值原来的 0.83 元

　　C. 与原来的 1 元钱等值　　　　　　D. 无法与原来比较

二、多选题

1. 用综合指数法编制总指数时，其中的同度量因素（　　　）。

　　A. 与平均数中的权数是两个不同的概念　B. 既起同度量作用，又有权数作用

　　C. 必须固定在同一个时期　　　　　　D. 其时期可以不固定

2. 综合指数从编制方法上看的特点包括（　　　）。

　　A. 先综合后对比　　　　　　　　　B. 对同度量因素加以固定

　　C. 分子分母研究对象的范围一致　　　D. 需要全面的资料

3. 若 p 表示商品价格，q 表示商品销售量，则公式 $\sum p_1 q_1 - \sum p_0 q_1$ 表示的意义是（　　　）。

　　A. 综合反映销售额变动的绝对额

　　B. 综合反映价格变动和销售量变动的绝对额

　　C. 综合反映多种商品价格变动而增减的销售额

　　D. 综合反映由于价格变动而使消费者增减的货币支出额

4. 下列指标中属于质量指标指数的是（　　　）。

　　A. 农副产品产量指数　　　　　　　B. 农副产品收购价格指数

　　C. 工业产品单位成本总指数　　　　D. 商品批发价格总指数

5. 下列属于数量指标指数有（　　　　）。

 A. 劳动生产率指数   B. 商品销售量指数

 C. 产品成本指数   D. 职工人数指数

6. 某企业为了分析本厂生产的两种产品单位产品成本的变动情况，已计算出单位产品成本指数为 96.5%，这一指数是（　　　　）。

 A. 综合指数 B. 总指数 C. 质量指标指数 D. 数量指标指数

7. 某连锁分店第二季度全部商品销售量为第一季度的 105%，这个指数是（　　　　）。

 A. 季节指数 B. 比较指数 C. 总指数 D. 数量指标指数

8. 平均数变动因素分析的指数体系中包括的指数有（　　　　）。

 A. 可变构成指数 B. 固定构成指数 C. 结构影响指数 D. 算术平均指数

9. 如采用某企业职工人数和劳动生产率的分组资料来进行分析，该企业总的劳动生产率的变动主要受到（　　　　）。

 A. 企业全部职工人数变动的影响

 B. 企业劳动生产率变动的影响

 C. 企业各类职工人数占全部职工人数比重的变动影响

 D. 企业各类工人劳动生产率的变动影响

10. 某企业基期产值为 100 万元，报告期比基期增长 14%；又已知以基期价格计算的报告期假定产值为 112 万元，经计算可知（　　　　）。

 A. 产量增加 12%

 B. 价格增加 12%

 C. 由于价格变化使产值增加 2 万元

 D. 由于产量变化使产值增加 12 万元

三、综合训练

1. 已知某商场三种商品的价格和销售量资料如表 6-8 所示。

表 6-8　某商场三种商品的价格和销售量资料

商品名称	计量单位	销售量		销售价格/元	
		基期	报告期	基期	报告期
A	件	0 320	0 450	220	180
B	kg	1 500	1 360	050	056
C	m	0 640	0 850	130	124
合计	—	2 460	2 660	—	—

（1）计算每种商品价格和销售量个体指数。

（2）计算三种商品的销售额综合指数和商品销售额的增加额。

（3）计算三种商品的销售量综合指数和由于销售量变动对销售额的影响。

（4）计算三种商品的物价综合指数和由于物价变动对销售额的影响。

（5）以相对数和绝对数指数体系分析销售额总变动中受价格和销售量变动的影响。

2. 某企业三种产品产量及其单位成本资料如表 6-9 所示。

表 6-9　某企业三种产品产量及其单位成本资料

商品名称	计量单位	产量		单位成本/元	
		基期	报告期	基期	报告期
甲	万件	100	120	15	10
乙	万只	500	500	45	55
丙	万个	150	200	09	07
合计	—	750	820	—	—

（1）计算三种产品的单位成本指数及由于单位成本变动使总成本变动的绝对额。

（2）计算三种产品产量总指数及由于产品产量变动而使总成本变动的绝对额。

（3）利用指数体系分析说明总成本（相对程度和绝对额）变动的情况。

3. 某企业三种商品产量和基期的产值资料如表 6-10 所示，请根据表中数据计算产量综合指数及由于产量变动影响的产值增减的绝对数。

表 6-10　某企业三种商品产量和基期产值资料

产品名称	计量单位	基期产值/万元	个体产量指数/%
甲	台	092.80	120.00
乙	件	050.82	084.30
丙	t	129.22	107.69
合计	—	272.84	—

4. 某店四种商品的销售额和个体价格指数资料如表 6-11 所示。

表 6-11　某店四种商品的销售额和个体价格指数资料

商品名称	计量单位	销售额/万元		个体价格指数/%
		基期	报告期	
甲	m	800	900	95
乙	cm	450	460	105
丙	件	900	1 200	110
丁	块	850	900	106
合计	—	3 000	3 460	—

（1）计算四种商品的价格总指数和销售量总指数。

（2）利用指数体系，对总销售额的变动进行因素分析。

5. 有某商场 2014—2015 年三种商品的销售情况如表 6-12 所示。

表 6–12　某商场 2014—2015 年三种商品的销售情况

商品	计量单位	商品销售额/万元		2015 年销售量比 2014 年增减/%	2015 年价格比 2014 年增减/%
		2015 年	2014 年		
甲	件	040	54.00	050	−10
乙	kg	050	043.20	−10	0−4
丙	台	160	137.76	005	−18

请用指数法分析三种商品 2015 年与 2014 年相比，三项指标（销售额、销售量、价格）各自总的变动程度。为了便于分析，用 q_0、q_1 分别表示 2014 年、2015 年的商品销售量，用 p_0、p_1 分别表示商品价格，用 qp 表示商品销售额。

（1）下列选项中，指数体系可以成立的有（　　　）。

A. 商品销售额指数＝商品销售量指数÷价格指数

B. 商品销售额指数＝商品销售量指数×价格指数

C. 商品销售额指数÷商品销售量指数＝价格指数

D. 商品销售额指数×商品销售量指数＝价格指数

（2）上述三个指数构成的体系，按其在指数体系中的作用分类，下列表述正确的是（　　　）。

A. 商品销售额指数应属于反映总体的总量指标变动程度的指数

B. 商品销售价格指数是反映总体现象总变动程度的指数

C. 商品销售量指数与价格指数都属于因素指数

D. 只有价格指数才是影响商品销售额与商品销售量的因素指数

（3）商品销售量总指数（$\bar{K}_q$）的一般计算公式有（　　　）。

A. $\bar{K}_q = \dfrac{\sum q_1}{\sum q_0}$

B. $\bar{K}_q = \dfrac{\sum q_1 p_0}{\sum q_0 p_0}$

C. $\bar{K}_q = \dfrac{\sum \dfrac{q_1}{q_0} q_0 p_0}{\sum q_0 p_0}$

D. $\bar{K}_q = \dfrac{\sum q_0 p_0}{\sum \dfrac{1}{\dfrac{q_1}{q_0}} q_0 p_0}$

（4）商品价格总指数（$\bar{K}_p$）的一般计算公式有（　　　）。

A. $\bar{K}_p = \dfrac{\sum p_1 q_1}{\sum p_0 q_1}$

B. $\bar{K}_p = \dfrac{\sum \dfrac{p_1}{p_0} q_1 p_1}{\sum q_1 p_1}$

C. $\bar{K}_p = \dfrac{\sum q_1 p_1}{\sum \dfrac{1}{\dfrac{p_1}{p_0}} q_1 p_0}$

D. $\bar{K}_p = \dfrac{\sum p_1 q_1}{\sum \dfrac{p_0}{p_1} p_1 q_1}$

（5）根据表 6–12 中数据，已知商品销售额指数为 93.98%，计算三种商品销售量指数和商品价格指数，并求出由于商品销售量的变动对商品销售额影响的绝对额。下列选项中正确答案是（　　　）。

A. $\bar{K}_q$ =115%　　$\bar{K}_p$ =89.33%

B. $\bar{K}_q$ =109.2%　　$\bar{K}_p$ =86.07%

C. 由于商品销售量的变动，使商品销售额增加 23 万元

D. 由于商品销售量的变动，使商品销售额增加 37.5 万元

6. 某工业企业生产工人人数及其工资水平如表 6-13 所示。

表 6-13　某工业企业生产工人人数及其工资水平

商品名称	工资水平/元		工人人数/人	
	基期	报告期	基期	报告期
技术工人	5 200	5 500	080	050
熟练工人	4 820	5 000	180	172
普通工人	3 500	3 700	160	210
合计	—	—	420	432

（1）计算工人总平均工资变动的相对数和绝对数；

（2）分析各类工人工资水平的变动对总平均工资变动影响的程度和影响的绝对数；

（3）分析各类工人结构的变动对总平均工资变动影响的程度和影响的绝对数。

7. 某地区小麦平均亩产量及播种面积资料如表 6-14 所示。

表 6-14　某地区小麦平均亩产量及播种面积资料

商品名称	平均亩产量/kg		播种面积/亩	
	基期	报告期	基期	报告期
平原	750	820	180	150
丘陵	500	630	080	085
山区	400	460	060	065
合计	—	—	320	300

注：1 亩≈666.7m^2

（1）计算小麦总产量指数及小麦总增长量；

（2）分析小麦平均亩产量变动对总产量的影响程度和影响的绝对数；

（3）分析播种面积的变动对总产量的影响程度和影响绝对数。

8. 某工业企业三种产品产量、原材料单耗和原材料单价如表 6-15 所示。

表 6-15　某工业企业三种产品产量、原材料单耗和原材料单价

产品名称	计量单位	产品产量		原材料单耗/元		原材料单价/元	
		基期	报告期	基期	报告期	基期	报告期
甲	件	100	120	20	21	45	48
乙	套	300	360	18	17	35	34
丙	台	1 000	1 500	15	14	28	37
合计	—	—	—	—	—	—	—

（1）计算原材料总费用指数及原材料总费用增减变动的绝对额；

（2）计算产品产量总指数及由于产品产量的变动对原材料总费用影响的绝对额；

（3）计算原材料单耗总指数及由于原材料单耗的变动对原材料总费用影响的绝对额；

（4）计算原材料单价总指数及由于原材料单价的变动对原材料总费用影响的绝对额。

第七章 抽样推断

【任务驱动】

通过对本章的学习，读者应了解抽样推断的概念及其特点、作用；了解统计误差产生的原因；理解抽样误差的概念；熟练掌握在不同的抽样组织方式下抽样平均误差的计算方法；学会利用样本数据对总体参数进行点估计和区间估计；掌握必要抽样数目的确定方法；学会运用 Excel2016 进行抽样推断，为将来走上工作岗位后进行实际抽样调查和推断打下良好基础。

☞ 引导案例

2015 年全国 1%人口抽样调查（摘选）

2015 年全国 1%人口抽样调查的目的是了解 2010 年以来我国人口在数量、素质、结构、分布及居住等方面的变化情况，为制定国民经济和社会发展规划提供科学准确的统计信息支持。

一、调查标准时点、对象、内容和方式

1. 调查的标准时点为 2015 年 11 月 1 日零时。

2. 调查对象为抽中调查小区内的全部人口（不包括港澳台居民和外国人）。

应在抽中调查小区内登记的人包括：2015 年 10 月 31 日晚居住在本调查小区的人；户口在本调查小区，2015 年 10 月 31 日晚未居住在本调查小区的人。中国人民解放军现役军人由军队领导机关统一进行调查。

3. 调查内容主要包括姓名、性别、年龄、民族、受教育程度、行业、职业、迁移流动、社会保障、婚姻、生育、死亡、住房情况等。

4. 调查以户为单位进行登记，户分为家庭户和集体户。

二、抽样方法、调查小区划分和绘图

1. 全国调查的样本量约占全国总人口的 1%。调查以全国为总体，各地级市为子总体，采取分层、二阶段、概率比例、整群抽样方法，其中群即最终样本单位为调查小区。二阶段抽样的方法为：第一阶段抽取村级单位，第二阶段抽取调查小区。在第一阶段抽样时，抽取方法为分层、概率比例抽样。样本的抽取由全国 1%人口抽样调查办公室负责实施。

2. 调查小区的划分、编码和绘图。2015 年全国 1%人口抽样调查小区规模划分原则为 80 个住房单元，常住人口大约 250 人。在划分调查小区的同时，绘制抽中村级单位内调查小区分布图，并给调查小区升序编码，绘制抽中调查小区内所有建筑物的分布图。

三、调查摸底、登记

1. 调查登记以前，调查员和调查指导员要对调查小区的人口状况进行摸底工作，明确调查登记的范围、绘制调查小区图、编制调查小区户主姓名底册。摸底工作应于 2015 年 10 月 31 日前完成。

2. 现场登记工作从 2015 年 11 月 1 日开始，采用调查员手持 PDA 入户询问、现场填报，或由住户通过互联网自主填报的方式进行。选择互联网填报的住户应于 2015 年 11 月 7 日前完成调查表的填写和提交。对在规定时间内没有完成的住户，调查员将再次入户使用 PDA 进行登记。全部登记工作应于 11 月 15 日前完成。

四、事后质量抽查

事后质量抽查工作应于 2015 年 11 月 25 日以前完成。全国 1% 人口抽样调查办公室负责事后质量抽查样本的抽取，省级 1% 人口抽样调查办公室负责事后质量抽查工作的组织实施。调查数据的处理工作由 1% 人口抽样调查办公室负责。汇总程序由全国 1% 人口抽样调查办公室统一下发。国家统计局和全国 1% 人口抽样调查办公室对数据进行审核后发布主要数据公报。各省、自治区、直辖市的主要数据应于国家公报发布之后发布。

资料来源：http://www.stats-tj.gov.cn/Item/24983.aspx.

讨论与思考：

1. 什么是抽查调查？全国 1% 人口抽样调查有什么意义？

2. 抽样方法有哪些？本案例中是怎样抽样的？

3. 用抽样方法得到调查数据后，怎样用样本资料来推断总体数据？

【教学内容】

第一节 抽样推断概述

一、抽样推断的原理

抽样推断的原理是建立在概率论的大数定律和中心极限定理基础上的科学推断方法。

（一）大数定律

大数定律是指在随机试验中，每次出现的结果不同，但是大量重复试验出现的结果的平均值却几乎总是接近于某个确定的值。其原因是，在大量的观察试验中，个别的、偶然的因素影响而产生的差异将会相互抵消，从而使现象的必然规律性显示出来。例如，观察个别或少数家庭的婴儿出生情况，发现有的家庭中出生的是男婴，有的家庭中出生的是女婴，而没有一定的规律性，但是通过大量的观察就会发现，男婴和女婴占婴儿总数的比重均会趋于 50%。

大数定律有助于人们认识样本平均数趋近总体平均数的趋势：从总体中随机抽取部分单位组成的样本总体，其分布接近总体分布；样本总体越大，其分布越接近全及总体的分布，计算的指标误差越小，把握程度（概率）越高。

（二）中心极限定理

中心极限定理是阐述平均数分布状态的理论。它表明不管总体分布呈何种状态，由一系列随机样本组成的所有可能平均数的分布均服从正态分布。中心极限定理有助于正确测算样本平均数与总体平均数之间的误差;抽样推断的基本思路是用样本平均数推断总体平均数,样本平均数比总体平均数可能大,也可能小;为了保证这两种可能性都被包括进去,需要以样本平均数为中心,使得总体平均数落在以样本平均数为中心加减一个误差范围之内,并有一定的概率可靠程度,其公式如下所示。

$$\bar{x} - \varDelta_{\bar{x}} \leqslant \bar{X} \leqslant \bar{x} + \varDelta_{\bar{x}}$$

二、抽样的有关概念

(一)全及总体和样本总体

1. 全及总体

全及总体又被称为母体,简称为总体。它是根据一定研究目的而规定的所要调查对象的全体所作成的集合;组成总体的各研究对象被称为总体单位,用 N 表示。

2. 样本总体

样本总体又被称为子样,简称为样本。它是由从总体中按一定程序抽选出来的那部分总体单位所作成的集合。样本总体的单位数被称为样本容量,通常用小写字母 n 来表示。随着样本容量的增大,样本对总体的代表性越来越高,并且当样本单位数足够多时,样本平均数越接近总体平均数。

(二)全及指标和样本指标

1. 全及指标

全及指标是根据全及总体各个单位的标志值或标志属性计算的,反映总体某种属性或特征的综合指标。常用的全及指标分为:变量总体全及指标和属性总体全及指标。变量总体全及指标有:总体单位数、总体平均数、总体标准差;属性总体全及指标有:总体单位数、总体成数、总体成数标准差。

2. 样本指标

由样本总体各单位标志值计算出来反映样本特征,用来估计全及指标的综合指标被称为样本指标或样本统计量。样本指标是样本变量的函数,用来估计总体参数,因此与总体参数相对应。样本指标分为:变量总体样本指标和属性总体样本指标。变量总体样本指标有:总体单位数、样本平均数、样本标准差(S);属性总体样本指标有:总体单位数、样本成数、样本成数方差、样本成数标准差。

就某一个问题而言,全及总体是唯一确定的,因此全及指标也是唯一确定的。全及指标也被称为参数,是待估计的数。而样本指标则是随机变量,它的取值随样本的不同而发生变化。表 7–1 为全及指标和样本指标公式表。

表 7–1 全及指标和样本指标公式表

项目	总体		样本	
总体单位数	N		n	
平均数	$\bar{X} = \dfrac{\sum X}{N}$	$\bar{X} = \dfrac{\sum XF}{\sum F}$	$\bar{x} = \dfrac{\sum x}{n}$	$\bar{x} = \dfrac{\sum xf}{\sum f}$

续表

项目	总体	样本
成数	$P = \dfrac{N_1}{N}$	$p = \dfrac{n_1}{n}$
标准差	$\sigma = \sqrt{\dfrac{\sum(X-\overline{X})^2}{N}}$ $\sigma = \sqrt{\dfrac{\sum(X-\overline{X})^2 F}{\sum F}}$ $\sigma = \sqrt{P(1-P)}$	$S = \sqrt{\dfrac{\sum(x-\overline{x})^2}{n}}$ $S = \sqrt{\dfrac{\sum(x-\overline{x})^2 f}{\sum f}}$ $S = \sqrt{p(1-p)}$
方差	σ^2	S^2

（三）样本容量和样本个数

1. 样本容量

样本容量是指一个样本所包含的单位数。通常将样本单位数不少于 30 个的样本称为大样本，不及 30 个的样本称为小样本。社会经济统计的抽样调查多属于大样本调查。

2. 样本个数

样本个数又被称为样本可能数目，指从一个总体中可能抽取的样本个数。一个总体有多少样本，则样本统计量就有多少种取值，从而形成该统计量的分布。此分布是抽样推断的基础。

（四）重复抽样和不重复抽样

1. 重复抽样

重复抽样又被称为重置抽样，其特点包括：一是每个总体单位都有被重复抽中的可能；二是每次都是从全部总体单位中抽取一个样本单位，因此各个单位被抽重的可能性前后相等。从总体 N 个单位中，随机重复抽取 n 个单位构成一个样本，共可抽取 $M=N^n$ 个可能样本。

2. 不重复抽样

不重复抽样又被称为不重置抽样，其特点包括：每个总体单位一旦被抽中，就不会再有被抽中的可能性，即不可能重复中选；可以一次抽足预定的样本数；总体单位数在抽选过程中逐渐减少，因此总体单位被抽中的可能性越来越大。从总体 N 个单位中，随机不重复抽取容量为 n 个单位的样本，则共可抽取的可能样本数目为 $M=N \cdot (N-1) \cdot (N-2) \cdot (N-3) \cdots \cdot (N-n+1)$。

三、抽样调查的组织形式

（一）纯随机抽样

纯随机抽样又被称为简单随机抽样，即总体不加任何分组、划类、排队等，完全随机地抽取调查单位。纯随机抽样的特点是：每个样本单位被抽中的概率相等，样本的每个单位完全独立，彼此之间无一定的关联性和排斥性。纯随机抽样是其他各种抽样形式的基础，通常只是当总体单位之间差异程度较小和数目较少时，才采用这种抽样方法。

（二）类型抽样

类型抽样是将总体中的所有单位先按某一主要标志分成若干组，使组内各单位标志值比较接近，然后从各组中随机抽取一部分调查单位，共同组成样本。由于通过划类分层，增大了各组中单位间的共同性，容易抽出具有代表性的调查样本。该方法适用于总体情况复杂，各单位之间差异较大，单位较多的情况。

（三）等距抽样

等距抽样又被称为机械抽样，是先将总体各单位按某一标志进行排队，根据既定的抽样比例确定抽样间距，然后按一定顺序等间隔地抽取调查单位。等距抽样的特点是抽出的单位在总体中是均匀分布的，而且抽取的样本可少于纯随机抽样。根据总体单位排列方法，等距抽样的单位排列有两种方法：无关标志排队法和有关标志排队法。无关标志排队法等距抽样，即在对总体单位进行排队时是按照与研究目的无关的标志进行的；此种方式类似于纯随机抽样，其抽样误差大小一般被认为与纯随机抽样等同。有关标志排队法等距抽样，即按与调查目的有关的标志对总体单位进行排队；此种方式类似于类型抽样，或者说是分组更细的类型抽样，故可按照类型抽样方式计算抽样误差。

（四）整群抽样

整群抽样是首先将总体中各单位归并成若干个互不交叉、互不重复的集合（称为群）；然后以群为抽样单位抽取样本的一种抽样方式。这种方式不同于前面三种一个一个地抽取调查单位，而是成群地抽取。整群抽样的特点是：调查单位比较集中，调查工作的组织和进行比较方便；但调查单位在总体中的分布不均匀，准确性较差。因此，在群间差异性不大或者不适宜单个地抽选调查样本的情况下，可采用整群抽样。

（五）多阶段抽样

前面四种抽样方式都属于单阶段抽样，即经过一次抽选就可以直接确定样本的抽样方法。在调查范围小、调查单位比较集中时，采用单阶段抽样比较适宜。多阶段抽样就是将调查分成两个或两个以上的阶段进行抽样。第一阶段先将总体按照一定的规范分成若干抽样单位，称为一级抽样单位（或称为初级抽样单位），再把抽中的一级抽样单位分成若干更小的二级抽样单位，然后把抽中的二级抽样单位再分为三级抽样单位等，这样就形成一个多阶段抽样过程。在调查范围较大、总体单位较多的情况下，采用多阶段抽样实施和管理更加方便。

第二节　抽　样　误　差

一、抽样误差的概念

抽样误差是指在随机抽样的前提下，由于样本内部结构与总体结构有差异而引起的样本指标与总体指标之间的离差。抽样误差用公式表示如下。

平均数的抽样误差$= | x - \overline{X} |$　　　成数的抽样误差$= |p - P|$

二、产生抽样误差的原因

在统计工作中，由于种种原因，统计的结果与现象实际数值之间往往存在一定的差异，即统计误差。按照产生的原因不同，统计误差可以分为登记性误差和代表性误差两类。

（一）登记性误差

登记性误差也被称为工作性误差，是指在统计调查过程中，由于调查者工作中的差错，如重复登记、遗漏、汇总计算错误及有意地弄虚作假等行为而引起的误差。不论是全面调查还是非全面调查，都可能存在这种误差。登记性误差虽说从理论上讲是可以避免的，但在实际中却难以完全避免。

（二）代表性误差

代表性误差是指在抽样调查中，由于样本不足以代表总体而产生的误差。按其产生的原因不同，代表性误差又可分为两类：系统性误差和随机误差。系统性误差是指由于违反抽样的随机原则而使样本不足以代表总体而产生的误差；随机误差是指完全遵循随机原则抽样，由于随机抽样本身一般会使样本内部结构与总体结构不完全一致而产生的误差。在随机抽样的前提下，抽中的样本的内部结构与总体内部结构完全一致的情形属极小概率事件，现实中几乎不可能发生；只要进行随机抽样，就必然会产生这种随机性的抽样误差。抽样误差是客观存在的，除非进行全面调查，否则不可能用主观的办法将其消除。因此，随机误差的产生是不可避免的，通常所说的抽样误差，即随机误差。

三、影响抽样误差大小的主要因素

（一）样本单位数目

样本单位数目即样本容量。在其他条件不变的情况下，抽取的样本单位数量越多，样本结构就越接近总体结构，即样本对总体的代表性就越高，因此抽样误差也越小，当样本容量扩大到与总体单位数相等时，抽样调查就等于全面调查，抽样误差也就不复存在。

（二）总体各单位之间的标志变异程度，即总体标志变动度

如果其他条件不变，总体各单位标志值之间的差别程度越大，样本内部结构就越难以接近总体结构，则样本对总体的代表性就越差，因此抽样误差就越大。如果总体各单位标志值相等，毫无差别，即标志变动度为 0，样本指标就一定等于总体指标，抽样误差也就不复存在。

（三）抽样组织形式

不同的抽样组织形式对全及总体的处理方式和处理程度各不相同，以致不同抽样方式下影响抽样误差的标志变动度各不相同。因此，在其他条件不变的前提下，采用不同的抽样方式会产生不同的抽样误差，也就有不同的抽样推断效果。

（四）抽样方法

在样本容量一定的前提下，采用不重复抽样的方法抽样会使样本结构更类似于总体结构，即样本对总体的代表性高。因此，不重复抽样的抽样误差要小于重复抽样的抽样误差。由此可见，通过适当地扩大样本容量，或对总体进行分组、排队等恰当的处理，都可以达到减小

和控制抽样误差的目的。

四、抽样平均误差

抽样平均误差是指所有可能样本的抽样指标与总体的全及指标之间的平均离差。一个全及总体中有很多可能样本，每个可能样本的样本指标与总体指标之间都有一个离差，这些离差有大有小。抽样平均误差就是这一系列离差的平均数，反映所有可能样本的抽样误差的一般水平。在抽查中一般只抽取其中一个样本总体计算一个抽样误差，如果再抽到其他的一个样本总体又会有一个抽样误差，每一个的抽样误差都不同；科学方法就是把可能出现的抽样误差都考虑进去，即求抽样误差的平均数，测定平均离差大小的最好方法是计算标准差，因此抽样平均误差也采用标准差的计算方法。抽样平均误差的作用表现在它能够说明样本指标代表性的大小：抽样平均误差大，说明样本指标对总体指标的代表性低；反之则说明样本指标对总体指标的代表性高。抽样平均误差的理论公式如下所示。

$$\mu_{\bar{x}} = \sqrt{\frac{\sum (\bar{x} - \bar{X})^2}{\text{所有可能样本个数}}}$$

用数理统计知识可以证明抽样平均误差具体应用公式如下。

（一）平均数抽样平均误差

1. 重复抽样

$$\mu_{\bar{x}} = \sqrt{\frac{\sigma^2}{n}} = \frac{\sigma}{\sqrt{n}}$$

式中的 σ 代表总体标准差。当总体标准差 σ 未知时，一般可用样本标准差 s 来代替。从上述公式可以看出，在重复抽样的情况下，平均数抽样平均误差仅为总体标准差的 $\frac{1}{\sqrt{n}}$，即样本平均数的标准差比总体的标准差大大缩小。

2. 不重复抽样

$$\mu_{\bar{x}} = \sqrt{\frac{\sigma^2}{n}\left(\frac{N-n}{N-1}\right)}$$

当 N 很大时，上述公式可以近似地表示为：$\mu_{\bar{x}} = \sqrt{\frac{\sigma^2}{n}\left(1 - \frac{n}{N}\right)}$。

（二）成数抽样平均误差

1. 重复抽样

$$\mu_p = \sqrt{\frac{p(1-p)}{n}}$$

2. 不重复抽样

$$\mu_p = \sqrt{\frac{p(1-p)}{n}\left(1 - \frac{n}{N}\right)}$$

上述不重复抽样时成数抽样平均误差的近似公式与重复抽样时成数抽样平均误差误差公式的区别在于前者多了一个$\left(1-\dfrac{n}{N}\right)$。这是一个修正系数，也被称为校正因子。由于修正系数$\left(1-\dfrac{n}{N}\right)$是一个大于0而小于1的系数，因此在同样情况下，不重复抽样时的成数抽样平均误差总是小于重复抽样时的成数抽样平均误差。如果总体的单位数很大而样本的单位数相对很小时，则$\left(1-\dfrac{n}{N}\right)$接近于1，这时修正系数也就作用不大了。因此，在实际工作中，按不重复抽样方法进行抽样时，也往往用重复抽样的公式来计算抽样平均误差。

【例 7–1】 某灯泡厂生产一批灯泡 10 000 只，随机抽选 400 只进行耐用时间试验。测试结果显示，该批灯泡的平均寿命为 5 000 小时，样本标准差为 260 小时，请据此计算抽样平均误差。

解： 重复抽样时：$\mu_{\bar{x}}=\sqrt{\dfrac{\sigma^2}{n}}=\dfrac{\sigma}{\sqrt{n}}=\dfrac{260}{\sqrt{400}}=13$（小时）

不重复抽样时：$\mu_{\bar{x}}=\sqrt{\dfrac{\sigma^2}{n}\left(1-\dfrac{n}{N}\right)}$

$$=\sqrt{\dfrac{260^2}{400}\times\left(1-\dfrac{400}{10\,000}\right)}=\sqrt{169\times0.96}=12.7\text{（小时）}$$

【例 7–2】 某机械厂生产一批零件共 6 000 件，随机抽取 300 件，发现其中有 9 件不合格，请据此计算合格率的抽样平均误差。

解： 合格率 $P=\dfrac{300-9}{300}\times100\%=97\%$

重复抽样时：$\mu_p=\sqrt{\dfrac{p(1-p)}{n}}=\sqrt{\dfrac{97\%\times(1-97\%)}{300}}=\sqrt{0.000\,097}=0.98\%$

不重复抽样时：$\mu_p=\sqrt{\dfrac{p(1-p)}{n}\left(1-\dfrac{n}{N}\right)}$

$$=\sqrt{\dfrac{97\%\times(1-97\%)}{300}\times\left(1-\dfrac{300}{6\,000}\right)}=\sqrt{0.000\,092\,15}=0.96\%$$

五、抽样极限误差

抽样极限误差是指样本指标与总体指标之间抽样误差可允许的最大范围，又被称为置信区间和抽样允许误差范围。它表明被估计的总体指标有希望落在一个以样本指标为基础的可能范围。它是由抽样指标变动可允许的上限或下限与总体指标之差的绝对值求得的。

抽样平均误差可以用来测定抽样指标的准确程度，代表总体指标的准确水平，但以样本指标来推断总体指标要达到完全准确，毫无误差是不可能的。例如，从 100 万户居民中抽取 1 万户调查得出其平均每户年收入为 2 万元，由此推断 100 万户平均年收入也是 2 万元。样本和总体平均数完全相等是不可能的，二者之间会有误差存在；此误差通常不能太大，太大的估计值没有意义；但要确切地指出抽样误差具体应为多大，也几乎是不可能的，因为抽样指标是随机变量，抽样误差是随着不同样本而变化的。因此，在抽样推断时，只能把抽样误差控制在一定范围内：总体指标是一个确定数，而抽样指标则围绕总体指标左右变动，它与总体指标可能产生正离差，也可能产生负离差，在这个范围内的数字均是有效的。如果误差为 500，则 $20\,000-500 \leqslant \bar{X} \leqslant 20\,000+500$。这种可以允许的误差范围即被称为抽样极限误差，其计算公式如下所示。

$$\Delta_{\bar{x}} = |\bar{x} - \bar{X}|$$

其中：$\Delta_{\bar{x}}$ 为抽样平均数极限误差，$\bar{x}$ 为样本平均数，$\bar{X}$ 为总体平均数；

$$\Delta_p = |p - P|$$

其中：Δ_p 为抽样成数极限误差，p 为样本成数，P 为总体平均数。

总体平均数和总体成数是未知的，需要实测的抽样平均数（或成数）来估计。

上述公式可变换为如下完全等值的不等式。

$$\bar{x} - \Delta_{\bar{x}} \leqslant \bar{X} \leqslant \bar{x} + \Delta_{\bar{x}} \qquad p - \Delta_p \leqslant P \leqslant p + \Delta_p$$

抽样极限误差的实际意义在于期望总体平均数 $\bar{X}$ 落在（$\bar{x} - \Delta_{\bar{x}}$，$\bar{x} + \Delta_{\bar{x}}$）范围内，总体成数 P 落在（$p - \Delta_p$，$p + \Delta_p$）范围内。

六、抽样估计的概率度

基于理论上的要求，抽样极限误差需要用抽样平均误差 $\mu_{\bar{x}}$ 或 μ_p 为标准单位来衡量。即把极限误差 $\Delta_{\bar{x}}$ 或 Δ_p 相应除以 $\mu_{\bar{x}}$ 或 μ_p，得出相对的误差程度 t 倍，$t = \dfrac{\Delta_{\bar{x}}}{\mu_{\bar{x}}}$，$t$ 被称为抽样误差的概率度，于是有

$$\Delta_{\bar{x}} = t\mu_{\bar{x}} \qquad\qquad \Delta_p = t\mu_p$$

当 $t=1$ 时，即 1 个概率度，表明极限误差为 1 个抽样平均误差的大小，或说明总体指标落在抽样指标加减 1 个抽样平均误差范围内。

当 $t=2$ 时，即 2 个概率度，表明极限误差为 2 个抽样平均误差的大小，或说明总体指标落在抽样指标加减 2 个抽样平均误差范围内。

七、抽样估计的精度

为了比较不同现象总体的抽样误差程度，必须消除总体规模大小悬殊的影响。通常还需计算抽样误差系数，抽样误差系数记作 Δ'，反映了抽样误差的相对程度。其计算公式如下所示。

$$\Delta'_{\bar{x}} = \frac{\Delta_{\bar{x}}}{\bar{x}} \qquad\qquad \Delta'_p = \frac{\Delta_p}{p}$$

则抽样估计精度（A）公式为

$$A_{\bar{x}} = 1 - \Delta'_{\bar{x}}$$
$$A_p = 1 - \Delta'_p$$

八、抽样估计的可靠程度

抽样极限误差的估计总是要和一定概率保证程度联系在一起的；既然抽样误差是一个随机变量，就不能期望抽样平均数落在一定区间内是一个必然事件，因而只是给定把握程度。因此，在进行抽样估计时，不但要考虑抽样误差可能范围有多大，且还必须考虑落在这一范围的把握程度有多少；前者是估计的准确度，后者是估计的可靠程度，两者紧密联系。

抽样估计的可靠程度又被称为置信度，是总体指标落在某个区间的概率把握程度，用 $F(t)$ 来表示，其取值范围是：$0 \leqslant F(t) \leqslant 1$。

对于总体指标落在一个区间范围内的判断并不是绝对肯定的，只能用一定的把握程度表示，那么究竟有多大的把握程度？数理统计证明，总体指标落在一个抽样误差范围内的概率保证程度为 0.682 700，两个抽样误差范围内的概率保证程度为 0.954 500……它们的数量关系在概率表中可以查到。常用的概率保证程度与对应的概率度如表 7–2 所示。

表 7–2 常用概率保证程度、概率度对应表

概率度 t	概率保证程度 $F(t)$	概率度 t	概率保证程度 $F(t)$
0.50	0.382 900	2.00	0.954 500
1.00	0.682 700	2.50	0.987 600
1.28	0.799 500	2.58	0.99 0000
1.50	0.866 400	3.00	0.997 300
1.64	0.900 000	4.00	0.999 940
1.96	0.950 000	5.00	0.999 999

【例 7–3】 随机重复抽取 25 亩（1 亩≈666.7m²）水稻，测得平均亩产为 650kg，标准差为 75kg，试计算总体平均亩产在 620～680 kg 之间的概率保证程度。

解：$\bar{x} = 650$ $s=75$ $\Delta_{\bar{x}} = \dfrac{680-620}{2} = 30$（或 650–620=30）

$$\mu_{\bar{x}} = \frac{s}{\sqrt{n}} = \frac{75}{\sqrt{25}} = 15 \qquad t = \frac{\Delta_{\bar{x}}}{\mu_{\bar{x}}} = \frac{30}{15} = 2$$

查概率表得： $F(t)=0.954\ 500$

【例 7–4】 某储蓄所年末住户定期存款情况如表 7–3 所示。

表 7–3 某储蓄所年末住户定期存款情况

存款额/万元	抽查户数/户 f	组中值 x	xf	$(x-\bar{x})^2$	$(x-\bar{x})^2 f$
1 以下	10	0.5	5	4.884 1	48.841 0
1～2	32	1.5	48	1.464 1	46.851 2
2～3	180	2.5	450	0.044 1	7.938 0

存款额/万元	抽查户数/户 f	组中值 x	xf	$(x-\bar{x})^2$	$(x-\bar{x})^2 f$
3～4	48	3.5	168.0	0.624 1	29.956 8
4～5	23	4.5	103.5	3.204 1	73.694 3
5 以上	7	5.5	38.5	7.784 1	54.488 7
合计	300	—	813.0	—	261.770 0

（1）计算在概率为 95.45% 保证程度下，储户平均存款额及存款在 2 万元以上占的比重的最大允许误差为多少？

（2）若估计的极限误差不超过 6%，则有多大的概率把握程度？

解：（1）①

$$\bar{x} = \frac{\sum xf}{\sum f} = \frac{813}{300} = 2.71 \text{（万元/户）}$$

$$\sigma = \sqrt{\frac{\sum (x-\bar{x})^2 f}{\sum f}} = 0.934 1 \text{（万元）}$$

$$\mu_{\bar{x}} = \sqrt{\frac{\sigma^2}{n}} = \frac{\sigma}{\sqrt{n}} = \frac{0.934 1}{\sqrt{300}} = 0.053 9 \text{（万元）}$$

$$\Delta_{\bar{x}} = t\mu_{\bar{x}} = 2 \times 0.053\ 9 = 0.107\ 8 \text{（万元）}$$

②

$$P = \frac{180 + 48 + 23 + 7}{300} = 86\%$$

$$\mu_p = \sqrt{\frac{p(1-p)}{n}} = \sqrt{\frac{86\% \times (1-86\%)}{300}} = 2\%$$

$$\Delta_p = t\mu_p = 2 \times 2\% = 4\%$$

（2）

$$t = \frac{\Delta_{\bar{x}}}{\mu_{\bar{x}}} = \frac{6\%}{2\%} = 3 \qquad \text{查表得 } F(t) = 99.73\%$$

第三节　抽样估计

一、点估计

点估计又被称为定值估计，是直接用样本指标来估计总体指标的方法。点估计用样本平均数 $\bar{x}$ 作为总体平均数 $\bar{X}$ 的估计值，用样本成数 p 作为总体成数 P 的估计值。

即：

$$\bar{x} = \bar{X} \qquad p = P$$

优良估计的评价标准：一是无偏性，即以抽样指标平均值等于被估计总体的指标值的本身；二是一致性，当样本单位数充分大时，抽样指标也充分地靠近总体指标；三是有效性，要求作为优良估计量的方差比其他估计量的方差小。运用点估计对总体总量指标进行推算主要有以下几种方法。

（一）直接换算法

直接换算法是以样本指标值 $\bar{x}$ 或 p 作为总体指标的估计值，再乘以总体单位数来推算总体总量指标的方法。

【例 7-5】某企业欲从国外购入一批旧设备 600 台，抽查了 20 台，发现有 6 台需要修复，每台修复成本估计为 300 元；若总修复费用不超过 5 万元，则是有利可图的。请分析该企业是否购买这批设备？

解：抽查次品率为：$p = \dfrac{6}{20} \times 100\% = 30\%$

估计次品设备为：$600 \times 30\% = 180$（台）

总修复费用为：$300 \times 180 = 54\ 000$（元）

总修复费用 54 000 元，超过了 5 万元，企业无利可图，因此不能购买这批设备。

（二）修正系数法

修正系数法是根据抽样调查资料计算出修正系数用以修正补充全面调查资料的方法。

$$\text{修正系数} = \frac{\text{抽样复查数} - \text{抽样总体全面调查数}}{\text{抽样总体全面调查数}} = \frac{\text{差错数}}{\text{抽样总体全面调查数}}$$

全及总体修正后的全面调查数＝原全面调查数×（1+修正系数）

【例 7-6】某地人口普查，普查登记人口为 439 057 人。随机抽取 5 个镇进行抽样复查，登记人数为 15 502 人，这 5 个镇在普查时人数为 15 500 人，请计算差错率及修正后的人口数。

解：$\text{修正系数} = \dfrac{\text{抽样复查数} - \text{抽样总体全面调查数}}{\text{抽样总体全面调查数}} = \dfrac{15\,502 - 15\,500}{15\,500} = 0.13\,‰$

某地人口普查修正后的全面调查数＝原全面调查数×（1+修正系数）

$$= 439\ 057 \times (1 + 0.13‰) = 439\ 114\ （人）$$

点估计的方法虽然比较简便，但估计的结果究竟有多少把握或者说可靠程度如何，是无法准确回答的，要回答此问题需采用区间估计。

二、区间估计

抽样估计的置信度是表明抽样指标和总体指标的误差不超过一定范围的概率大小。根据给定的概率把握程度的要求，利用实际抽样资料，指出总体被估计值的上限和下限，即指出总体参数可能存在的区间范围，而不是直接给出总体参数的估计值。

总体参数的区间估计必须具备 3 个基本要素：估计值 $\bar{x}$、p；抽样误差范围 $\Delta_{\bar{x}}$、Δ_p；概率保证程度 $F(t)$，抽样极限误差决定估计的精确性，置信概率决定估计的可靠性。

区间估计的内容包括总体平均数和总体成数的估计，其计算步骤如下所示。

第一步，根据所给条件从总体随机抽出样本（重复抽样或不重复抽样）。

第二步，计算抽样平均误差。

重复抽样：　　　　$\mu_x = \sqrt{\dfrac{\sigma^2}{n}}$　　　　　　　$\mu_p = \sqrt{\dfrac{p(1-p)}{n}}$

不重复抽样：　　$\mu_x = \sqrt{\dfrac{\sigma^2}{n}\left(1-\dfrac{n}{N}\right)}$　　　$\mu_p = \sqrt{\dfrac{p(1-p)}{n}\left(1-\dfrac{n}{N}\right)}$

第三步，计算抽样极限误差。

$$\Delta_x = t\mu_x \qquad\qquad \Delta_p = t\mu_p$$

第四步，根据样本指标和极限误差进行区间估计。

$$\overline{x} - \Delta_{\overline{x}} \leqslant \overline{X} \leqslant \overline{x} + \Delta_{\overline{x}} \qquad\qquad p - \Delta_p \leqslant P \leqslant p + \Delta_p$$

【例 7-7】某工商部门对某大型超市销售的某品牌小包装食品进行重量合格抽查（抽查情况见表 7-4），规定每包重量不低于 70g，从 2 000 包中重复抽取 1%进行检验。

表 7-4　某大型超市销售的某品牌小包装食品重量合格抽查情况

重量/g	包数/包 f	组中值 x	xf	$x-\overline{x}$	$(x-\overline{x})^2$	$(x-\overline{x})^2 f$
66~68	2	67	134	−3.8	14.44	28.88
68~70	6	69	414	−1.8	3.24	19.44
70~72	6	71	426	0.2	0.04	0.24
72~74	4	73	292	2.2	4.84	19.36
74~76	2	75	150	4.2	17.64	35.28
合计	20	—	1 416	—	—	103.20

（1）试以 95.45%的概率保证程度估计这批食品的平均每包重量的区间范围。

（2）若每包食品重量低于 70g 为不合格，请估计合格率的区间范围。

解（1）　　　　$\overline{x} = \dfrac{\sum xf}{\sum f} = \dfrac{1\,416}{20} = 70.8$（g/包）

$$\sigma = \sqrt{\dfrac{\sum (x-\overline{x})^2 f}{\sum f}} = \sqrt{\dfrac{103.2}{20}} = 2.27\text{（g）}$$

$$\mu_{\overline{x}} = \sqrt{\dfrac{\sigma^2}{n}} = \dfrac{\sigma}{\sqrt{n}} = \dfrac{2.27}{\sqrt{20}} = 0.51\text{（g）}$$

$$\Delta_{\overline{x}} = t\mu_{\overline{x}} = 2 \times 0.51 = 1.02\text{（g）}$$

$$70.8 - 1.02 \leqslant \overline{X} \leqslant 70.8 + 10.2 \qquad 69.78 \leqslant \overline{X} \leqslant 71.82$$

（2）　　　　　　合格率 $p = \dfrac{6+4+2}{20} \times 100\% = 60\%$

$$\mu_p = \sqrt{\dfrac{p(1-p)}{n}} = \sqrt{\dfrac{60\% \times (1-60\%)}{20}} = 10.95\%$$

$$\Delta_p = t\mu_p = 2 \times 10.95\% = 21.9\%$$

$$60\%-21.9\%\leqslant P\leqslant 60\%+21.9\% \qquad 38.1\%\leqslant P\leqslant 81.9\%$$

第四节　样本容量的确定

一、样本容量的影响因素

（一）总体各单位之间的标志变异程度

在其他条件不变的前提下，总体标志变动度越大，则抽样误差就越大，因此样本容量应大些；如果方差为零，则只要抽一个样本单位就可以了，因为所有总体单位的数值全部相同，没有差异。

（二）抽样极限误差

在其他条件不变的前提下，抽样极限误差越小，即抽样估计的精确度要求越高，样本容量应越大；抽样极限误差越大，即精确度要求越低，样本容量应越小。因此，抽样极限误差与样本容量成反比。如果不允许有抽样误差，那就需要实行全面调查。

（三）概率保证程度

在其他条件不变的前提下，抽样估计要求的概率保证程度越高，样本容量应越大；概率保证程度越低，样本容量应越小。因此，概率保证程度与样本容量成正比。如果要求有100%的概率保证程度，那就需要实行全面调查。

（四）抽样方式和方法

不同的抽样组织形式会有不同的抽样误差，一般情况下，等距抽样、类型抽样比简单随机抽样需要的样本小。不重复抽样的误差小于重复抽样的误差，因此重复抽样需要多抽取一些样本。

二、确定样本容量的基本公式

（一）平均数推算的样本容量

1. 重复抽样：$n=\dfrac{t^2\sigma_x^2}{\Delta_x^2}$

2. 不重复抽样：$n=\dfrac{Nt^2\sigma_x^2}{N\Delta_x^2+t^2\sigma_x^2}$

【例 7–8】从某年级学生中按简单随机抽样方式抽取 40 名学生，对其公共理论课的考试成绩（以下简称为考试成绩）进行检查。分析得出其平均分数为 82.50 分，样本标准差为 12.13 分，试以 95.45%的概率保证程度推断全年级学生考试成绩的区间范围。如果其他条件不变，将允许误差缩小一半，应抽取多少名学生？

解：①

$$\mu_{\bar{x}} = \frac{\sigma}{\sqrt{n}} = \frac{12.13}{\sqrt{40}} = 1.92$$

$$\Delta_{\bar{x}} = t\mu_{\bar{x}} = 2 \times 1.92 = 3.84 \text{（分）}$$

全年级学生考试成绩的区间范围是：

$$82.50 - 3.84 \leqslant \bar{X} \leqslant 82.50 + 3.84 \qquad 78.66 \leqslant \bar{X} \leqslant 86.34$$

② 将误差缩小一半，应抽取的学生数为：

$$n = \frac{t^2 \sigma^2}{\left(\dfrac{\Delta_{\bar{x}}}{2}\right)^2} = \frac{2^2 \times (12.13)^2}{\left(\dfrac{3.84}{2}\right)^2} = 160 \text{（名）}$$

（二）成数推算的样本容量

1. 重复抽样：$n = \dfrac{t^2 \sigma_p^2}{\Delta_p^2} = \dfrac{t^2 p(1-p)}{\Delta_p^2}$

2. 不重复抽样：$n = \dfrac{Nt^2 p(1-p)}{N\Delta_p^2 + t^2 p(1-p)}$

【例 7-9】 为了解某镇农村家庭电冰箱的拥有率，拟进行一次抽样调查。在一次问卷调查中得知 5%家庭拥有电冰箱，现在要求在 95%的概率保证程度下（t=1.96）允许误差不超过 2%，试计算在全镇 50 000 户家庭中须抽取多少户进行调查?

解：

重复抽样：$n = \dfrac{t^2 \sigma_p^2}{\Delta_p^2} = \dfrac{t^2 p(1-p)}{\Delta_p^2} = \dfrac{1.96^2 \times 0.05 \times (1-0.05)}{0.02^2} = 457 \text{（户）}$

不重复抽样：$n = \dfrac{Nt^2 p(1-p)}{N\Delta_p^2 + t^2 p(1-p)}$

$$= \frac{50\,000 \times 1.96^2 \times 0.05 \times (1-0.05)}{50\,000 \times 0.02^2 + 1.96^2 \times 0.05 \times (1-0.05)} = 452 \text{（户）}$$

第五节　Excel 2016 在抽样推断中的应用

一、从全及总体中抽出调查单位的方法

（一）Excel 2016 数据分析——进行随机抽样

以例 7-7 为例，某工商部门对某大型超市销售的某品牌小包装食品进行重量合格抽查，规定每包重量不低于 70g，从 2 000 包中随机抽取 1%进行检验，即抽 20 包。具体操作如下。

（1）将总体单位每包食品进行编号 1~2000，将每包食品编号输入工作表的 A2:A2001 区域。

（2）执行：数据—数据分析—抽样—确定，出现数据分析对话框，如图7-1所示。

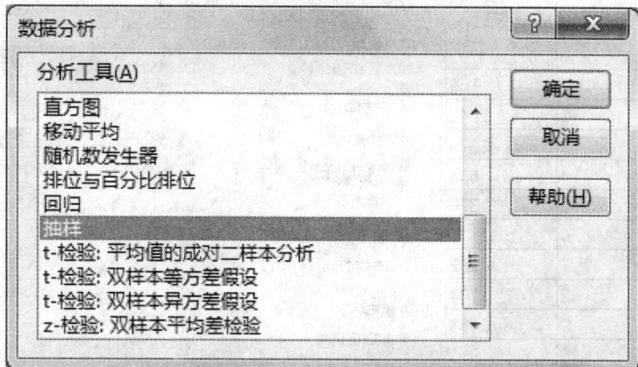

图7-1　数据分析对话框

（注：如果常用工具栏没有"数据分析"工具，则应先进行安装：文件—选项—加载项—Excel加载项—转到，勾选"分析工具库"，单击"确定"，此时常用工具栏的数据下显示"数据分析"。）

（3）"输入区域"：选定工作表中的A1:A2001区域，并选中"标志"前的复选框。抽样方法：随机抽样是指直接输入样本数，计算机自行进行抽样，不受间隔的规律限制；"随机模式"适用于纯随机抽样、分类抽样、整群抽样和阶段抽样。若采用纯随机抽样，只需在"样本数"框中输入要抽取的样本单位数即可；若采用分类抽样，必须先将总体单位按某一标志分类编号，然后在每一类中随机抽取若干单位，这种抽样方法实际是分组法与随机抽样的结合；整群抽样也要先将总体单位分类编号，然后按随机原则抽取若干类作为样本，对抽中的类的所有单位全部进行调查。由此可以看出，此例的编号输入方法只适用于等距抽样和纯随机抽样。（注意：每次抽样样本可能都不同。）"样本数"：在此输入需要在输出列中显示需要抽取总体中数据的个数，此例输入20。每个数值是从输入区域中的随机位置上抽取出来的。（注意：任何数值都可以被多次抽取，所以抽样所得数据实际上会有可能小于所需数量。由于随机抽样时总体中的每个数据都可以被多次抽取，所以在样本中的数据一般都会有重复现象；解决此问题可以使用"筛选"功能对所得数据进行筛选，选择不重复的记录。如果有重复记录，需再次抽取补充。）"输出区域"：在此输入对输出表左上角单元格的引用，此例输入B2；单击"确定"就可以显示随机抽样的结果，所有数据均显示在该单元格下方的单列里。（如果抽样方法选择的是"随机"，则输出表中数值的个数等于"样本数"。）此时，再按照抽出的序号找出20包被抽中的食品进行称重，整理分配数列等。抽样对话框如图7-2所示。

（二）Excel 2016数据分析——进行间隔抽样（等距抽样）

以例7-7为例，等距抽样操作步骤如下。

（1）将总体单位每包食品进行编号，将每包食品编号数据输入工作表中A2:A2001区域。

（2）执行：数据—数据分析—抽样—确定，出现抽样对话框。

（3）"输入区域"：A1:A2001，并选中"标志"前的复选框。

"抽样方法"：选择"周期"，即间隔抽样（等距抽样）；需将总体单位数除以要抽取的样本单位数，求得抽样的周期间隔100（抽的样本单位数2 000×1%=20个，抽样间隔为2 000/20=

	A	B	D	E	F	G	H	I

图 7-2　抽样对话框

100）。"输出区域"：在此输入对输出表左上角单元格的引用 C2。单击"确定"就可以显示等距抽样的结果。抽样对话框设置（Excel 等距抽样）见图 7-3。

二、总体平均数的区间估计函数 CONFIDENCE.NORM

以例 7-7 中数据为例，使用函数 CONFIDENCE.NORM 进行总体平均数的区间估计操作步骤如下。

（1）将例 7-7 数据资料输入 Excel 2016 工作表中，在 C3 单元格求组中值输入"=(66+68)/2"，按 Enter 键确定，并用同样方法求出其他组组中值；

（2）在 D3 单元格中输入"=C3*B3"，按 Enter 键确定，用鼠标拖曳填充柄将公式复制到 D4:D7。选定 D3:D7 区域，单击工具栏中的"∑ 自动求和"，得到 xf 合计数为 1 416。在 D9 单元格输入"=D8/B8"，按 Enter 键确定，得到平均数为 70.8；

（3）在 E3 单元格中输入"=C3−$D$9"，按 Enter 键确定。用鼠标拖曳填充柄将公式复制到 E4:E7；

（4）在 F3 单元格中输入"=E3*E3*B3"，按 Enter 键确定。用鼠标拖曳填充柄将公式复制到 F4:F7。选定 F3:F7 区域，单击工具栏中的"∑ 自动求和"，得到合计数为 103.2。在 D10 单元格中输入"=F8/B8"，按 Enter 键确定，得到方差为 5.16。在 D11 单元格中输入"=SQRT(D10)"，按 Enter 键确定，得到标准差为 2.27；

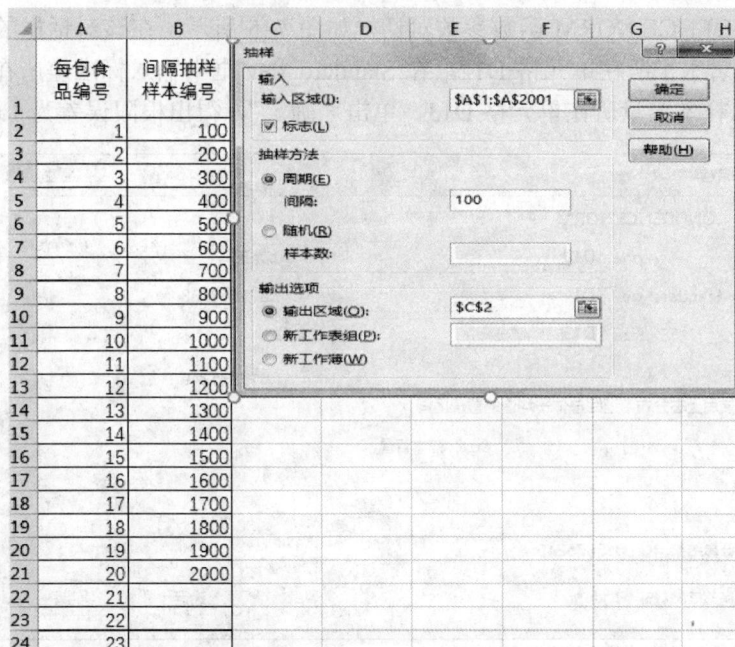

图 7-3 抽样对话框设置（Excel 等距抽样）

（5）在 D12 单元格中输入给定的概率的显著水平 0.045 5，（α=1-置信度，置信度为 0.954 5，则 α=1-0.954 5=0.045 5），在 D13 单元格中输入样本容量 20；

（6）选中 D14 单元格，单击工具栏上的粘贴函数 f_x，"或选择类别"框中选择"统计"，选择"选择函数"框中的 CONFIDENCE.NORM，单击"确定"。插入函数 CONFIDENCE.NORM 对话框如图 7-4 所示。

图 7-4 插入函数 CONFIDENCE.NORM 对话框

（7）CONFIDENCE.NORM 函数参数对话框如图 7-5 所示。在该对话框的 Alpha 框中输入给定的概率显著水平所在单元格 D12，在 Standard_dev 框中输入标准差所在单元格 D11，在 Size 框中输入样本容量所在单元格 D13，单击"确定"，得出根限误差为 1.02。

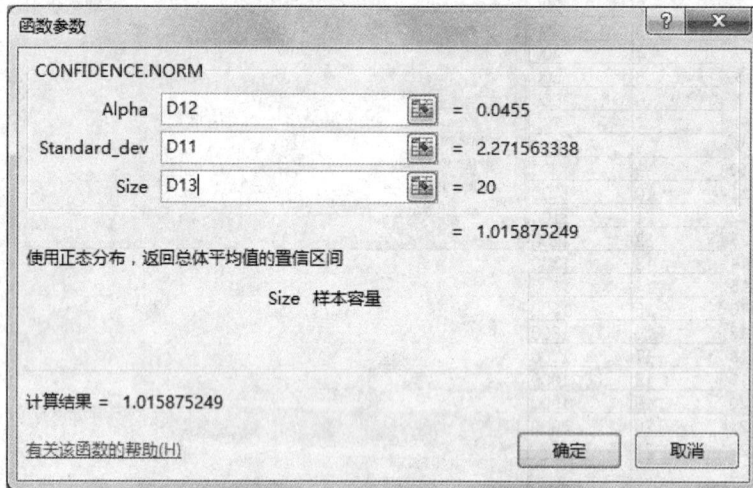

图 7-5　CONFIDENCE.NORM 函数参数对话框

（8）在 D15 单元格中输入"=D9-D14"，按 Enter 键确定，得到总体平均数区间的下限 69.78。在 D16 单元格中输入"=D9+D14"，按 Enter 键确定，得到总体平均数区间的上限 71.82。总体平均数区间估计如图 7-6 所示。

	A	B	C	D	E	F
1	重量分组 /克	包数/包 F	组中值 X	xf	$x-\bar{x}$	$(x-\bar{x})^2 f$
2						
3	66-68	2	67	134	-3.8	28.88
4	68-70	6	69	414	-1.8	19.44
5	70-72	6	71	426	0.2	0.24
6	72-74	4	73	292	2.2	19.36
7	74-76	2	75	150	4.2	35.28
8	合计	20	—	1416	—	103.2
9			平均数	70.8		
10			方差	5.16		
11			标准差	2.27		
12			显著水平α	0.0455		
13			样本容量	20		
14			极限误差	1.02		
15			下限	69.78		
16			上限	71.82		

图 7-6　总体平均数区间估计

三、总体成数的区间估计函数 CONFIDENCE.NORM

以例 7–7 中的数据资料为例，使用函数 CONFIDENCE.NORM 进行总体成数的区间估计操作步骤如下：

（1）建立“样本成数估计”工作表，在单元格 B2 中输入样本容量 20；

（2）在单元格 B3 中输入“=(6+4+2)/20”，按 Enter 键后显示样本合格率 60%；

（3）在单元格 B4 中输入公式“=SQRT(B3*(1–B3))”，按 Enter 键后显示成数标准差为 48.99%；

（4）在单元格 B5 中输入 α 为 0.045 5；

（5）在单元格 B6 中输入公式“=CONFIDENCE.NORM(B5,B4,B2)”，按 Enter 键后显示抽样极限误差为 0.219；

（6）在单元格 B7 中输入“=B3–B6”，按 Enter 键后显示置信区间的下限为 38.1%；

（7）在单元格 B8 中输入“=B3+B6”，按 Enter 键后显示置信区间的上限为 81.9%。总体成数的区间估计如图 7–7 所示。

C6　=CONFIDENCE.NORM(B5,B4,B2)

	A	B	C	D
1	样本数据			
2	样本容量	20		
3	合格率	60%		
4	标准差	48.99%		
5	显著水平α	0.0455		
6	极限误差	0.2191	=CONFIDENCE.NORM(B5,B4,B2)	
7	下限	38.1%		
8	上限	81.9%		

图 7–7　总体成数的区间估计

【课后训练】

一、单选题

1. 抽样推断的主要目的在于（　　）。

A. 计算和控制误差　　B. 了解总体单位情况

C. 用样本指标来推断总体指标　　D. 对调查单位做深入的研究

2. 抽样调查所必须遵循的基本原则是（　　）。

A. 随意原则　　B. 可比性原则　　C. 准确性原则　　D. 随机原则

3. 下列属于抽样调查的有（　　）。

A. 为测定车间工时损失，对第一班工人进行调查

B. 为了解某大学生食堂卫生状况，对该校第一食堂进行调查

C. 对某城市居民抽 1%的家庭调查，以便研究该城市居民的消费水平

D. 对某公司的第一个分厂进行调查，以便研究该分厂的能源利用效果

4. 按随机原则直接从总体 N 个单位中抽取 n 个单位作为样本，这种抽样组织形式是（　　　）。

　　A. 简单随机抽样　　　B. 类型抽样　　　　　C. 等距抽样　　　　　D. 整群抽样

5. 为了了解某工厂职工家庭收支情况，按该厂职工名册依次每 50 人抽取 1 人，对其家庭进行调查，这种调查属于（　　　）。

　　A. 简单随机抽样　　　B. 等距抽样　　　　　C. 类型抽样　　　　　D. 整群抽样

6. 有一批灯泡共 1 000 箱，每箱 200 个，现随机抽取 20 箱并检查这些箱中的全部灯泡，这种抽样方式属于（　　　）。

　　A. 纯随机抽样　　　　B. 类型抽样　　　　　C. 整群抽样　　　　　D. 等距抽样

7. 对农作物单位面积产量调查，按平原、丘陵和山区分组来抽选样本单位，此种抽样方法为（　　　）。

　　A. 整群随机抽样　　　B. 类型随机抽样　　　C. 多阶抽样　　　　　D. 系统随机抽样

8. 在抽样推断中，样本的容量（　　　）。

　　A. 越多越好　　　　　　　　　　　　　　　B. 越少越好

　　C. 由统一的抽样比例决定　　　　　　　　　D. 取决于抽样推断可靠性的要求

9. 能够事先加以计算和控制的误差是（　　　）。

　　A. 抽样误差　　　　　B. 登记误差　　　　　C. 代表性误差　　　　D. 系统性误差

10. 抽样误差是指（　　　）。

　　A. 在调查过程中由于观察、测量等差错所引起的误差

　　B. 在调查中违反随机原则出现的系统误差

　　C. 随机性而产生的代表性误差

　　D. 人为原因所造成的误差

11. 所谓大样本是指样本单位数在（　　　）及以上的样本。

　　A. 30 个　　　　　　　B. 50 个　　　　　　　C. 80 个　　　　　　　D. 100 个

12. 在同样情况下，不重复抽样的抽样平均误差与重复抽样的抽样平均误差相比的结果是（　　　）。

　　A. 两者相等　　　　　B. 两者不等　　　　　C. 前者小于后者　　　D. 前者大于后者

13. 抽样极限误差是（　　　）。

　　A. 调查性误差　　　　　　　　　　　　　　B. 一定可靠程度下的抽样误差可能范围

　　C. 最小抽样误差　　　　　　　　　　　　　D. 与抽样平均误差相等的

14. 反映样本指标与总体指标之间的平均误差程度的指标是（　　　）。

　　A. 平均数离差　　　　B. 概率度　　　　　　C. 抽样平均误差　　　D. 抽样极限误差

15. 关于总体平均数和样本平均数之间关系的描述，正确的是（　　　）。

　　A. 总体平均数是确定值，样本平均数是随机变量

　　B. 总体平均数是随机变量，样本平均数是确定值

　　C. 两者都是随机变量

　　D. 两者都是确定值

二、多选题

1. 抽样调查是（　　　）。

A. 搜集资料的方法   B. 推断总体数据的方法

C. 典型调查方法   D. 非全面调查方法

2. 抽样推断的特点是 ( )。

A. 由样本指标推算总体的数量特征   B. 按随机原则抽取样本单位

C. 是认识现象总体的统计研究方法   D. 可以计算并控制抽样误差

3. 抽样调查可用于 ( )。

A. 有破坏性的调查和推断   B. 较大规模总体或无限总体的调查和推断

C. 产品的质量检验和控制   D. 检查和补充全面调查资料

4. 抽取样本单位的方法有 ( )。

A. 重复抽样   B. 简单随机抽样   C. 等距抽样   D. 不重复抽样

5. 抽样时要遵守随机原则，是因为 ( )。

A. 可以保证样本和总体有相似的结构

B. 能计算和控制抽样估计的精确度和可靠性

C. 能计算登记性误差和抽样平均误差

D. 这样可以防止一些工作上的失误

6. 抽样的基本组织形式有 ( )。

A. 纯随机抽样   B. 类型抽样和等距抽样

C. 整群抽样   D. 阶段抽样

7. 影响抽样误差的因素有 ( )。

A. 抽样方法   B. 总体各单位标志值之间的差异程度

C. 抽样的组织形式   D. 样本容量

8. 抽样平均误差是 ( )。

A. 反映样本指标与总体指标的平均误差程度

B. 样本指标的标准差

C. 样本指标的平均差

D. 计算抽样极限误差的衡量尺度

9. 在其他条件不变的情况下，抽样极限误差的大小和可靠性的关系是 ( )。

A. 允许误差范围越小，可靠性越大   B. 允许误差范围越小，可靠性越小

C. 允许误差范围越大，可靠性越大   D. 成正比关系

10. 常见的影响样本单位数的主要因素有 ( )。

A. 抽样推断的可靠程度   B. 总体标志的变异程度

C. 允许误差的大小   D. 抽样方法与组织方式的不同

三、综合训练

1. 某商场对 10 月份销售发票进行审核，将发票编号 1~1000，抽查其中 5%；采用等距抽样办法，假定开头随机抽中的发票编号为 6，以下按次序列出 4 个应审查的发票编号。

2. 某工业企业 2 月份仓库的三种原材料领料单共 7 000 张，甲、乙、丙三种原材料领料单占的比重分别是 20%、70%、10%，抽查样本数量的 10%，用类型抽样法计算甲、乙、丙三种原材料领料单应分别抽查多少张？

3. 从某厂生产的 10 000 只日光灯管中随机抽取 100 根进行检查，假定该产品平均使用

寿命的标准差为 100 小时，计算该厂日光灯管平均使用寿命的平均误差。

4. 有一批零部件 5 000 件，随机抽取 100 件进行检验，发现其中有 5 件不合格，计算合格率的抽样平均误差。

5. 某企业生产一种新产品在市场试销，随机对 400 名顾客进行调查，询问他们是否喜欢此产品，其中 72.1% 的顾客表示喜欢该产品，计算所有顾客喜欢该产品的比率在 67.7% 和 76.5% 之间的概率。

6. 某企业从 4 000 件产成品中随机不重复抽出 200 件进行检验，得知废品为 8 件；当概率为 0.954 5 时，能否认为这批产品的废品率不超过 5%？

7. 某制鞋厂生产了 20 000 双旅游鞋，抽取 1% 进行耐用时间的检测，检测结果如表 7-5 所示。

表 7-5　某制鞋厂旅游鞋耐用时间抽样检测结果

耐用时间/天	数量/双
300 以下	11
300~350	32
350~400	120
400~450	23
450 以上	14
合计	200

在概率为 0.954 5 的条件下，利用 Excel 统计函数计算：

（1）这批旅游鞋的平均耐用时间（天）的可能区间范围；

（2）如果耐用时间在 350 天以上是合格品，推断这批旅游鞋合格率的区间范围。

8. 对某地用抽样检查方法测定平均亩（1 亩≈666.7m^2）产量，已知标准差为 12 kg，极限误差为 1.2 kg，在概率为 0.954 5 条件下，计算应抽取多少亩小麦进行调查。

9. 某企业生产一批产品 10 000 台，抽样调查其合格率，根据以往生产情况，该产品的合格率为 90%，要求合格率的抽样极限误差不超过 2%，可靠程度为 0.954 5，在重复和不重复简单随机抽样条件下，分别应抽多少台进行检测？

第八章　统　计　预　测

【任务驱动】

　　统计预测是在统计调查、整理、分析的基础上，运用统计方法对尚未发生或目前还不明确的经济现象的数量方面进行预先推测和估计。统计预测的方法根据主客观因素所起的作用不同分为定性预测和定量预测。通过对本章内容的学习，读者应了解预测的意义，掌握统计预测的基本方法，学会运用定性预测和定量预测的方法对经济现象数量方面进行推断和估计，以便在实际统计工作中运用统计方法进行预测，从而更好地掌握经济现象数量发展规律。

☞ 引导案例

未来十年全球经济四大新增长点（摘选）

　　随着出生率的下降和人均寿命的延长，全球正面临日益严重的人口老龄化问题。据联合国"老龄报告"预测，到2050年，全球人口将达到91.5亿的峰值，其中60岁以上人口将突破20亿，占全球总人口的近22%，65岁以上人口的比例则将增至16%；届时每位65岁以上的老年人仅能依靠3.9个年龄介于15岁至64岁的劳动力供养，而在2010年这个比例还是1:8.7。由此可见，假如无法为人口老龄化挑战找到应对之策，没有与之配套的经济、科技、社会的转型，随之而来的问题不言而喻。

　　不过，凡事都有两面性，埃森哲研究报告则揭示了事物的另一面，即老龄化背后也蕴藏着巨大的商机。其中，除了诸如旅游等休闲娱乐产品及保健产品和服务等传统商机外，还包括：老龄教育，即为老年人延长工作时间提供技能和心理方面的培训；无缝的信息化解决方案，囊括了健康状况分析、病人信息和诊断的电子管理、自助工具、上门的移动健康服务等；终生金融服务，如资产释出产品、采用生物识别技术的自动提款机等；满足老年人生理需求的各种消费品等。总之，老龄产业方兴未艾，在国际上被看作是前景广阔的"朝阳产业"。

　　事实上，目前不少企业为迎接老龄化挑战，已做了许多有益的尝试。德国宝马汽车公司决定雇用一批到2017年年龄将会相当大的工人组成一条生产线。虽然一开始"老龄工人生产线"的生产力并不高，但是该公司做了近70项小调整，如新式椅子、更舒适的鞋、放大眼镜及可调节的桌子等，从而使这条生产线的生产力提高到与工厂里其他生产线同样的水平。英国金融机构已推出两类资产释出产品，帮助老年人为养老融资：一种是终生贷款，即老年人以房屋为担保向银行借款，借款期间利息可以分期或在清偿期一次偿付，至于清偿期何时开始，则以老人去世或是房屋出售的时间来决定；另一种是反向房屋贷款，即老年人出售全部或部分房屋的所有权抵换现金，但仍然保有居住权利，由房主变成房客。

资料来源：http://intl.ce.cn/sjjj/qy/201104/09/t20110409_22353493.shtml.

讨论与思考:

1. 结合案例说一说统计预测有什么意义,统计预测方法有哪些?

2. 结合案例说明什么是经济现象相关分析?应怎样进行分析?

【教学内容】

第一节　定性预测方法

定性预测方法也被称为主观预测法,是预测者根据掌握的实际情况,运用个人的专业知识和实践经验对经济现象未来发展的方向和程度作出判断和估计的一种预测方法。定性预测法比较简单,省时间、省费用,对现象发展的方向把握较准确,用于对难以量化的现象进行预测,但容易受预测者的主观影响。其具体方法有联想预测法、征兆预测法、集合意见预测法、专家预测法等。下面主要介绍专家预测法、专家会议法、类推预测法和主观概率法。

一、专家预测法——背靠背法

专家预测法又被称为德尔菲法,是在 20 世纪 40 年代由美国兰德公司首创和使用的一种特殊调查方法。该方法采用匿名和背靠背的方式,通过反复征求每个专家的意见,使各种不同意见逐步趋向一致。其步骤如下所示。

(一)根据预测目的,制定征询表

根据研究目的设计问题,内容简明扼要,易于专家理解、回答;提出问题有针对性,便于进行结果的统计分析;编制征询表(调查表或调查问卷),准备背景材料。

(二)根据研究专业,选择专家小组

采用专家预测法进行预测时,影响其预测结果质量的关键因素是专家的选择。要根据研究的目的,选择与预测主题有关的专业领域内有代表性的专家,还要选择与预测对象密切相关的边缘领域内的专家,以便在预测时考虑多方面因素的影响,使预测结果更准确。

(三)采用匿名方式,进行多轮函询

预测组织者将征询表和有关参考材料寄发给各个专家;参加预测的专家互不相见,没有任何联系,姓名保密,只同预测组织者保持联系;使各位专家凭借自己的知识和经验预测,而不受任何因素的干扰,并将自己预测结果以书面形式返回。预测组织者将第一轮的汇总结果及新的征询表再反馈给各个专家,请他们再做出认真的考虑,提出自己的观点;经过几轮反馈,专家的意见会逐渐趋于一致,呈现出统一的趋势。

(四)确定预测结果

预测组织者根据专家的反馈,进行信息综合分析处理,运用数学统计分析方法(平均数或中位数)对专家最后一轮预测意见加以处理,做出最后的预测结论。

二、专家会议法——面对面法

将有经验的专家召集在一起"面对面"进行讨论预测。采用该方法可以使专家们集思广益、相互启发，多角度、多层次地查找事物发展变化的原因，并预测未来。专家们在探讨事物产生的原因时可以利用因果图分析法。

因果图又被称为特性要因图、树枝图、鱼骨图，是指将影响事物发展变化的各种原因画成的图表。影响经济现象数理变化的原因多种多样、错综复杂，因果图分析法可以发挥集体智慧优势，分析原因时从大到小，从粗到细，寻根究底，直到讨论提出解决问题的办法的措施。因果图分析法的缺点是以经验为主，缺乏数据支持。因果图分析法使用步骤如下。

（1）查找要解决的问题，把问题写在鱼骨的头上；

（2）召集专家共同讨论问题出现的可能原因，尽可能多地找出问题；

（3）把相同的问题分组，在鱼骨上标出；

（4）根据不同问题征求大家的意见，总结出准确的原因；

（5）根据问题产生的原因，讨论解决问题的办法和措施。

例如，某生产企业因采购原材料质量问题，使得产品质量下降，销售量不高，企业召集采购部门经理、运输主管、生产车间主任、销售经理等专家开会讨论、查找采购原材料质量不合格的原因，因果图如图 8-1 所示。

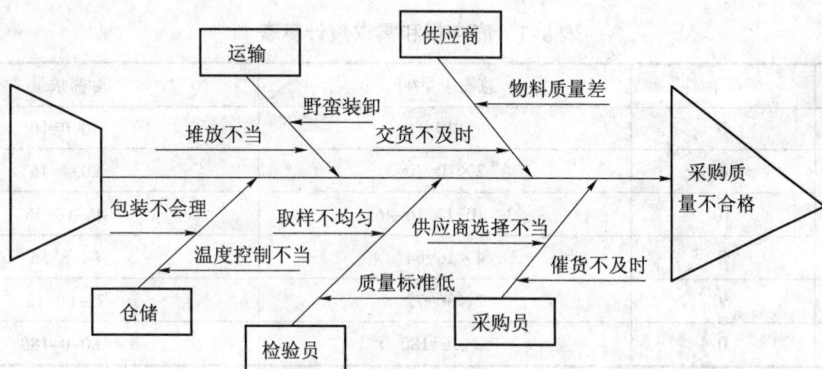

图 8-1　因果图

三、类推预测法

类推预测法是通过对类似事物的相互联系规律进行对比分析，推断预测目标未来发展变化趋势的一种方法。例如，某产品的生产厂家多了，推断其产品市场供应量将增加，生产商竞争激烈，原材料价格将上涨；某汽车制造厂年计划生产 10 万辆车，就需要采购 40 万个轮胎等。

【例 8-1】A 是最终产品，每件 A 产成品是由 B、C、D、E、F 组件构成的，其中 C 组件是 A 和 B 的通用件。现顾客发来订单买 10 件 A 产品，而实际需要各种组件的数量还需考虑 A 产成品及各种组件的库存量。产成品的层次构成分析如下。

第 0 层：一件独立最终产品 A；

第 1 层：一个 A 是由 2 个 B 和 3 个 C 组成；

第 2 层：一个 B 是由 1 个 C 和 4 个 D 组成；一个 C 是由 2 个 E 和 5 个 F 组成；

第 3 层：一个 C 是由 2 个 E 和 5 个 F 组成。产品物料构成层次图如图 8-2 所示。

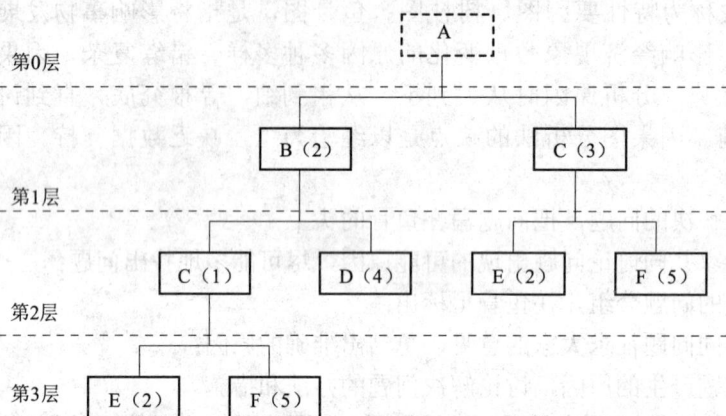

图 8-2　产品物料构成层次图

因此，库存量和需求量计算表如表 8-1 所示。

表 8-1　库存量和需求量计算表

组件名称	库存量/件	总需求量/件	实际需求量/件
A	0	10	10−0=10
B	4	2×10=20	20−4=16
C	10	3×10+1×16=46	46−10=36
D	8	4×16=64	64−8=56
E	60	2×36=72	72−60=12
F	0	5×36=180	180−0=180

四、主观概率法

主观概率是指人们根据自己的知识和经验对某一事件可能发生程度的一个主观估计数。主观概率法的预测步骤如下。

第一步：每个预测者对未来销售做出最高、最可能和最低三种估计，并确定各种估计的主观概率；

第二步：加权平均计算每个人的预测期望值；

第三步：根据过去预测的准确程度，确定参加预测者各人的主观概率，以每个人的预测期望值进行加权平均，计算综合预测值。

【例8-2】某连锁经营店的某小商品的采购方式为按期订货，即在每个月的月初订货，每次订购数量需要预测。采购员、销售经理和营业员对该小商品下个月估计销售量的主观概率预测见表8-2。如果规定该商品的安全库存为400件，请用主观概率法预测下个月的销售量。

表8-2 某小商品下个月估计销售量的主观概率预测表

预测人员		估计销售量/万件	主观概率	（销售额×概率）/万件	预测期望值/万件
采购员	最高值	3 600	0.3	1 080	
	最可能值	3 200	0.5	1 600	3 240
	最低值	2 800	0.2	560	
销售经理	最高值	3 400	0.2	680	
	最可能值	3 000	0.6	1 800	3 000
	最低值	2 600	0.2	520	
营业员	最高值	3 200	0.3	960	
	最可能值	2 900	0.4	1 160	2 780
	最低值	2 200	0.3	660	

（1）计算期望值：

$$期望值=销售额估计值×概率$$

例如，采购员的期望值为3 600×0.3+3 200×0.5+2 800×0.2=3 240（万件）。

其他预测者的期望值计算方法同上，其结果已列于上表。

（2）如果3位预测人员经验能力相同，其主观概率各为1/3，则3人对下个月销售量的预测期望值的简单平均数为：

$$\bar{x}=\frac{\sum x}{n}=\frac{3\ 240+3\ 000+2\ 780}{3}=3\ 007\ （万件）$$

（3）如果3位预测人员经验能力不同，经验能力强的给定权数大些，让其预测期望值占的比重大，给定采购员的权数为2，销售经理的权数为3，营业员的权数为1，则加权平均预测值为：

$$\bar{x}=\frac{\sum xf}{\sum f}=\frac{3\ 240×2+3\ 000×3+2\ 780×1}{2+3+1}=3\ 044\ （万件）$$

预测下个月的销售量=采购量+安全库存=3 044+400=3 444（万件）

第二节 定量预测方法

定量预测是利用统计方法和数学模型对未来所进行的预测。定量预测方法有：时间数列预测法（如速度指标预测法、移动平均法、最小平方法、季节指数法等方法），指数平滑法，相关分析法和回归分析法等数学模型预测法。本节主要介绍指数平滑法、相关分析法和回归分析法。

一、指数平滑法

指数平滑法（exponential smoothing，ES）是由布朗（Robert G. Brown）提出的，他认为时间序列的态势具有稳定性或规则性，所以时间序列可被合理地顺势推延。布朗认为最近的过去态势，在某种程度上会持续到未来，所以将较大的权数放在最近的资料上。

指数平滑法源于移动平均预测法；作为一种特殊的加权平均预测法，它是通过平滑系数的加权作用，对反映变量历次变化情况的时间序列进行大致修订，消除随机波动的影响，以便预测变量的未来趋势。

（一）一次指数平滑法

1. 一次指数平滑法公式

设时间数列为 $y_1, y_2, \cdots, y_T$，T 为时间数列总记录期数，一次指数平滑公式为

$$s_t^{(1)} = \alpha y_t + (1-\alpha)S_{t-1}^{(1)} \qquad t=1,\ 2,\ \cdots,\ T$$

式中：（1）表示一次指数平滑；$S_t^{(1)}$ 为第 t 期的一次指数平滑值；y_t 为第 t 期的实际观察值；α 为平滑系数，取值 $0\sim1$ 之间；$S_{t-1}^{(1)}$ 为第 $t-1$ 期的一次指数平滑值。

平滑系数 α 是经验给定的，它的选择是否得当直接影响到预测结果：α 值越大，说明预测值越依赖于近期的信息；α 值越小，说明预测值越依赖于历史信息。α 值的大小也体现了修正幅度的大小：α 值越大，修正幅度越大；α 值越小，由修正幅度越小。一般来说，α 取值应遵循以下原则。

（1）如果时间数列具有不规则的起伏变化，但长期趋势呈比较稳定的水平趋势，必须选择较小的 α 值（取 0.05～0.20）；

（2）如果时间数列波动很大，长期趋势变化幅度较大，则 α 应取较大值（取 0.3～0.5）；

（3）如果时间数列有明显上升或下降趋势时，应取较大的值（取 0.6～0.9）。

实质上，平滑系数 α 是一个经验数据；通过多个值进行试算比较而定，哪个值引起的预测误差小，就采用哪一个。

2. 一次指数平滑法预测步骤

（1）确定初始值 S_0。初始值可以取第一期的实际值或取最初几期的平均值。一般情况下，如果时间数列观察期 $n>15$，取第一期的实际值为初始值；如果 $n<15$，取最初几期（通常取前 3 期）的平均值为初始值。

（2）选择平滑系数。时间数列波动大，取较大值，使预测模型迅速跟上实际观察值的变化；反之则取较小值。

（3）确定预测值。通过一次指数平滑公式计算每期预测值。

【例 8-3】根据某企业 2015 年 1 月至 2016 年 4 月某产品销售量情况，请计算一次平滑值（本例将"一次指数平滑值"简称为"一次平滑值"），如表 8-3 所示。

解：首先确定初始值，$n>15$，以第一期的观察值为初始值，即 $S_0=68.44$；选择平滑系数，$\alpha=0.3$；计算得一次平滑值如表 8-3 中所示。

表 8-3 某企业 2015 年 1 月至 2016 年 4 月某产品销售量及一次性指数平滑值

年、月	序号	销售量/万件	一次平滑值 α=0.3	
	0		32.0	初始值 S0
201501	1	32	32.0	=0.3×32+（1−0.3）×32=32
201502	2	45	35.9	
201503	3	36	35.9	
201504	4	54	41.4	
201505	5	36	39.7	
201506	6	46	41.6	
201507	7	57	46.2	=0.3×57+（1−0.3）×41.6=46.2
201508	8	64	51.6	
201509	9	51	51.4	
201510	10	68	56.4	
201511	11	59	57.2	
201512	12	60	58.0	
201601	13	68	61.0	
201602	14	71	64.0	
201603	15	82	69.4	
201604	16	86	74.4	

（二）二次指数平滑法

当时间数列的变动呈现出直线趋势时，用一次指数平滑法分析依然存在明显的滞后偏差；修正的方法是：在一次指数平滑法的基础上，对一次指数平滑值再做二次指数平滑，通过分析平滑值的发展方向和趋势，建立数学模型进行预测。

1. 二次指数平滑法公式

$$S_t^{(2)} = \alpha \cdot S_t^{(1)} + (1-\alpha) \cdot S_{t-1}^{(2)}$$

式中：$S_t^{(2)}$ 为第 t 期的二次指数平滑值；$S_t^{(1)}$ 为第 t 期的一次指数平滑值；$S_{t-1}^{(2)}$ 为第 $t-1$ 期的二次指数平滑值；α 为平滑系数。

【例 8-4】根据表 8-3 中的一次平滑值计算二次平滑值（本例将"二次指数平滑值"简称为"二次平滑值"），见表 8-4。

表 8-4 某企业 2015 年 1 月至 2016 年 4 月某产品销量、一次平滑值和二次平滑值

年、月	序号	销售量/万件	一次平滑值 α=0.3	二次平滑值 α=0.3
	0		32.0	32.0
201501	1	32	32.0	32.0
201502	2	45	35.9	33.2
201503	3	36	35.9	34.0
201504	4	54	41.4	36.2
201505	5	36	39.7	37.3
201506	6	46	41.6	38.6
201507	7	57	46.2	40.9
201508	8	64	51.6	44.1

续表

年、月	序号	销售量/万件	一次平滑值 $\alpha=0.3$	二次平滑值 $\alpha=0.3$
201509	9	51	51.4	46.3
201510	10	68	56.4	49.3
201511	11	59	57.2	51.7
201512	12	60	58.0	53.6
201601	13	68	61.0	55.8
201602	14	71	64.0	58.3
201603	15	82	69.4	61.6
201604	16	86	74.4	65.4

2. 建立直线预测模型

$$a_t = 2S_t^{(1)} - S_t^{(2)} = 2 \times 74.4 - 65.4 = 83.4$$

$$b_t = \frac{\alpha}{1-\alpha}\left[S_t^{(1)} - S_t^{(2)} \right] = \frac{0.3}{1-0.3} \times (74.4 - 65.4) = 3.9$$

$$y_{t+T} = a_t + b_t \cdot T$$

$$y_{t+T} = 83.4 + 3.9T$$

预测 2016 年 5 月份的销售量为：83.4+3.9×1=87.3（万件）
预测 2016 年 6 月份的销售量为：83.4+3.9×2=91.2（万件）

二、相关分析法

社会现象、经济现象和各种自然、生态现象都是在互相联系、互相制约中存在并不断发展变化的。一种现象的发展变化受制于内部各个因素的彼此关联与变化推动，也受到外部环境及相关条件的制约与影响。事物或现象间在数量上存在相互依存、相互制约的关系，这种关系可以分为两种类型：确定性关系和非确定性关系。确定性关系，即变量之间客观存在的确定性的数量对应关系；当自变量取一个值时，因变量就有一个完全确定的值与之对应，因此确定性关系又被称为函数关系。非确定性关系是现象间存在的不严格的数量依存关系，又被称为相关关系。相关与回归分析正是研究和解释现象与现象、事物与事物彼此之间依存度、关联度和因果关系的统计方法。

1. 相关关系类型

（1）按相关的因素多少来分，相关关系可分为单相关、复相关和偏相关。

① 单相关。单相关也被称为简单相关，是指两个变量的相关关系，即一个变量与另一个变量之间的简单依存关系。例如，身高和体重之间的关系，销售量和销售价格之间的关系，关税收入与国民经济增长之间关系等都是单相关。

② 复相关。复相关是指三个或三个以上变量之间的相关关系。例如，经济增长率对进口增长率及出口增长率的关系；农作物的产量与施肥量、浇水量、投入的劳动力人数、投入的资本等因素之间的相关等都是复相关。

③ 偏相关。偏相关是指在一个变量与两个或两个以上变量相关的情况下，假定其他变量不变时，其中两个变量之间的相关关系。例如，在假定影响需求量的其他因素不变时，需求量和价格之间的关系就是偏相关。

（2）按相关的形式来分，相关关系可分为线性相关和非线性相关。

① 线性相关。将两种相关数量画成散点图，点分布近似表现为直线形式，即为线性相关。例如，销售额与利润、青少年的身高与体重等都是线性相关关系。

② 非线性相关。将两种相关数量画成散点图，点分布近似表现为曲线形式，即为非线性相关。例如，单位面积播种量和单位面积产量的近似抛物线等都为非线性相关。

（3）按相关的方向来分，相关关系可分为正相关、负相关。

① 正相关。正相关是当自变量的数值增加或减少时，因变量的数值也相应增加或减少。例如，工人劳动生产率提高，产品产量也随之增加；固定资产增加，产品产量也增加；施肥量增加，亩产量增加；广告费增加，销售收入增加；居民的收入增加，消费水平增加等都是正相关。

② 负相关。负相关是当一现象数量增加（减少）另一现象数量减少（增加），即两种现象数量变动方向相反。例如，生产单位产品消耗时间少，劳动生产率就高；利润随单位成本的降低而增加；商品流转额越大，商品流通费用越低等都是负相关。

（4）按相关的程度来分，相关关系可分为完全相关、不完全相关和完全不相关

① 完全相关。完全相关是指一个变量的数量完全由另一个变量的数量变化所决定，即函数关系。因此，函数关系也可以被看作是相关关系的一个特例。例如，在价格不变的条件下，销售额与销售量之间相关关系即为完全相关关系。

② 不完全相关。不完全相关是指两个变量的关系介于完全相关和完全不相关之间。在统计学中，一般的相关关系指的就是不完全相关关系，相关分析的主要对象是不完全相关关系。

③ 完全不相关。完全不相关又被称为零相关，是指两个变量的数值之间不存在任何依存关系，彼此独立，互不影响。例如，照相机的销售量与衣服的销售量没有任何关系；股票价格的高低与气温的高低一般情况下是不相关的。

2. 相关关系的测定

相关分析目的是找出现象间相关关系的密切程度和变化规律，以便进行统计预测和推算。相关关系的测定方法有两种，即定性分析和定量分析。

（1）定性分析。定性分析是依据研究者的理论知识、专业知识和实践经验，对客观现象之间是否存在相关关系，以及有何种相关关系做出判断。定性分析可以通过编制相关表，绘制相关图来判别两个变量之间是否存在某种相关关系及相关的方向、形态和大致的密切程度。

① 相关表。相关表是将某一变量的变量值按大小顺序排列，另一变量的变量值与之对应排列在统计表中，形成相关表。

简单相关表。简单相关表是将两列成对的变量值不做任何加工而直接编制的相关表。如表 8-5 为某企业固定资产价值与工业增加值相关表；从表中数据可以看出，固定资产价值增加，工业增加值也随之增加。

表 8–5　某企业固定资产价值与工业增加值相关表

企业序号	固定资产价值/百万元 x	工业增加值/百万元 y
1	6	28
2	6	30
3	7	36
4	8	37
5	9	42
6	9	40
7	10	45
合计	66	315

单变量分组表。单变量分组表是只对自变量数值进行分组，计算出各组的次数和因变量的组平均数编制的相关表，表 8–6 为某工业局 100 个企业某产品产量与单位产品成本相关表。

表 8–6　某工业局 100 个企业某产品产量与单位产品成本相关表

产品产量/t x	单位产品成本/(千元/t) y	企业数 f
500～600	100	6
600～700	98	11
700～800	95	18
800～900	92	22
900～1 000	86	24
1 000～1 100	72	15
1 100～1 200	63	4

双变量分组表。双变量分组表是对两个变量都进行分组，交叉排列，并列出两个变量各组间的共同次数的相关表，表 8–7 为少年儿童身高与体重的相关表。双变量分组表又分为单项式双变量分组表和组距式双变量分组表。

表 8–7　少年儿童身高与体重的相关表

身高/cm x	体重/kg y					人数合计/人 f
	25 以下	25~30	30~35	35~40	40 以上	
145 以下	1					1
145～150	3					3
150～155		6	4	2		12
155～160		2	9	3	1	15
160 以上		1	5	2	1	9
人数合计/人 f	4	9	18	7	2	30

② 相关图

相关图又被称为散点图，它是用直角坐标系的 x 轴代表自变量，y 轴代表因变量，并将两个变量间相对应的变量值用坐标点的形式描绘出来，用以表明相关点分布状况的图形。借助相关图可以直观而形象地显示现象之间相关的性质和程度。几种相关图如图 8-3 所示。

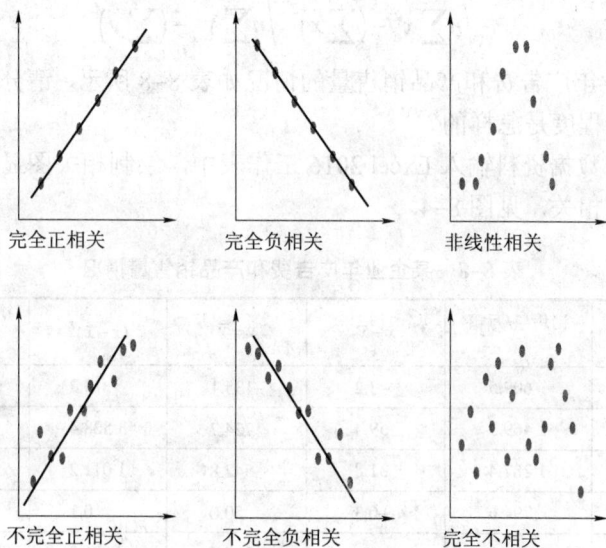

| 完全正相关 | 完全负相关 | 非线性相关 |
| 不完全正相关 | 不完全负相关 | 完全不相关 |

图 8-3　几种相关图

（2）定量分析。英国著名统计学家卡尔·皮尔逊提出的相关系数可以比较精确的计算两个变量之间直线相关的方向的相关程度。相关系数的取值范围：$-1 \leqslant r \leqslant 1$。

当 $|r|=1$ 时，完全线性相关；当 $0<|r|<1$ 时，存在相关；当 $0<|r|<0.3$ 时，微弱相关；当 $0.3<|r|<0.5$ 时，低度相关；当 $0.5<|r|<0.8$ 时，显著相关；当 $0.8<|r|<1$ 时，高度相关；当 $r>0$ 时，正相关；当 $r<0$ 时，负相关。

相关系数的计算如下。

自变量 x 数列标准差：

$$\sigma_x = \sqrt{\frac{\sum (x-\bar{x})^2}{n}}$$

因变量 y 数列标准差：

$$\sigma_y = \sqrt{\frac{\sum (y-\bar{y})^2}{n}}$$

xy 两个数列协方差：

$$\sigma_{xy}^2 = \frac{\sum (x-\bar{x})(y-\bar{y})}{n}$$

相关系数公式为：

$$r = \frac{\sigma_{xy}^2}{\sigma_x \sigma_y}$$

化简得：

$$r = \frac{\sum (x-\bar{x})(y-\bar{y})}{\sqrt{\sum (x-\bar{x})^2}\sqrt{\sum (y-\bar{y})^2}}$$

在分组资料条件下：
$$r = \frac{\sum (x-\overline{x})(y-\overline{y})f}{\sqrt{\sum (x-\overline{x})^2 f \sum (y-\overline{y})^2 f}}$$

利用相关系数的基本公式计算相当烦琐，但利用代数推演的方法可得到许多计算相关系数的简化式，如：

$$r = \frac{n\sum xy - \sum x \sum y}{\sqrt{n\sum x^2 - \left(\sum x\right)^2}\sqrt{n\sum y^2 - \left(\sum y\right)^2}}$$

【例 8-5】 某企业年广告费和产品销售量的情况如表 8-8 所示，请分析年广告费和产品销售量是否相关？相关程度是怎样的？

解：将表 8-8 中数据资料输入 Excel 2016 工作表中，绘制相关图显示该企业年广告费和产品销售量是直线正相关，见图 8-4。

表 8-8　某企业年广告费和产品销售量情况

广告次序	广告费/万元 x	销售量/万箱 y	$x-\overline{x}$	$y-\overline{y}$	$(x-\overline{x})^2$	$(y-\overline{y})^2$	$(x-\overline{x})(y-\overline{y})$
1	58.6	609.5	−3.2	−135.1	10.2	18 252.0	432.3
2	121.2	1 469.3	59.4	724.7	3 528.4	525 190.1	43 047.2
3	93.6	1 287.4	31.8	542.8	1 011.2	294 631.8	17 261.0
4	61.5	794.6	−0.3	50.0	0.1	2 500.0	−15.0
5	52.8	537.2	−9.0	−207.4	81.0	43 014.8	1 866.6
6	43.1	407.1	−18.7	−337.5	349.7	113 906.3	6 311.3
7	29.8	369.2	−32.0	−375.4	1 024.0	140 925.2	12 012.8
8	12.9	246.8	−48.9	−497.8	2 391.2	247 804.8	24 342.4
9	82.4	980.6	20.6	236.0	424.4	55 696.0	4 861.6
合计	555.9	6 701.7	—	—	8 820.2	1 441 921.0	110 120.2

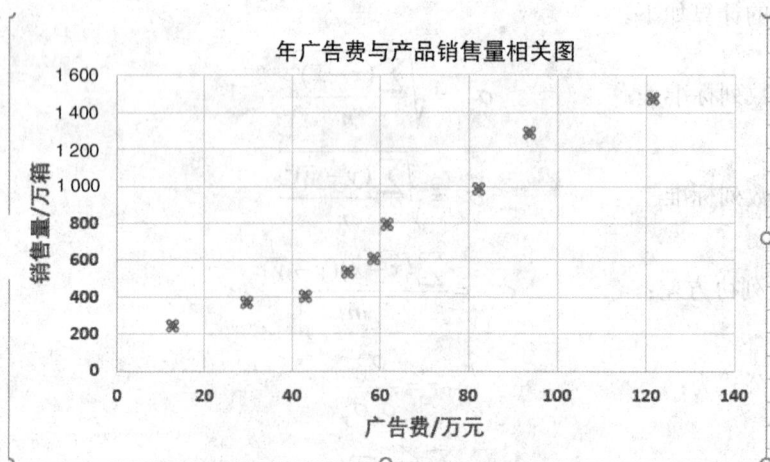

图 8-4　某企业年广告费和产品销售量的相关图

$$\gamma = \frac{\sum(x-\bar{x})(y-\bar{y})}{\sqrt{\sum(x-\bar{x})^2}\sqrt{\sum(y-\bar{y})^2}} = \frac{110\,120.2}{\sqrt{8\,820.2 \times 1\,441\,921.0}} = 0.976$$，二者高度直线相关。

三、回归分析法

（一）回归分析的概念

回归分析是对具有相关关系的两个或两个以上变量之间数量变化的一般关系进行测定，确定一个相应的数学表达式，以便从一个已知量来推测另一个未知量，为估计预测提供一个重要的方法。相关分析是回归分析的基础和前提，只有当变量之间存在高度相关时，进行回归分析寻求其相关的具体形式才有意义。

回归按照自变量的个数划分为一元回归和多元回归。只有一个自变量的回归被称为一元回归，有两个或两个以上自变量的回归被称为多元回归。按照回归曲线的形态划分，有线性（直线）回归和非线性（曲线）回归。实际分析时应根据客观现象的性质、特点、研究目的和任务选取回归分析的方法。

（二）回归分析的步骤

1. 根据预测目标，确定自变量和因变量

明确预测目标，也就确定了因变量。例如，预测目标是下一年度的销售量，那么销售量 y 就是因变量。通过市场调查和查阅资料，寻找预测目标的相关影响因素，即自变量，并从中选出主要的影响因素。

2. 建立回归预测模型

依据自变量和因变量的历史统计资料进行计算，在此基础上建立回归分析方程，即回归分析预测模型。

3. 进行相关分析

回归分析是对具有因果关系的影响因素（自变量）和预测对象（因变量）所进行的数理统计分析处理。只有当自变量与因变量确实存在某种关系时，建立的回归方程才有意义。因此，作为自变量的因素与作为因变量的预测对象是否有关，相关程度如何，以及判断这种相关程度的把握性多大，就成为进行回归分析必须要解决的问题。进行直线相关分析时，一般要求出相关系数，以相关系数的大小来判断自变量和因变量的相关的程度。

4. 检验回归预测模型，计算预测误差

回归预测模型是否可用于实际预测，取决于对回归预测模型的检验和对预测误差的计算。回归方程只有通过各种检验，且预测误差较小，才能将其作为预测模型应用于实际预测。

【例8-6】以表8-8中的数据资料为例，前面已计算得出该企业年广告费和销售量之间存在高度直线相关关系。请建立直线回归方程进行预测，并计算当广告费为70万元时，销售量为多少？回归分析计算如表8-9所示。

表8-9　回归分析计算表

广告次序	广告费/万元 x	销售量/万箱 y	x^2	xy
1	58.6	609.5	3 434.0	35 716.7

广告次序	广告费/万元 x	销售量/万箱 y	x^2	xy
2	121.2	1 469.3	14 689.4	178 079.2
3	93.6	1 287.4	8 761.0	120 500.6
4	61.5	794.6	3 782.3	48 867.9
5	52.8	537.2	2 787.8	28 364.2
6	43.1	407.1	1 857.6	17 546.0
7	29.8	369.2	888.0	11 002.2
8	12.9	246.8	166.4	3 183.7
9	82.4	980.6	6 789.8	80 801.4
合计	555.9	6 701.7	43 156.3	524 061.9

假设直线方程为：$y_c = a + bx$；用最小二乘法公式计算得：

$$\sum y = na + b\sum x \qquad 6\ 701.7 = 9a + 555.9b$$

$$\sum xy = a\sum x + b\sum x^2 \qquad 524\ 061.9 = 555.9a + 43\ 156.3b$$

二方程联立，求解得：$a = -26.525 \qquad b = 12.485$

则趋势直线为：$y_c = 12.485x - 26.525$

当广告费为 70 万元时，销售量为：$y_c = 12.485 \times 70 - 26.525 = 847.43$（万箱）

（三）估计标准误差

回归方程的一个重要作用在于根据自变量的已知值，推算因变量的估计量（可能值），这个估计值和真正的实际值可能一致，也可能不一致；这样就产生了估计值的代表性问题；当 y 与 y_c 值基本一致时，表明推断准确；而当 y 与 y_c 值相差甚远时，表明推断不准确；因此将一系列 y 与 y_c 加以比较，可以发现其中存在一系列离差（$y - y_c$），其中有的是正离差，有的则是负离差。回归方程的代表性如何，一般是通过估计标准误差的计算来加以检验的。

估计标准误差是因变量的估计值与实际观察值之间的平均误差大小的指标，是用来说明回归方程的代表性大小的统计指标。估计标准误差值越小说明估计的值越接近实际值，估计得越准确。一元线性回归的估计标准误差用公式表示为：

$$s_y = \sqrt{\frac{\sum (y - y_c)^2}{n - 2}}$$

式中：s_y 为估计标准误差；y 为因变量实际观察值；y_c 为根据回归方程推算的因变量的估计值；$n-2$ 表示估计回归线失去两个自由度，即样本数据的个数减去自变量的个数（$m=1$），再减 1。在实际应用中，当 n 很大时（一般是 $n \geqslant 30$ 时），计算估计标准误差时就用 n 来代替 $n-2$。

简化公式为：

$$s_y = \sqrt{\frac{\sum y^2 - a\sum y - b\sum xy}{n-2}}$$

回归估计标准差与前面介绍的标准差的计算原理是一致的，两者都是反映平均差异程度和代表性的指标。一般标准差反映的是各变量值与其平均数的平均差异程度，表明其平均数对各变量值的代表性强弱；回归标准误差反映的是因变量各实际值与其估计值之间的平均差异程度，表明其估计值对各实际值的代表性强弱，其值越小，估计值 $\hat{y}$（或回归方程）的代表性越强，用回归方程估计或预测的结果越准确。

相关系数和估计标准误差的关系：估计标准误差小，相关系数的绝对值就越大，表明现象之间相关关系越密切；如果估计标准误差的值等于 0，相关系数的绝对值等于 1，表明完全相关。这两个指标在数量上的关系如下。

$$r = \sqrt{1 - \frac{s_{yx}^2}{\sigma_y^2}}$$

$$r^2 = 1 - \sqrt{\frac{s_{yx}^2}{\sigma_y^2}}$$

$$s_{yx}^2 = \sigma_y^2(1 - r^2)$$

$$s_{yx} = \sqrt{\sigma_y^2(1 - r^2)}$$

【例 8–7】以例 8–5 中数据资料为例，请根据直线方程计算估计标准误差。表 8–10 为估计标准误差计算表。

表 8–10　估计标准误差计算表

广告次序	广告费/万元 x	销售量/万箱 y	回归估计值 y_c	$y - y_c$	$(y - y_c)^2$
1	58.6	609.5	705.1	−95.6	9 138.6
2	121.2	1 469.3	1 486.7	−17.4	301.3
3	93.6	1 287.4	1 142.1	145.3	21 120.5
4	61.5	794.6	7 41.3	53.3	2 840.6
5	52.8	537.2	632.7	−95.5	9 117.0
6	43.1	407.1	511.6	−104.5	10 915.8
7	29.8	369.2	345.5	23.7	560.4
8	12.9	246.8	134.5	112.3	12 604.2
9	82.4	980.6	1 002.2	−21.6	468.2
合计	555.9	6 701.7	6 701.7	—	67 066.6

$$s_y = \sqrt{\frac{\sum (y - y_c)^2}{n-2}} = \sqrt{\frac{67\,066.6}{9-2}} = 97.88$$

第三节　Excel 2016 在统计预测中的应用

一、Excel 2016 在指数平滑的应用

（1）以例 8–3 中的数据资料为例，将其输入 Excel 2016 工作表中，单击 D3 单元格，在编辑栏中输入 "=0.3*C3+(1–0.3)*\$D2"，按 Enter 键确定，拖曳填充柄得到以下的数值；

（2）单击 E3 单元格，在编辑栏中输入 "=0.3*D2+(1–0.3)*\$E2"，按 Enter 键确定，拖曳填充柄得到以下的数值。指数平滑计算结果如图 8–5 所示。

	A	B	C	D	E
				一次平滑值	二次平滑值
1	年、月	序号	销售量/万件	α=0.3	α=0.3
2		0		32.0	32
3	201501	1	32	32.0	32.0
4	201502	2	45	35.9	33.2
5	201503	3	36	35.9	34.0
6	201504	4	54	41.4	36.2
7	201505	5	36	39.7	37.3
8	201506	6	46	41.6	38.6
9	201507	7	57	46.2	40.9
10	201508	8	64	51.6	44.1
11	201509	9	51	51.4	46.3
12	201510	10	68	56.4	49.3
13	201511	11	59	57.2	51.7
14	201512	12	60	58.0	53.6
15	201601	13	68	61.0	55.8
16	201602	14	71	64.0	58.3
17	201603	15	82	69.4	61.6
18	201604	16	86	74.4	65.4

图 8–5　指数平滑计算结果

二、绘制相关图

（1）以例 8–5 中的数据资料为例，将其输入 Excel 2016 工作表中，选中区域 B1:C10，单击菜单栏中的 "插入"，在 "图表" 组中选择 "散点图"，从下拉列表中选择第一个图形，此时出现散点图雏形，如图 8–6 所示。

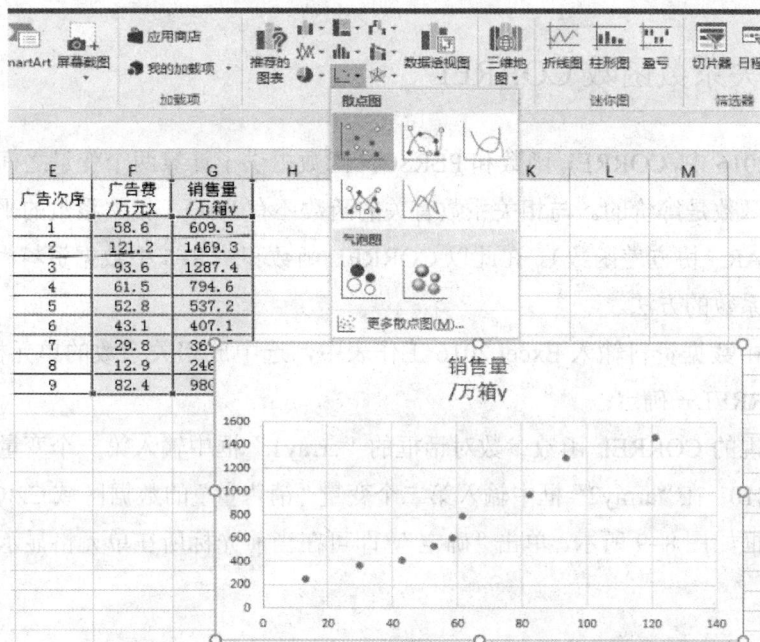

图 8-6 散点图雏形

（2）这时常用工具栏上方有各种格式的散点图，单击选择一种。散点图各种格式如图 8-7 所示。

图 8-7 散点图各种格式

（3）设置图表标题、横轴标题和纵轴标题，如图 8-8 所示。选中散点图雏形，右上角会出现工具栏，单击"＋"，勾选：坐标轴、坐标轴标题、图表标题等，然后在图中进行设置；还可单击右上角的"✐"选择图表样式等。

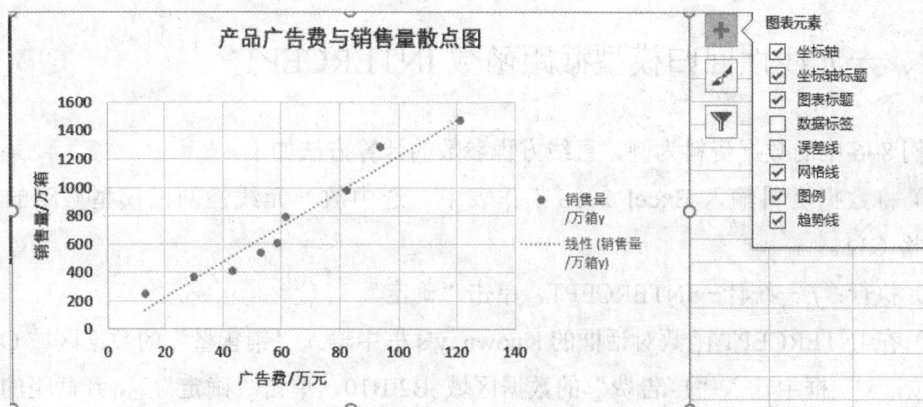

图 8-8 设置图表标题、横轴标题和纵轴标题

三、相关系数函数 CORREL

在 Excel 2016 中，CORREL 函数和 PERSON 函数提供了计算两个变量之间的相关系数的方法，这两个函数是等价的。与相关系数有关的函数还有 RSQ（相关系数的平方，即判定系数 r^2）和 COVAR（协方差函数）。在此以 CORREL 函数和例 8–5 中数据资料为例，介绍利用函数计算相关系数的方法。

（1）将表中数据资料输入 Excel 2016 工作表中，选中放相关系数的单元格 C11，执行：f_x—统计—CORREL—确定；

（2）在出现的 CORREL 函数参数对话框的"array1"框中输入第一个变量"广告费"的数据区域 B2:B10；在"array2"框中输入第二个变量"销售量"的数据区域 C2:C10，CORREL 函数参数对话框如图 8–9 所示，单击"确定"，即可在当前光标所在单元格显示函数的计算结果为 0.976。

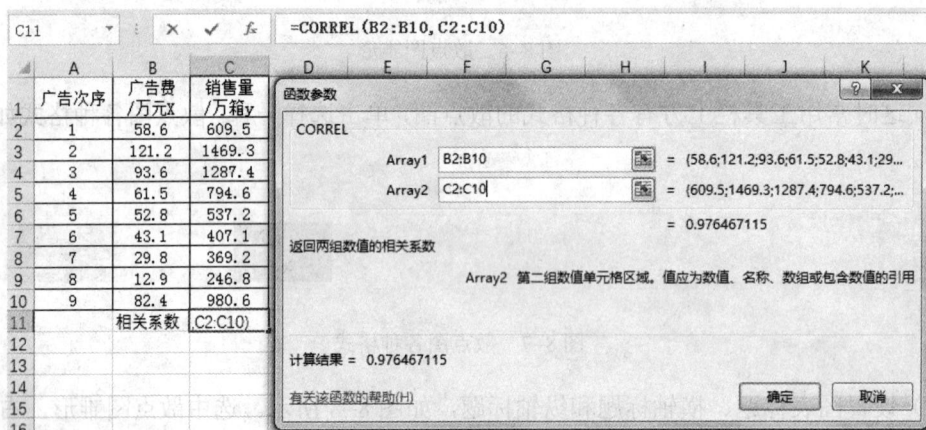

图 8–9　CORREL 函数参数对话框

四、一元线性回归模型截距函数 INTERCEPT

以例 8–6 中的数据资料为例，直线方程参数的计算方法如下。

（1）将数据资料输入 Excel 2016 工作表中，选中放一元线性回归模型截距的估计值的单元格 C11。

（2）执行：f_x—统计—INTERCEPT，单击"确定"。

（3）在 INTERCEPT 函数对话框的 Known_y's 框中输入"销售量"的数据区域 C2:C10，在 Known_x's 框中输入"广告费"的数据区域 B2:B10，单击"确定"，得到截距的数值为 –26.525。INTERCEPT 函数参数对话框如图 8–10 所示。

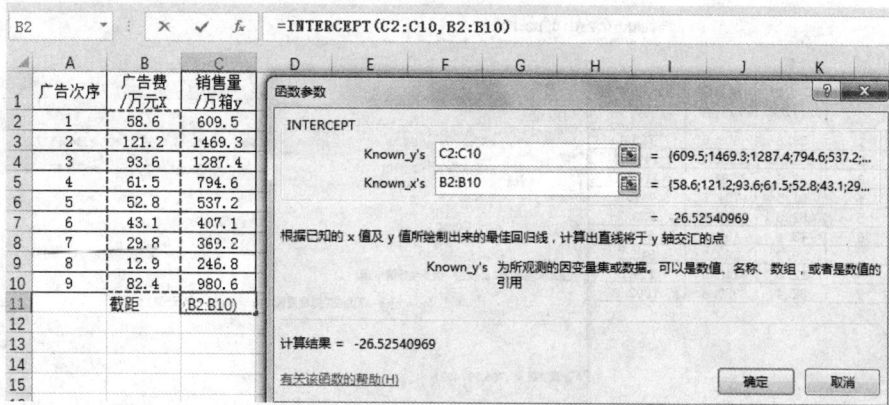

图 8-10　INTERCEPT 函数参数对话框

五、一元线性回归模型斜率函数 SLOPE

（1）以例 8-6 中的数据资料为例，将其输入 Excel 2016 工作表中；选中放一元线性回归模型斜率的估计值的单元格 C11，执行：f_x—统计—SLOPE，单击"确定"。

（2）在 SLOPE 函数参数对话框的 Known_y's 框中输入"销售量"的数据区域 C2:C10，在对话框的 Known_x's 框中输入"广告费"的数据区域 B2:B10，单击"确定"，得到斜率的数值为 12.485。SLOPE 函数参数对话框如图 8-11 所示。

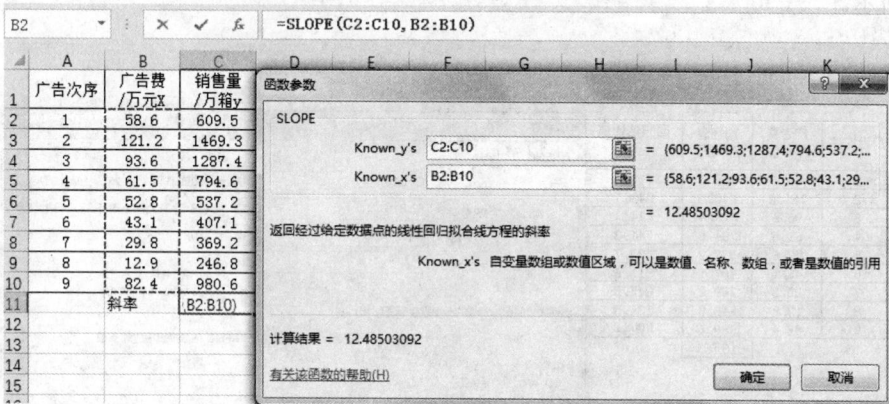

图 8-11　SLOPE 函数参数对话框

六、趋势函数 TREND

（1）以例 8-6 中的数据资料为例，将其输入 Excel 2016 工作表中，选定单元格 D2:D10 区域，执行：f_x—统计—TREND，单击"确定"。

（2）在 TREND 函数参数对话框的 Known_y's 框中输入"利润额"的数据区域 C2:C10，在对话框中的 Known_x's 框中输入"销售额"的数据区域 B2:B10，TREND 函数参数对话框如图 8-12 所示。

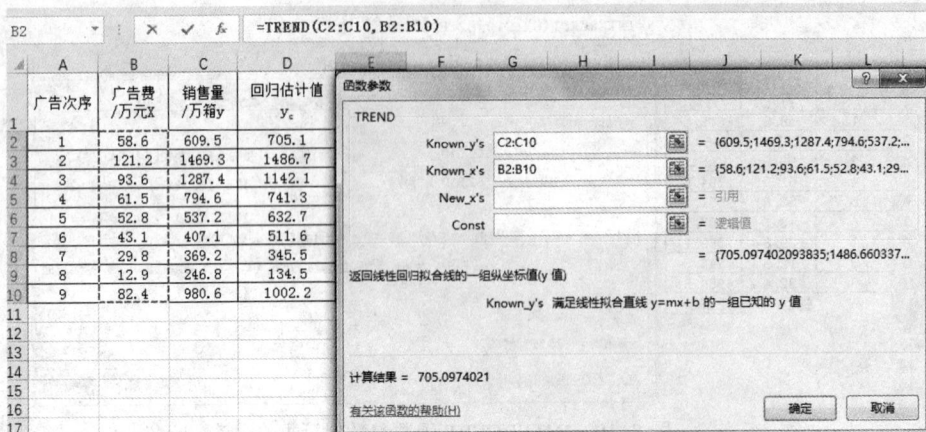

图 8-12　TREND 函数参数对话框

（3）按 Ctrl+Shift+Enter 组合键，得到 D2:D10 中的预测值。

此外，还可以利用趋势函数 TREND 计算预测值。例如，预测当广告费为 70 万元时，销售量为多少？

第一步：选中放结果的 C11 单元格，执行：f_x—统计—TREND，单击"确定"。

第二步：在 TREND 函数参数对话框的 Known_y's 框中输入"销售量"的数据区域 C2:C10，在 Known_x's 框中输入"广告费"的数据区域 B2:B10，在 New_x's 框中输入 70，单击"确定"得到预测的销售量为 847.43。TREND 函数参数对话框（销售量预测值计算）如图 8-13 所示。

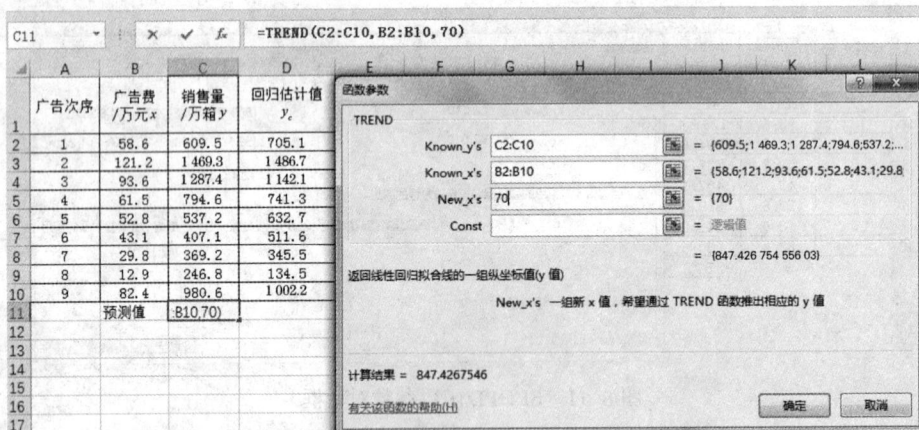

图 8-13　TREND 函数参数对话框（销售量预测值计算）

七、标准误差函数 STEYX

以例 8-6 中数据资料为例，利用标准误差函数 STEYX 对预测值的标准误差进行计算的方法如下。

（1）将数据输入 Excel 2016 工作表中，选中放一元线性回归模型预测值的标准误差的单元格 C11。

（2）执行：f_x—统计—STEYX，单击"确定"。

（3）在 STEYX 函数参数对话框的 Known_y's 框中输入"销售量"的数据区域 C2:C10，在对话框的 Known_x's 框中输入"广告费"的数据区域 B2:B10，单击"确定"，得到一元线性回归模型的预测值的标准误差的数值 97.88。STEYX 函数参数对话框（一元线性回归模型预测值的标准误差计算）如图 8-14 所示。

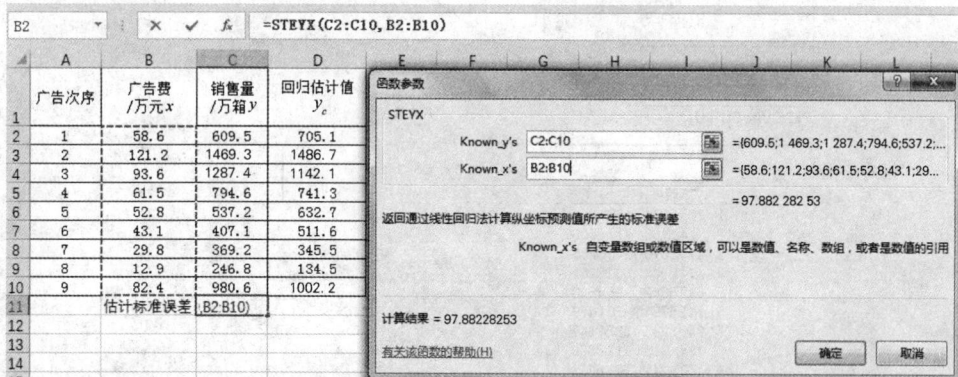

图 8-14　STEYX 函数参数对话框（一元线性回归模型预测值的标准误差计算）

八、利用"数据分析工具库"进行回归分析

（1）以例 8-6 数据资料为例，将其输入 Excel 2016 工作表中，执行：数据—数据分析—回归—确定，出现"回归"对话框，如图 8-15 所示；在 Y 值输入区域框中输入 C1:C10，在 X 值输入区域框中输入 B1:B10，勾选"标志"。

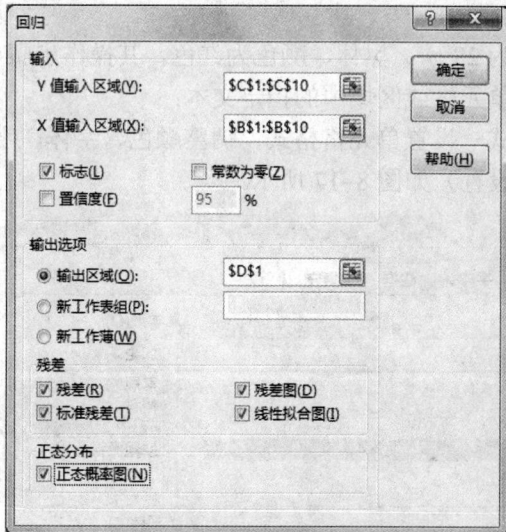

图 8-15　"回归"对话框

（2）在输出区域框中，选择放图表的左上角的一个单元格 D1，单击"确定"，相关分析

的有关指标及相关图即生成；单击右键"设置趋势线格式"，在右边的格式中选择"线性"和"显示公式"。回归分析结果如图 8-16 所示。

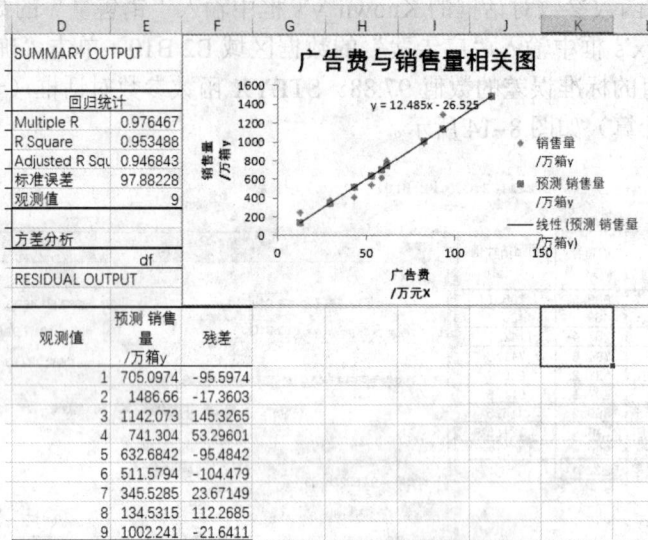

图 8-16　回归分析结果

第四节　统计表的格式设置与打印

一、设置单元格数据的字体格式

设置表头文字的大小为 28 磅、黑体、颜色为红色，其操作步骤如下。

（1）选定要设置字体单元格或区域中的指定文本；

（2）执行：开始—格式—设置单元格格式，调整颜色、字体、字形、字号等。设置单元格格式对话框（字体格式设置）如图 8-17 所示。

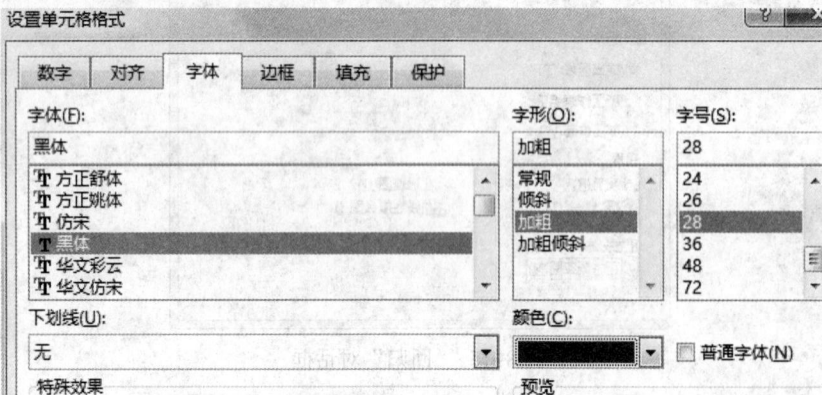

图 8-17　设置单元格格式对话框（字体格式设置）

二、设置单元格文本对齐方式

将统计表的所有单元格数据设置为水平居中，垂直居中。

（1）选定要设置文本对齐单元格或区域中的指定文本；

（2）执行：开始—格式—设置单元格格式，单击"对齐"标签，然后根据需要设置文本对齐方式为水平居中，垂直居中。设置单元格格式对话框（文本对齐方式设置）如图 8–18 所示。

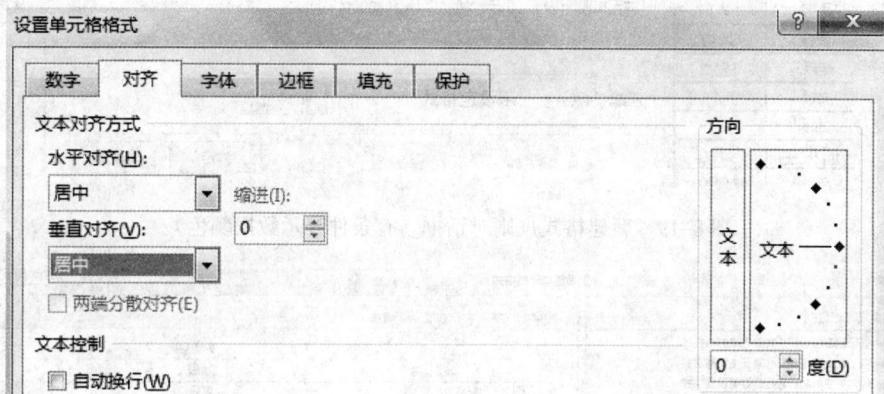

图 8–18　设置单元格格式对话框（文本对齐方式设置）

三、按条件显示数据颜色

在某企业某年 6 月份职工情况统计表（依据表 3–12 资料在 Excel 2016 中创建该工作表）中利用条件格式，将月工资额小于 2 000 元的数值设置为红色。

（1）选中月工资列所在的单元格区域 E3:E52（注意：在选取较大的单元格区域时，可以用鼠标单击左上角第一个单元格，按住 Shift 键的同时拖拉滚动条到区域的尾首，用鼠标单击区域右下角最后一个单元格即可。）；

（2）执行：开始—条件格式—新建规则；

（3）在新建格式规则对话框中，选择"只为包含选中以下内容的单元格设置格式"；在"编辑规则说明"下的第 1 个框中选择"单元格值"，单击第 2 个框右侧的下拉按钮，选择"小于"选项，然后在后面的框中输入数值"2 000"。新建格式规则对话框（有条件显示数据颜色）如图 8–19 所示。

（4）单击右下角的"格式"按钮，打开设置单元格格式对话框，在"字体"标签下，字形选择"加粗"，单击"颜色"下拉按钮，选择红色，单击"确定"。这时月工资列中小于 2 000 元的单元格的数字都变成了红色、加粗。（在这一步还可选择"填充"将 2 000 元以下的单元格底色变成一个颜色。）新建格式规则下设置单元格格式如图 8–20 所示。

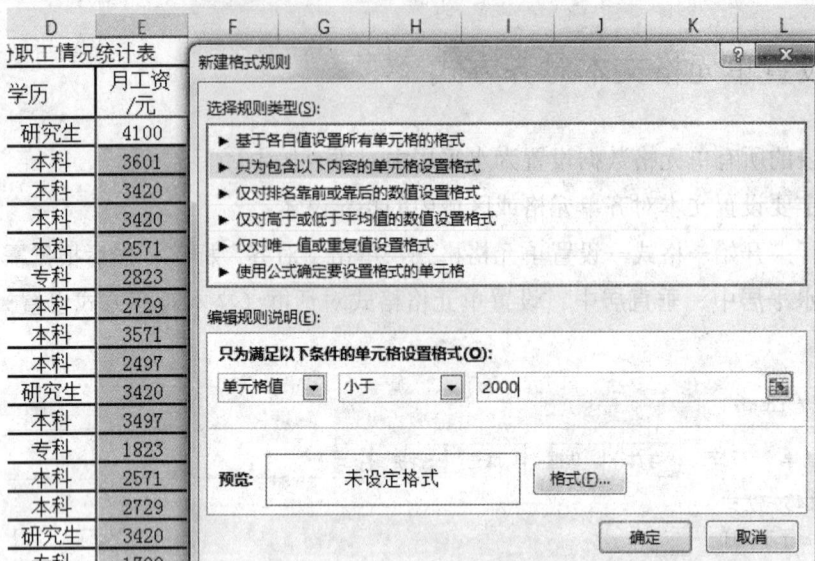

图 8-19　新建格式规则对话框（有条件显示数据颜色）

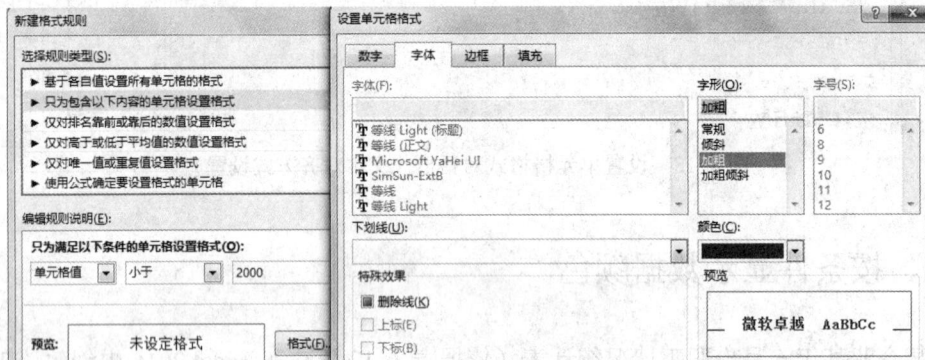

图 8-20　新建格式规则下设置单元格格式

四、有条件的格式设置

将某企业某年 6 月份职工情况统计表中月工资排名在后 10 位的设置为：字体红色，底色黄色。

（1）选中"某企业某年 6 月份职工情况统计表"中"月工资"所在的单元格区域 E3:E52；

（2）执行：开始—条件格式—新建规则；

（3）在新建格式规则对话框中，选择"仅对排名靠前或靠后的数值设置格式；在"编辑规则说明"下的第 1 个框中选择"后"，后面的框中填写"10"，见图 8-21；

（4）单击右下角的"格式"按钮，打开"设置单元格格式"对话框，在"字体"标签下，单击"颜色"下拉按钮，选择红色；在"边框"标签下，单击"颜色"下拉按钮，选择黄色；在"填充"标签下，"填充色"选择黄色，单击"确定"。

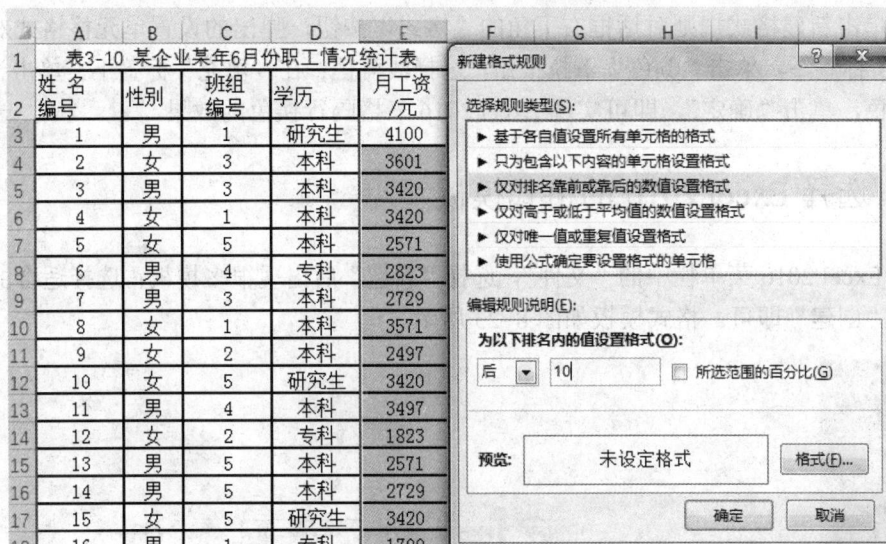

图 8-21 新建格式规则对话框（有条件的格式设置）

五、表格隔行换色设置

将某企业某年 6 月份职工情况统计表设置隔行换色为浅蓝色。

（1）选中需要设置的区域 A3:E52；

（2）执行：开始—条件格式—新建规则；

（3）在新建格式规则对话框中，选择"使用公式确定要设置格式的单元格"；在"编辑规则说明"下的框中输入"=MOD(ROW(), 2)=0"，如图 8-22 所示；

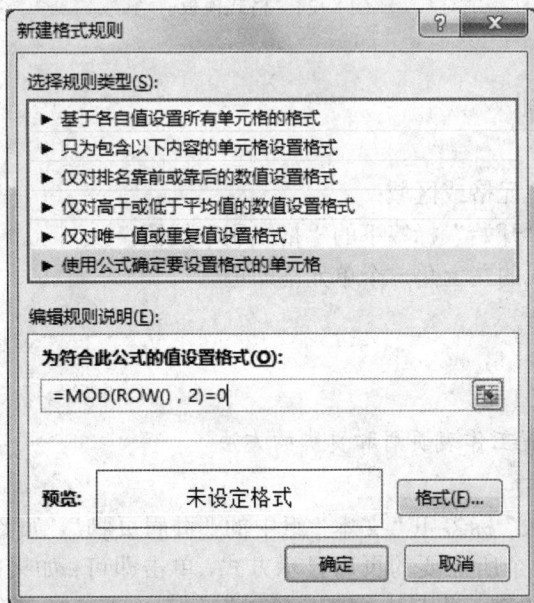

图 8-22 新建规则对话框（使用公式确定要设置格式的单元格）

（4）单击新建格式规则对话框右下角的"格式"按钮，弹出的设置单元格格式对话框；在"边框"标签下，单击"颜色"下拉按钮，选择浅蓝色；在"填充"标签下，单击"颜色"，选择浅蓝色，单击"确定"，即可实现 Excel 2016 表格隔行换色的效果。

六、选择 Excel 2016 的格式模板

单击 Excel 2016 菜单栏中的"文件"，选择"新建"后出现很多模板；选择适合的模板单击，选择"创建"即可。格式模板如图 8-23 所示。

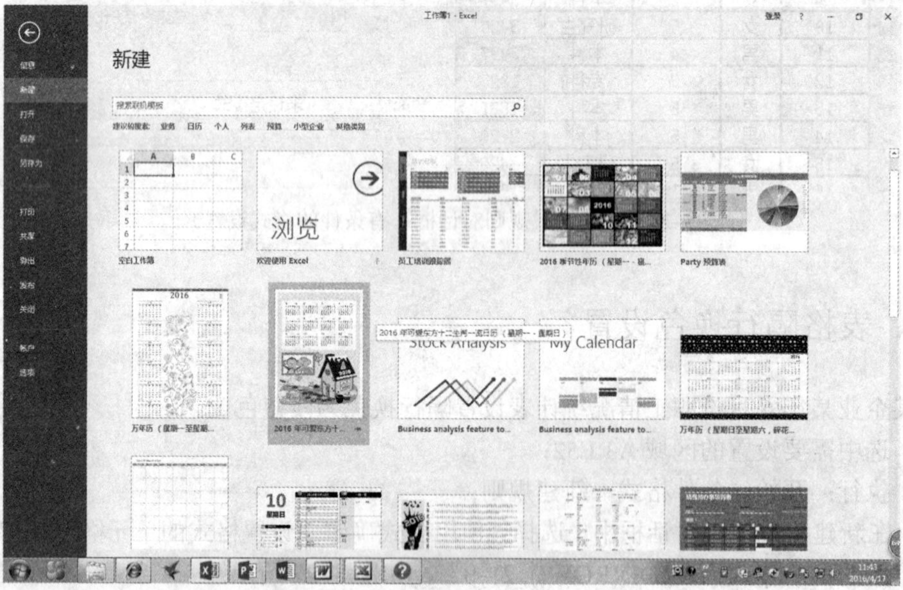

图 8-23　格式模板

七、格式的复制

（1）选中要复制的单元格或区域；
（2）单击菜单栏中"开始"标签下的"格式刷"按钮；
（3）单击要复制格式的左上角一个单元格即可。

八、页面设置

（一）Excel 2016 设置工作表页眉和页脚的方法

1. 设置工作表页眉

单击菜单栏中"插入"标签下"文本"组中的"页眉页脚"，如图 8-24 所示；单击"页眉"的下拉选项，找到一个所需要的页眉显示方式，单击即可；如果需要更改"页眉样式"，可以返回到上一步进行设置。将界面缩小，可以看到 Excel 2016 工作表实际上实现了"分页"，下面显示了很多页面的页眉。

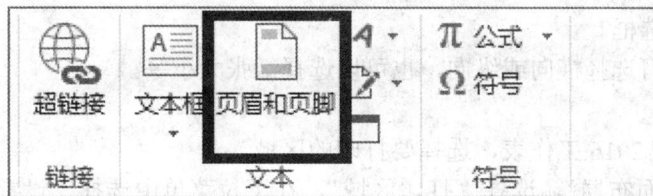

图 8-24　设置页眉页脚

2. 设置工作表页脚

同设置工作表页眉的方法类似，单击"页眉页脚"后选择"页脚"，单击所需"页脚样式"即可；页脚设置好后，也可以返回上一步重新选择样式。

3. 删除工作表中的页眉或页脚文本

如需删除工作表中的页眉页脚，则单击菜单栏中的"插入"，选择"文本"组的"页眉页脚"；此时单击工作表页面顶部或底部的左侧、中间或右侧的页眉或页脚文本框（单击任意文本框可选择页眉或页脚并显示"页眉和页脚工具"，并且添加"设计"选项卡），按 Delete 或 Backspace 即可。

（二）设置页边距

（1）单击菜单栏中的"页面布局"，选择"页面设置"组中的"页边距"，如图 8-25 所示；下拉选项中有标准的页边距设置，或选择"自定义页边距"，然后在出现的页面设置对话框中的"上""下""左"和"右"框中输入想要的边距大小。

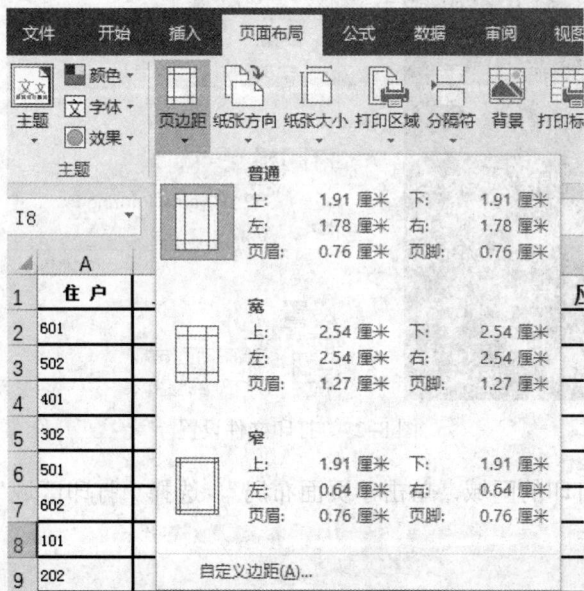

图 8-25　设置页边距

（2）要设置页眉或页脚边距，单击"自定义边距"，然后在"页眉"或"页脚"框中输入新的边距大小。设置页眉或页脚边距将更改从纸张上边缘到页眉的距离或者从纸张下边缘到页脚的距离。

（3）要使页面水平或垂直居中，请单击"自定义边距"，然后在"居中方式"下选中"水平"或"垂直"复选框。

（4）纸张方向可选择横向或纵向，也可以选择纸张大小等。

（三）打印设置

（1）打开 Excel 2016 工作表，选择要打印的区域。

（2）单击"页面布局"，选择"打印区域"，在下拉菜单中选择"设置打印区域"，如图 8–26 所示。

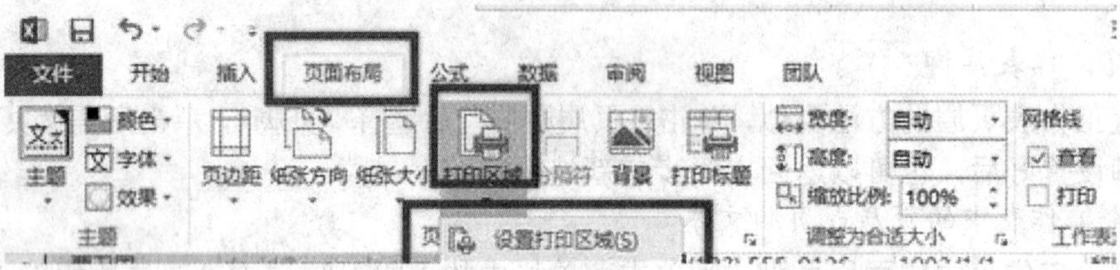

图 8–26　设置打印区域

（3）选择菜单栏中的"文件"，选择"打印"，在右侧的预览框中，可以看见打印的内容已经变为选定的区域；此时，单击"打印"就可以打印选定的区域了。打印文件设置如图 8–27 所示。

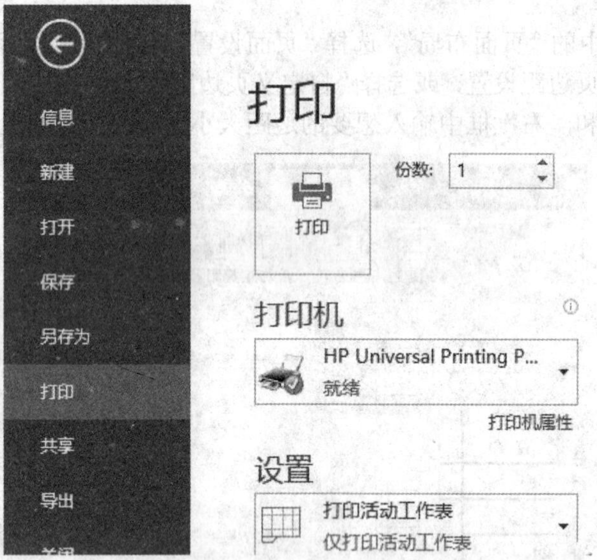

图 8–27　打印文件设置

（4）如果要取消打印的区域，单击"页面布局"，选择"打印区域"，在下拉菜单中选择"取消打印区域"即可。

▌▶【课后训练】

一、单选题

1. 用问卷的方法采用匿名的方式背靠背地征求专家各自的预测意见，这各预测方法是（　　）。

 A. 观察法   B. 数学模型法   C. 德尔菲法   D. 回归预测法

2. 预测者运用个人的专业知识和实践经验对经济现象未来发展的方向和程度作出判断和估计的一种预测方法是（　　　）。

    A. 季节指数预测法　　　　　　　　B. 定性预测法

    C. 速度指标预测法　　　　　　　　D. 定量预测法

3. 通过对类似事物的相互联系规律进行对比分析，推断预测目标未来发展变化趋势方法是（　　　）。

    A. 专家预测法　　　　　　　　　　B. 专家会议法

    C. 类推预测法　　　　　　　　　　D. 主观概率预测法

4. 用指数平滑进行预测时，如果时间数列波动很大，长期趋势变化幅度较大，则平滑系数应取值（　　　）。

    A. 0.05～0.20　　　　B. 0.3～0.5　　　　C. 0.6～0.9　　　　D. 0

5. 相关关系是指变量之间（　　　）。

    A. 十分严格的确定性关系　　　　　B. 不严格的数量关系

    C. 存在的非确定性的数量依存关系　D. 任意两个变量之间的关系

6. 相关系数的取值范围是（　　　）。

    A. $0 \leq r \leq 1$　　　　B. $-1 < r < 1$　　　　C. $-1 \leq r \leq 1$　　　　D. $-1 \leq r \leq 0$

7. 在回归直线 $y_c = a + bx$，$b < 0$，则 x 与 y 之间的相关系数（　　　）。

    A. $r = 0$　　　　B. $r = 1$　　　　C. $0 < r < 1$　　　　D. $-1 < r < 0$

8. 按照相关关系涉及的因素多少划分，相关关系分为（　　　）。

    A. 直线相关与曲线相关　　　　　　B. 正相关与负相关

    C. 单相关与复相关　　　　　　　　D. 低度相关与高度相关

9. 下列现象的相关密切程度最高的是（　　　）。

    A. 某商店的职工人数与商品销售额之间的相关系数为 0.87

    B. 流通费用水平与利润率之间的相关系数为 -0.94

    C. 商品销售额与利润率之间的相关系数为 0.51

    D. 商品销售额与流通费用水平的相关系数为 -0.81

10. 下面现象间的关系属于相关关系的是（　　　）。

    A. 圆的周长和它的半径之间的关系

    B. 价格不变条件下，商品销售额与销售量之间的关系

    C. 家庭收入越多，其消费支出也有增长的趋势

    D. 正方形面积和它的边长之间的关系

11. 若物价上涨，商品的需求量相应减少，则物价与商品需求量之间的关系为（　　　）。

    A. 不相关　　　　B. 负相关　　　　C. 正相关　　　　D. 复相关

12. 在回归直线 $y_c = a + bx$ 中，b 表示（　　　）。

    A. 当 x 增加一个单位时，y 增加 a 的数量

    B. 当 y 增加一个单位时，x 增加 b 的数量

    C. 当 x 增加一个单位时，y 的平均增加量

    D. 当 y 增加一个单位时，x 的平均增加量

13. 最小平方法基本要求是通过解标准方程，计算回归方程的参数，应使（　　　）。

　　A. 结果现象的估计值同原因现象实际值的离差总和为最小

　　B. 结果现象的估计值同原因现象实际值的离差平方和为最小

　　C. 结果现象的实际值同估计值的离差平方和为最小

　　D. 结果现象的实际值同估计值的离差总和为最小

14. 用来说明回归方程代表程度的统计指标是（　　　　）。

　　A. 剩余误差　　B. 相关系数　　C. 估计标准误差　　D. 平均速度

15. 在回归分析中，估计标准误差用来说明回归直线的代表性：（　　　　）。

　　A. 估计标准误差大，回归直线代表性小，因而回归直线实用价值也大

　　B. 估计标准误差大，回归直线代表性小，因而回归直线实用价值也小

　　C. 估计标准误差小，回归直线代表性小，因而回归直线实用价值也小

　　D. 估计标准误差大，回归直线代表性大，因而回归直线实用价值也小

二、多选题

1. 德尔菲法预测的特点有（　　　　）。

　　A. 匿名性　　　　　　　B. 背靠背　　　　　C. 集中讨论　　　　　D. 综合性

2. 下列关系属于相关关系的有（　　　　）。

　　A. 圆的半径长度和周长的关系　　　　B. 农作物收获和施肥量的关系

　　C. 家庭收入多少与消费支出增长的关系　　D. 产品产量与单位成品成本的关系

3. 下列属于负相关的现象有（　　　　）。

　　A. 商品流转的规模越大，流通费用水平越低

　　B. 流通费用率随商品销售额的增加而减少

　　C. 国内生产总值随投资额的增加而增长

　　D. 生产单位产品所耗工时随劳动生产率的提高而减少

4. 从变量之间相互关系的表现形式看，相关关系可分为（　　　　）。

　　A. 正相关　　　　　　　　　　　　B. 负相关

　　C. 直线相关　　　　　　　　　　　D. 曲线相关

5. 可用来判断现象相关方向的指标有（　　　　）。

　　A. 相关系数　　　　B. 回归系数　　　　C. 回归方程参数 a　　D. 估计标准误差

6. 直线回归方程 $y_c=a+bx$ 中的 b 被称为回归系数，回归系数的作用是（　　　　）。

　　A. 可确定两变量之间因果的数量关系

　　B. 可确定两变量的相关方向

　　C. 可确定两变量相关的密切程度

　　D. 可确定当自变量增加一个单位时，因变量的平均增加量

7. 在直线回归方程 $y_c=a+bx$ 中，b 表示（　　　　）。

　　A. 两变量之间的相关方向　　　　　B. 两变量之间的变动比例

　　C. 回归系数　　　　　　　　　　　D. 和相关系数意义相同

8. 单位成本（元）依产量（千件）变化的回归方程为 $y_c=78-2x$，这表示（　　　　）。

　　A. 产量为 1 000 件时，单位成本 76 元

　　B. 产量为 1 000 件时，单位成本 78 元

C. 产量每增加 1 000 件时，单位成本下降 2 元

D. 产量每增加 1 000 件时，单位成本下降 78 元

9. 配合直线回归方程是为了（　　　）。

    A. 确定两个变量之间的变动关系　　　　B. 用因变量推算自变量

    C. 用自变量推算因变量　　　　　　　　D. 两个变量相互推算

10. 估计标准误差的作用是表明（　　　　）。

    A. 回归方程的代表性　　　　　　　　　B. 样本的变异程度

    C. 估计值与实际值的平均误差　　　　　D. 样本指标的代表性

三、综合训练

1. 某企业的销售经理、推销员、生产主任对某月产品销售量进行的预测见表 8—11。

表 8—11　某企业产品某月销售量预测表

预测人员	销售量估计值					
	最高销售量/百件	概率	最可能销售量/百件	概率	最低销售量/百件	概率
销售经理	320	0.3	360	0.6	300	0.1
推销员	360	0.2	350	0.7	320	0.1
生产主任	350	0.2	346	0.6	330	0.2

根据以往预测经验，他们的意见权重分别是 30%、50%、20%。用主观概率法对该企业产品某月的销售量进行预测。

2. 已知某企业 1—12 月份利润额如表 8—12 所示，试计算当平滑系数 α 分别取 0.1、0.5 时的每月利润的一次指数平滑值，并用折线图分析 α 取不同值计算的指数平滑值对原始数据的平滑程度的影响有什么不同。

表 8—12　某企业 1—12 月份利润额

月份	1	2	3	4	5	6	7	8	9	10	11	12
利润/万元	51.3	37.5	27.9	32.9	48.2	54.6	52.0	47.0	42.3	45.8	43.9	47.2

3. 某商场某产品历年（共 13 年）销售额如表 8—13 所示。

表 8—13　某商场某产品历年（共 13 年）销售额

年序号	销售额/万元	年序号	销售额/万元
1	11.6	8	230.2
2	34.9	9	219.3
3	49.9	10	226.9
4	35.6	11	186.4
5	64.6	12	236.8
6	97.6	13	245.4
7	152.9		

（1）平滑系数为 0.3，计算一次指数平滑值、计算二次指数平滑值；

（2）建立预测模型，并预测第 14 年和第 15 年的销售额。

4. 从某行业随机抽取 6 家企业进行调查，其产品销售额与销售利润的有关数据如表 8-14 所示。

表 8-14　某行业 6 家企业的产品销售额与销售利润

企业编号	产品销售额/万元	销售利润/万元
1	120	46
2	150	43
3	87	34
4	72	29
5	103	37
6	118	42

（1）计算销售额和销售利润的直线相关系数；

（2）拟合销售利润（y）对产品销售额（x）的回归直线方程；

（3）预测当销售额为 160 万元时，销售利润为多少？

5. 出口公司调查苹果出口量与单位运费资料如表 8-15 所示。

表 8-15　出口公司调查苹果出口量与单位运费资料

苹果出口量/t	单位运费/（千元/t）
10 以下	16.40
10～12	13.80
12～14	10.40
14～16	9.10
16～18	6.30
18～20	5.80
20 以上	3.70

（1）计算相关系数，绘制散点图；

（2）用 Excel 2016 统计函数建立直线方程，并预测当出口苹果为 22 t 时，单位运费将达到多少？

（3）计算估计标准误差。

附录 A　课后训练参考答案

第一章　统 计 设 计

一、单选题

题号	1	2	3	4	5	6	7	8	9	10	11	12	13	14	15
答案	C	A	B	C	B	D	C	D	A	B	D	C	C	A	C

二、多选题

题号	1	2	3	4	5	6	7	8	9	10
答案	ABCD	AB	BCD	BC	AB	ABC	ABC	ACD	BCD	AC

第二章　统 计 调 查

一、单选题

题号	1	2	3	4	5	6	7	8	9	10	11	12	13	14	15
答案	B	C	B	D	A	B	B	C	D	B	D	B	D	C	D

二、多选题

题号	1	2	3	4	5	6	7	8	9	10
答案	ACD	ABCD	ABC	BCD	ABC	BC	ABC	BCD	BCD	ABCD

第三章　统 计 整 理

一、单选题

题号	1	2	3	4	5	6	7	8	9	10	11	12	13	14	15
答案	D	B	A	B	D	B	C	B	A	B	C	A	C	A	C

二、多选题

题号	1	2	3	4	5	6	7	8	9	10
答案	ABCD	AB	ABD	ABD	BCD	BCD	BD	BC	ACD	BCD

三、综合训练

1.

附表 3-1　50 位售货员日商品销售量情况

月销售量/件	售货员人数/人	组距	组中值	频率/%
4 000 以下	3	2 000	3 000	6
4 000~6 000	14	2 000	5 000	28
6 000~8 000	21	2 000	7 000	42
8 000~10 000	10	2 000	9 000	20
10 000 以上	2	2 000	11 000	4
合　计	50	—	—	100

2.

附表 3-2　20 个学生年龄单项式变量数列

年龄/岁	学生数/人	频率/%
16	3	15
17	4	20
18	6	30
19	5	25
20	2	10
合　计	20	100

3.

附表 3-3　30 只灯泡使用寿命分配数列

使用寿命/h	灯泡数/个	频率/%	向上累计		向下累计	
			次数/个	频率/%	次数/个	频率/%
1 200 以下	2	7	2	7	30	100
1 200~1 400	3	10	5	17	28	93
1 400~1 600	8	27	13	43	25	83
1 600~1 800	10	33	23	77	17	57
1 800~2 000	5	17	28	93	7	23
2 000 以上	2	7	30	100	2	7
合　计	30	100	—	—	—	—

4.（1）

附表 3-4 2011—2015 年我国第一、二、三产业国内生产总值统计表

产业分组	增加值/亿元	比重/%	比上年增长 1%
一产业	60 863	9.0	3.9
二产业	274 278	40.5	6.0
三产业	341 567	50.5	8.3
合　计	676 708	100.0	6.9

（2）略

（3）略

5.（1）

附表 3-5 某地区 30 个工业企业基本情况品质分配数列（以部门为分组标志）

部门	企业数/个	频率/%
工业	15	50
商业	9	30
交通	6	20
合　计	30	100

附表 3-6 某地区 30 个工业企业基本情况品质分配数列（以经济类型为分组标志）

经济类型	企业数/个	频率/%
国有	14	46.7
集体	10	33.3
个体	6	20.0
合　计	30	100.0

（2）

附表 3-7 某地区 30 个工业企业基本情况组距式变量数列

职工人数/人	企业数/个	频率/%
300 以下	7	23.3
300～500	17	56.7
500 以上	6	20.0
合　计	30	100.0

（3）

附表 3–8　某地区 30 个工业企业基本情况分配数列（1）

求和项：职工人数/人	经 济 类 型			
部门	个体	国有	集体	总计
工业	640	3 050	2 475	6 165
交通	930	1 320		2 250
商业	420	2 080	1 010	3 510
总计	1 990	6 450	3 485	11 925

附表 3–8　某地区 30 个工业企业基本情况分配数列（2）

计数项：企业数	经 济 类 型			
部门	个体	国有	集体	总计
工业	2	6	7	15
交通	3	3		6
商业	1	5	3	9
总计	6	14	10	30

第四章　综合指标分析

一、单选题

题号	1	2	3	4	5	6	7	8	9	10	11	12	13	14	15
答案	B	D	D	C	B	C	C	D	B	D	D	C	C	A	B

二、多选题

题号	1	2	3	4	5	6	7	8	9	10
答案	ACD	ABD	BC	BC	BCD	ABD	CE	ABCD	ACD	BCD

三、综合训练

1.

附表 4-1　某企业总公司下属三个分厂生产某产品情况

分组指标	计划		实际		计划完成/%	去年实际产量/万件	本年实际产量占去年的比重/%	平均职工人数/人	今年人均年产量/（件/人）
	产量/万件	占总公司比重/%	产量/万件	占总公司比重/%					
一分厂	100	20.0	105	20.0	105	90	116.666 7	—	—
二分厂	150	30.0	159	30.3	106	143	111.188 8	—	—
三分厂	250	50.0	260	49.6	104	245	106.122 4	—	—
合计	500	100	524	100.0	104.8	478	109.623 4	10 480	500
指标名称	总量指标	结构相对指标	总量指标	结构相对指标	计划完成程度指标	总量指标	动态相对指标	平均指标	强度相对指标

2.（1）计划完成程度相对指标：甲地区 2015 年国民生产总值完成计划的 110%；第一、二、三产业分别完成计划的 120%、112.3%、104.4%。

（2）结构相对指标：2015 年第一、二、三产业完成国民生产总值占该地区国民生产总值的比重分别为 9.1%、55.3%、35.6%。

（3）比例相对指标：第一、二、三产业为 1:6.08:3.92。

（4）强度相对指标：2015 年甲地区人均国民生产总值为 2 200 元/人。

（5）动态相对指标：甲地区 2015 年国民生产总值是 2004 年的 108.2%。

（6）比较相对指标：2015 年甲地区国民生产总值是乙地区的 88%。

3.

附表 4-2　某企业 2010 年三个车间上半年某产品计划量及实际完成情况

车间	第一季度实际产量/万吨	第二季度				计划完成程度/%	第二季度占上季度的比重/%
		计划		实际			
		产量/万吨	比重/%	产量/万吨	比重/%		
一车间	150	160	21	175	22	109	117
二车间	210	240	32	264	34	110	126
三车间	320	357	47	350	44	98	109
合计	680	757	100	789	100	104	116

4. 用水平法计算第五年计划完成程度为 (25+26+28.5+27.5)/100=107%，从第四年第三季度累计到第五年第二季度共一年时间,利润额达到 101 万元水平（即：24.5+25+26=100.5≈101），所以提前半年完成计划。

（1）第五年计划完成程度为 (25+26+28.5+27.5)/100=107%；

（2）提前半年完成计划。

5.

附表 4–3　某商户 200 名营业员月产品销售额情况

月销售额/万元	营业员数/人 f	频率/% $\dfrac{f}{\sum f}$	组中值 x	xf	$x\dfrac{f}{\sum f}$
200 以下	9	4.5	100	900	4.5
200~400	16	8.0	300	4 800	24.0
400~600	54	27.0	500	27 000	135.0
600~800	78	39.0	700	54 600	273.0
800~1 000	31	15.5	900	27 900	139.5
1 000 以上	12	6.0	1 100	13 200	66.0
合　计	200	100.0		128 400	642.0

以频数的频率为权数计算营业员月平均销售额为 642 万元。

6.（1）

附表 4–4　三个车间产品产量的计划完成程度

车间	计划完成程度 X	实际产量 M	计划产量 M/X
一车间	0.95	190	200
二车间	1.00	250	250
三车间	1.05	609	580
合　计	—	1 049	1 030

三个车间产品产量的平均计划完成程度为 101.84%。

（2）

附表 4–5　三个车间产品成本情况

车间	单位成本/（元/件） x	实际产量 f	总成本/元 xf
一车间	18	190	3 420
二车间	12	250	3 000
三车间	15	609	9 135
合　计	—	1 049	15 555

三个车间平均单位成本为 14.83 元/件。

7. 五个车间的平均合格率为 93.34%。

8. 众数是 1 276.19 件，中位数是 1 327.27 件。

9. 甲班组工人日产量标准差 3.03 件，乙班组工人日产量标准差 9.98 件；甲班组的工人生产均衡，平均数代表程度高，甲班组应评为先进班组。

10. 600 个连锁分店年利润标准差为 48.36 万元。

第五章　时间数列分析

一、单选题

题号	1	2	3	4	5	6	7	8	9	10	11	12	13	14	15
答案	B	C	D	B	B	B	C	D	C	C	A	A	A	B	A

二、多选题

题号	1	2	3	4	5	6	7	8	9	10
答案	ABCD	ABD	BCD	AC	BC	BC	ABD	ABC	ABCD	ACD

三、综合训练

1. 6 月该企业职工平均在册人数为 630 人。

2. 第一季度的平均钢材库存量 98 t；第二季度的平均钢材库存量 91.667 t；上半年平均钢材库存量 94.833 t。

3. 该景点月平均接待游客 3.83 万人。

4. 该企业第三季度平均产量计划完成程度 105.67%。

5. 该企业平均月劳动生产率为 1.049 3 万元。

6. （1）2015 年比 2014 年粮食产量增长 4%；（2）年平均增长速度为 1.7%。

7.

附表 5-1　增长量和速度指标计算结果

年份	产量/台	增长量/台		发展速度/%		增长速度/%		增长 1%绝对值/台
		逐期	累计	环比	定基	环比	定基	
2010	1 365	—	—	—	—	—	—	—
2011	1 396	31	31	102.3	102.3	2.3	2.3	13.7
2012	1 447	51	82	103.7	106.0	3.7	6.0	14.0
2013	1 513	66	148	104.6	110.8	4.6	10.8	14.5
2014	1 574	61	209	104.0	115.3	4.0	15.3	15.1
2015	1 660	86	295	105.5	121.6	5.5	21.6	15.7

平均增长量为 59 台；平均发展速度为 103.99%；平均增长速度为 3.99%。

8.

（1）

附表 5–2　某啤酒厂季度产量

季度	一季度	二季度	三季度	四季度
产量/t	111	117	134	144

（2）

附表 5–3　某啤酒厂产量移动平均计算表

月份	产量/t	3 项移动平均
1	34	—
2	42	37
3	35	37
4	34	35
5	36	39
6	47	42
7	42	42
8	36	45
9	56	46
10	45	50
11	48	48
12	51	—

9.

附表 5–4　某商场某产品连续四年各季度的销售情况

季　度	一	二	三	四	各季平均数
第一年	36.0	12.0	14.0	51.0	28.3
第二年	38.0	14.0	17.0	48.0	29.1
第三年	45.0	17.0	14.0	55.0	32.8
第四年	50.0	15.0	17.0	44.0	31.5
同期平均数	42.3	14.6	15.4	49.4	30.4
季节指数/%	138.9	48.1	50.7	162.3	100.0

从计算表看，该产品的销售量变动呈现出比较明显的季节波动。第一季度和第四季度是销售旺季，季节指数为分别是 138.9% 和 162.3%，特别是第四季度达到全年最高点，第二季度和第三季度是销售淡季，第二季度是全年最低点，季节指数为 48.1%。企业应根据该产品的销售季节变动组织生产，特别是要注意为第一季度和第四季度的销售准备好货源。

10. 图略；直线趋势方程为：$y=612.93+18.4x$，预测该地区 2016 年水稻产量将达到 741.73 万吨。

第六章　指 数 分 析

一、单选题

题号	1	2	3	4	5	6	7	8	9	10	11	12	13	14	15
答案	A	C	C	B	A	C	C	A	D	C	D	D	A	D	B

二、多选题

题号	1	2	3	4	5	6	7	8	9	10
答案	ABC	ABCD	CD	BCD	BD	ABC	CD	ABC	CD	ACD

三、综合训练

1.（1）价格个体指数分别为：81.8%、112.0%、95.4%；

　　　销售量个体指数分别为：140.6%、90.7%、132.8%。

（2）三种商品的销售额综合指数 114.9%，商品销售额的增加额 33 960 元；

（3）三种商品的销售量综合指数 121.4%，由于销售量变动对销售额的影响 48 900 元；

（4）三种商品的物价综合指数 94.6%，由于物价变动对销售额的影响–14 940 元。

（5）121.4%×94.6%=114.9%　　48 900–14 940=33 960

2.（1）115.32%，4 000 元；　　　　（2）102.96%，750 元；

（3）118.74%=115.33%×102.96%，4 750=4 000+750

3. 产量综合指数为 107.52%，产量变动影响的产值为 20.52 万元。

4.（1）四种商品的价格总指数为 104.06%，销售量总指数为 110.83%。

（2）115.33% = 104.06%×110.83%；460 = 135 + 325

5.（1）BC　（2）AC　（3）BC　（4）AD　（5）BC

6.（1）工人总平均工资变动的相对数 100.8%，绝对数 36.4 元；

（2）各类工人工资水平的变动对总平均工资变动影响的程度 104.8%，绝对数 203.6 元；

（3）分析各类工人结构的变动对总平均工资变动影响的程度 96.2%，绝对数–167.2 元；

7.（1）小麦总产量指数为 110.7%，小麦总增长量 66.3 kg；

（2）小麦平均亩产量变动对总产量的影响程度为 114.1%，影响的绝对数 84.8 kg；

（3）播种面积的变动对总产量的影响程度 97%，影响绝对数–18.5 kg。

8.（1）原材料总费用指数 158.2%，原材料总费用增减变动的绝对额 407 040 元；

（2）产品产量总指数 138%，品产量的变动对原材料总费用影响的绝对额 265 800 元；

（3）单位原材料消耗量总指数 94.9%，单位原材料消耗量的变动对原材料总费用影响的绝对额–49 200 元；

（4）单位原材料单价总指数 120.8%，单位原材料价格的变动对原材料总费用影响的绝对额190 440元。

第七章 抽 样 推 断

一、单选题

题号	1	2	3	4	5	6	7	8	9	10	11	12	13	14	15
答案	C	D	C	A	B	C	B	D	A	C	A	C	B	C	A

二、多选题

题号	1	2	3	4	5	6	7	8	9	10
答案	ABD	ABCD	ABCD	AD	AB	ABCD	ABCD	ABD	BCD	ABCD

三、综合训练

1. 以下按次序列出 4 个应审查的发票编号为 26，46，66，86。

2. 甲、乙、丙三种原材料领料单应分别抽查 140、490、70 张。

3. 在重复抽样条件下，$\mu_{\bar{x}}=10$ 小时；在不重复抽样条件下，$\mu_{\bar{x}}=9.95$ 小时。

4. 在重复抽样条件下，$\mu_p=2.18\%$；在不重复抽样条件下，$\mu_p=2.16\%$。

5. 计算概率度 $t=1.96$，查概率表得所有顾客喜欢该产品的比率在 67.7% 和 76.5% 之间的概率为 95%。

6. 计算得废品率在 1.3%～6.7%，所以不能认为这批产品的废品率不超过 5%。

7. （1）这批旅游鞋的平均耐用时间（天）的可能区间范围为 368.03～380.47 天；

   （2）这批旅游鞋合格率的区间范围为 72.69%～84.31%。

8. 应抽取 400 亩小麦进行调查。

9. 重复抽取 900 台，不重复抽取 826 台。

第八章 统 计 预 测

一、单选题

题号	1	2	3	4	5	6	7	8	9	10	11	12	13	14	15
答案	C	B	C	B	C	C	D	C	B	C	B	C	C	C	B

二、多选题

题号	1	2	3	4	5	6	7	8	9	10
答案	ABD	BCD	ABD	CD	AB	ABD	ABC	AC	AC	AC

三、综合训练

1. 销售经理期望值=320×0.3+360×0.6+300×0.1=342（百件）

采购经理期望值=360×0.2+350×0.7+320×0.1=349（百件）

生产主任期望值=350×0.2+346×0.6+330×0.2=344（百件）

$$\bar{x} = \frac{\sum xf}{\sum f} = \frac{342 \times 30\% + 349 \times 50\% + 344 \times 20\%}{30\% + 50\% + 20\%} = 346 \text{（百件）}$$

2. 图表略。α 取不同值计算的指数平滑值对原始数据的平滑程度不同，α 值越小，对原始数据的修匀程度越好。

3.（1）

附表 8–1

年序号	销售额/万元	一次指数平滑值	二次指数平滑值
0		32.13	32.13
1	11.6	25.97	30.28
2	34.9	28.65	29.79
3	49.9	35.02	31.36
4	35.6	35.20	32.51
5	64.6	44.02	35.96
6	97.6	60.09	43.20
7	152.9	87.93	56.62
8	230.2	130.61	78.82
9	219.3	157.22	102.34
10	226.9	178.12	125.08
11	186.4	180.61	141.73
12	236.8	197.46	158.45
13	245.4	211.85	174.47

（2）

$$a_t = 2S_t^{(1)} - S_t^{(2)} = 2 \times 211.85 - 174.47 = 249.23$$

$$b_t = \frac{\alpha}{1-\alpha}[S_t^{(1)} - S_t^{(2)}] = \frac{0.3}{1-0.3} \times (211.85 - 174.47) = 16.02$$

预测模型为：Y=249.23+16.07T，预测值分别为 265.25，281.27。

4.（1）相关系数 r=0.87；（2）回归直线方程 y=16.7+0.2x；（3）x=160 时，y=48.7。

5.（1）相关系数为−0.986，散点图略；

（2）直线方程 y=24.946−1.039x，当出口苹果为 22 t 时，单位运费将达到 2.082 千元；

（3）估计标准误差为 0.84。